KB234456

교사를 위한
슬로리딩 수업 사용설명서

최영민·주예진·엄윤아 저

고래북스

본 도서는 한국출판문화산업진흥원의
출판콘텐츠 창작자금을 지원받아 제작되었습니다.

교사를 위한
슬로리딩 수업 사용설명서

펴낸날 2017년 9월 5일 초판 1쇄
　　　　 2018년 6월 29일 초판 3쇄

지은이 최영민, 주예진, 엄윤아
펴낸이 모이현
펴낸곳 고래북스

주　소 경기도 파주시 탄현면 새오리로 422-12
전　화 (031) 946-2454
팩　스 (031) 948-2454
E-mail goraebooks@hanmail.net

등록 제406-3130000251002002000192호
ISBN 979-11-86414-05-7 13370

교육자료 공유사이트 예은이네 운영자, 서울 난우초 교사 허승환

한국형 슬로리딩을 일궈내신 열정에 감사

최영민 선생님은 조금 늦게 교사가 되었고 아이들과의 힘들었던 시절을 겪으신 분이라는 걸 잘 알고 있습니다. 그런 경험이 있는 분이기에 '작은소년'이란 닉네임으로, 인디스쿨에서 힘들어하는 초임 선생님의 글마다 일일이 공감과 격려의 답글을 남겨주는 따뜻한 마음을 지니게 되셨을 겁니다. 그런 최 선생님이 주예진 선생님, 엄윤아 선생님과 함께 책을 내신다기에 많이 기대하고 있었습니다. 배움의 갈증이 유난히 강해 연수마다 찾아다니며 배우려는 최 선생님이 출간하려는 책은 어떤 책일까? 사려 깊은 최 선생님과 열정 넘치는 젊은 두 분 선생님들이 함께 내는 책이라면 우리 아이들에게 큰 도움이 될 책이라는 걸 예상할 수 있었습니다. 한편으로는 대충 짐작이 가기도 했습니다. 왜냐하면 저는 세 분 선생님이 EBS 다큐프라임 방송에 나왔을 때 진 TV 화면을 사진으로 찍어두었을 정도로 반가웠기 때문입니다. 그리고 그때 TV로 본 '슬로리딩'이 우리 아이들을 어떻게 변화시키는지를 보고, 들었습니다.

솔직히 현재 우리 교육현장에는 '거꾸로 교실', '하브루타 수업', '배움의 공동체', '협동학습' 등등 갈수록 공부할 것이 많은데 '슬로리딩까지 해야 할까?'라는 주저 섞인 마음도 있었습니다. 하지만 이 원고를 읽으며 저자들이,

'수업의 중심에 아이들이 있어야 한다'는 방점, 또 '슬로리딩 수업 방법이 아니더라도 아이들과 즐겁고 유익하게 할 수 있는 방법을 계속 생각하게 되었습니다' 라는 열린 고백에 큰 믿음을 얻었습니다. 사실 〈슬로리딩 수업 사용 설명서〉 원고를 읽으며 슬로리딩으로 깊어진 수업도 좋았습니다. 하지만 학년별 협의회를 통해 동학년이 함께 수업방법을 공유하고, 어려움을 극복해 나가는 과정이 더 부러웠습니다.

EBS 방송이 끝난 뒤, 슬로리딩 수업에 참여했던 학생들의 부모님 70%가 슬로리딩 수업을 희망할 정도로 열광적인 반응을 이끌어낸 열정, 그 뒤로도 연구에 연구를 더하여 일회성 수업이 아니라 해를 이어 한국형 슬로리딩을 일궈내신 세 분 선생님의 교육정신에 무한한 존경을 보냅니다. 아이들을 진정으로 사랑하는 마음이 없다면 우리 교육현실에서 이런 실천을 해내기가 쉽지 않았을 겁니다. 또한 전국 각지에서 나름대로 슬로리딩 수업을 실행해보고 싶어하면서도 마땅한 자료가 없어 망설이는 선생님들께 큰 도움이 될 노하우를 책에 모두 담아주신 점도 고맙습니다.

이 책에서는 그 동안 경험했던 슬로리딩 수업의 일방적인 실천 기록만 제시하지 않고, 강연과 온라인 혹은 개인적인 질문들을 모두 모아 Q&A로 제공해주고 있습니다. 더 많은 선생님들이 처음 시작할 때 용기를 얻게 해 줄 좋은 책이 나와 정말 기쁩니다.

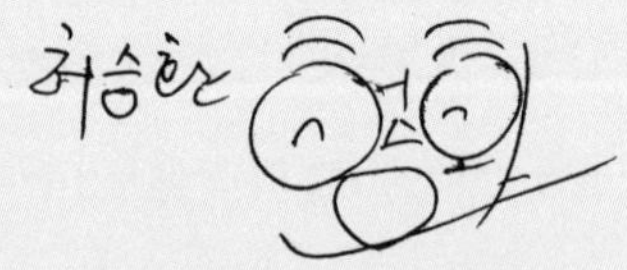

슬로리딩 수업을 하고 싶어 하시는 선생님들께

저는 2011년 겨울방학 때 서근원 교수님의 '아이 눈으로 수업 바라보기' 연수를 받을 기회가 있었습니다. 연수 내용은, 초등학교 4학년 사회 연구수업 동영상을 보고 1주일 동안 한 아이의 말과 행동을 관찰하여 그 변화과정을 살피는 내용이었습니다.

처음 수업 동영상을 보고 저와 다른 선생님들은 '이건 잘 된 수업이 아니다'라는 결론을 내렸습니다. 비록 연구수업이었지만 평상시 수업과 별로 다를 게 없었고 연구수업에 따른 정돈된 느낌도 없었기 때문입니다. 그런데 앞서 보았던 사회 연구수업 동영상을 두 번째 보게 되었습니다. 이번에는 동영상을 보기 전에 서근원 교수님께서 "한 아이를 중심으로 보고, 최대한 생각과 판단을 자제하며 있는 그대로만 보아 달라"고 말씀하셨습니다.

그런데 교수님이 말씀을 염두에 두고 두 번째 동영상을 본 뒤 전 제 자신이 너무 부끄러워 얼굴을 들 수가 없었습니다. 저뿐만 아니라 다른 선생님들도 마찬가지였습니다. 왜냐하면 영상 속의 수업 활동을 마친 아이는 자기 나름대로 만족한 표정을 지었고 다른 아이에게 도움을 주는 여유로움도 있었던 것입니다. 즉 수업의 중심에 아이가 있었던 것입니다. 연수받는 선생님들이 첫 번째 동영상을 볼 때는 수업하는 교사를 중심으로 본 것이었고, 두 번째는 아이를 중심으로 보았던 것입니다.

그 연구수업 동영상은 저에게 큰 충격을 주었고, 이후 이처럼 아이가 중심이 되는 수업을 저도 꼭 한 번 해보고 싶었습니다. 하지만 현장의 여러 선생님들도 모두 느끼시겠지만 우리의 교육 여건상 그 기회는 쉽게 오지 않았습니다.

그 뒤 2012년, 저는 5학년을 맡게 되었습니다. 저는 서근원 교수님의 연구수업 충격이 남아있어 여느 때보다 열심히 했고, 청주교육대학교와 한국교원대학교에서 공동으로 실시하는 '제3회 교사의 창의적 수업 사례 공모전'을 아이들과 함께 준비해 우수상을 받기도 했습니다. 그렇게 아이들과 함께 하면 수업의 중심에 아이들이 있을 줄 알았습니다. 하지만 이것도 담임인 저의 착각이었습니다. 공모전을 준비하면서 저도 모르게 입상에만 관심이 있었던지, 조금이라도 제 생각과 다르다고 느껴지면 아이들을 다그쳤습니다. 저도 모르게 제가 생각했던 본래 취지에서 멀어졌던 것입니다.

그렇게 '아이들이 중심이 되는 수업'에 대한 고민을 하고 있던 2013년 12월 어느 날, 교장선생님의 호출이 있었습니다.

"최영민 선생님, 5학년을 대상으로 EBS에서 슬로리딩 수업 촬영을 하는데 한 번 해보겠소?"

"슬로리딩이요?"

'슬로리딩'이라는 말을 처음 들었기 때문에 되물을 수밖에 없었습니다. 교장선생님이 보여주시는 자료를 보니 언뜻 괜찮은 교육방식인 듯하여 잠깐 망설이다가 일단 해보기로 했습니다. 지금 생각해보면 '아, 어쩌면 아이들이 중심되는 교육일 수 있겠다'고 제 무의식이 알아차렸던 것 같습니다.

하지만 엉겁결에 '해보겠다'고 대답한 결과는 심각했습니다. 2014년 새 학기가 되자 문제가 시작되었던 것입니다. 그 동안 나름대로 슬로리딩에 관해 조사를 많이 해보았습니다. 슬로리딩을 처음 시도했다고 알려진 일본의 하시모토 다케시 선생님과 그의 제자들이 쓴 책들은 전부 찾아 읽었고, 인터넷에 올라와 있는 관련 자료는 모두 찾아봤다고 해도 과언이 아닐 겁니다. 하지만 우리나라에는 사례가 전무했습니다. 심지어 '슬로리딩'이라는 용어를 아는 사람도 거의 없었습니다.

이미 방송국에서는 촬영 준비가 되어 가고 있어 이제 와서 못한다고 할 수도 없는 상황이었습니다. 그래서 EBS 수업 촬영을 함께 하기로 한 5학년 선생님들과 머리를 맞대고 학습자료를 개발해 나가야 했습니다. 특히 〈그 많던 싱아는 누가 다 먹었을까〉라는 한 권의 책과 '국어 책' 교과서를 병행해 수업해야 하는 일이 쉽지가 않았습니다. EBS 방송국 제작팀이 〈그 많던 싱아는 누가 다 먹었을까〉의 책 내용을 분석해주기도 했지만 실제 학생들의 교육과정과 맞추기에는 거리가 멀었습니다. 결국 기존 방식과 다르게 해야 한다는 엄청난 부담을 안고 수업의 내용과 방법을 저희들이 새로 만들어 나가야 했습니다.

처음에는 1차시 수업준비를 하는데 5~6시간 정도나 걸려 아주 힘들었습니다. 하지만 차차 익숙해지면서 시간을 줄일 수 있었는데, 그 당시 일반 수업과 방송 촬영을 함께하면서 겪은 어려움은 다음과 같습니다.

첫째, 교과서를 중심으로 할 것인가 아니면 〈그 많던 싱아는 누가 다 먹었을까〉(이하 '싱아책' 혼용)를 중심으로 할 것인가에 대한 선택의 어려움이었습니다.

처음에는 〈싱아책〉을 중심으로 했는데 언제부터인가 교과서를 중심으로 하고 〈싱아책〉 내용을 끌어오는 수업이 되었습니다. 그래서 방송국 담당PD 및 구성작가들과 오랜 시간 동안 협의를 해야 했습니다. 결국 〈싱아책〉을 중심으로 하고 필요한 경우에 국어 교과서를 공부하는 식으로 수업을 변경하기로 하였습니다.

둘째, 새 학기 시작 전에 세워두었던 교육과정을 변경해야 하는 어려움입니다. 교육과정 변경은 제가 마음대로 할 수 있는 사항이 아니기에, 교장선생님께 허락을 받아야 했습니다. 교육과정을 변경하는 대신 매주 주간학습안

내를 바꾸어 활동보고서를 올리고, 수시로 교육과정 안에서 수업이 이루어
지는지 점검하기로 했습니다.

이 외에도 많은 어려움이 있었지만 여기서 세세한 사항을 모두 설명할 수
는 없고, 아무튼 그런 과정을 거치면서 방송 촬영을 무사히 마치고 10월 6일
부터 8일까지 방송이 송출되었습니다.

반응은 뜨거웠습니다. 일일이 답해드리기 어려울 정도로 수많은 문의가
있었습니다. 그런데 가장 큰 변화는 슬로리딩 수업에 참여했던 5학년 교사인
저희들에게 나타났습니다. 슬로리딩에 대해 아는 것이 별로 없는 상태에서
수업에 참여했던 우리 5학년 선생님들은, 1년간의 수업 후 현실로 나타난 효
과를 보고 모두 다음과 같은 생각을 가지게 되었던 것입니다.

'우리 아이들을 위해 앞으로도 계속 슬로리딩 수업을 해야겠다.'

저희들은 슬로리딩 수업을 하면서 비로소 수업의 중심에 아이들이 있다는
사실을 알게 되었습니다. 아니, 아직 완벽하지는 않아도 슬로리딩 수업이 '아
이들 중심의 수업'을 실천하는데 가장 좋은 방법 중 하나라는 걸 느꼈습니다.
수업은 선생님이 혼자 이끌어가는 행위가 아니라 선생님과 아이들이 함께
만들어가는 과정이라는 것과 그 방법을 이제야 알아냈던 것입니다.

방송 이후 뜨거운 반응 속에서, 슬로리딩 수업에 참여했던 우리 5학년 선
생님들은 여러 학교와 교육청에서 요청하는 강연을 하게 되었고 그 열기는
지금까지도 이어지고 있습니다. 그런데 슬로리딩 관련 강연을 위해 여러 학
교를 방문하며 느끼는 점이 있습니다. 그것은 슬로리딩 수업에서 지금까지
실제 수업에 적용하는 방법과 수업 사례가 많지 않아 여러 선생님들이 자신
의 수업에 적용하고 싶어도 많은 어려움을 느낀다는 사실입니다. 마치 저희
들이 처음 EBS 방송을 위해 슬로리딩 수업을 하려고 했던 그 막막함을 느끼는
것입니다. 그래서 조금이나마 도움이 될 수 있도록 EBS 슬로리딩 수업에 참여
했던 우리 5학년 선생님들이 2년 동안 아이들과 함께 한 수업 사례를 중심으
로 이 책을 만들게 되었습니다. 슬로리딩 수업이라는 아름답고 희망 가득한

새로운 교육의 세계를 접해보시고자 하는 선생님들께 큰 도움은 아니더라도 허허벌판 한가운데서 길을 알려주는 별자리 역할은 할 수 있을 겁니다.

이 책을 만들 수 있도록 도와주신 분들이 많은데 특히, 2014년 EBS 다큐프라임 방송을 통해 슬로리딩 수업을 알게 해주신 김동현 PD, 박혜란 PD, 정영미 작가님에게 감사드립니다. 또한 아이들과 마음껏 수업을 할 수 있도록 물심양면으로 큰 도움을 주신 이수열 전 성서초등학교 교장선생님, 김경숙 전 교장선생님, 최양석 교장선생님, 송이화 교감선생님, 그리고 김혜자 선생님께 깊은 감사를 드리고, 기꺼이 추천사를 써주신 허승환 선생님께도 감사드립니다. 무엇보다 선생님을 믿고 열심히 따라와 준 이쁘고 이쁘고 사랑하고 사랑하는 우리 반 아이들에게 한없는 고마움을 전합니다.

저희들 머리말 다음에 실은 편지들은, 슬로리딩 수업을 마친 뒤 제가 맡았던 아이의 부모님들께서 보내주신 편지 중 일부입니다. 일부러 수정하지 않고 원본 그대로를 실었습니다. 이 편지를 보여드리는 이유는, 혹여 슬로리딩 수업을 해보고자하면서도 망설여지는 선생님들께 용기를 줄 수 있을 것 같기 때문입니다. 또한 슬로리딩 수업에 대한 효과를 어느 정도 짐작하게 해주는 내용이라 첨부합니다.

최영민

슬로리딩 수업이 진행될수록 변해가는 아이들

모든 배움의 기본은 독서라고 생각합니다. 그래서 아이들이 독서를 즐길 수 있는 방법을 늘 고민했습니다. 많은 학교에서 아침활동으로 하고 있는 '10분독서' 시간을 통해서는 아이들이 결코 진정한 독서의 재미를 느끼게 될 것이라고 생각하지 않았습니다. 책을 좋아하지 않는 아이들은 그 시간에 그저 책만 펴 놓는 경우가 많으니까요.

대학생 시절, '그림책 읽기' 수업을 듣게 되었습니다. 이 수업에서 그림책을 읽을 때는 그림책의 글에만 집중할 것이 아니라 그림도 함께 읽어야 한다는 것을 배웠습니다. 그림책을 읽는 주 독자는 아이들이므로 글만으로 모든 내용을 표현하기 힘듭니다. 따라서 작가는 그림을 통해 글로써 표현하지 못한 부분을 드러냅니다. 이전까지는 그림이 단순히 아이들의 흥미를 끌기 위한 도구라고 생각했기 때문에 이 수업을 참 인상 깊게 들었습니다.

그러다가 교육 현장에 나와 저학년 아이들과 함께 그림책 읽기를 해보았습니다. 아침 독서활동 10분을 활용해 일주일에 1~2번 정도 함께 읽었습니다. 한 예로, 앤서니 브라운의 〈돼지책〉을 읽었는데 아이들이 무척 흥미로워했습니다. 책 내용은, 직장 생활에 집안일까지 도맡아하는 엄마와 그런 엄마를 도와주지 않는 아빠와 아이들에 대한 이야기입니다. 어느 날 엄마는 "너희들은 돼지야"라는 쪽지를 남기고 사라집니다. 이때부터 아빠와 아이들은 돼지로 그려집니다. 양복 입은 돼지와 교복 입은 돼지로 말입니다. 하루, 이틀이 지나도 엄마는 돌아오지 않고 집은 엉망이 되어갑니다. 아빠와 아이들은 엄마가 그동안 얼마나 힘들었는지 알게 됩니다. 얼마 뒤 엄마가 돌아오고 아빠와 아이들은 집안일을 돕게 됩니다.

이 책의 그 어디에도 아빠와 아이들이 돼지로 변했다는 글은 없습니다. 다만 조금씩 돼지로 변해가는 것을 그림으로 표현할 뿐이죠. 벽지 무늬가, 신문에 실린 사진이, 전등 스위치가 돼지 모양으로 표현되고, 아빠와 아이들의 그림자가 돼지 모양으로 그려집니다. 조금씩 돼지가 되어가는 것을 그림으로만 전달합니다. 이 책을 읽으며 숨은 돼지그림을 찾기도 하고, 실제 아이들의 생활과 연결해서 이야기를 나누기도 하고, '왜 작가가 아빠와 아이들은 조금씩 돼지로 바꾸었을까?'에 대한 이야기도 나누어 보았습니다. 또 각 인물의 마음속을 들여다보는 활동도 해보았습니다. 저도 아이들도 책을 무척 즐겁게 읽었습니다. 하지만 이는 그림책이기에 가능하다고 생각했습니다. 그림이 없다면 이토록 재미있게 읽을 수는 없을 테니까요.

어느 날, 제가 평소 독서교육에 많은 관심을 가지고 있다는 것을 알고 계셨던 교장선생님께서 '슬로리딩'을 해보지 않겠냐고 제안하셨습니다. 처음 듣는 생소한 단어에 거부감이 덜컥 들었습니다. 교과서 대신 한 권의 책으로 1년 교육과정을 운영한다니… 생각만 해도 아찔했습니다. 교육과정 전체를 뒤엎어서 다시 짜야하는 일이니까요. 참고할 수 있는 자료도 없으니 너무 막막했습니다.

많은 고민 끝에 도전해보기로 했습니다. 학습목표와 활동을 정하고, 다른 교과와 연계하여 수업을 구상하는 일은 결코 쉽지 않았습니다. 국가수준 교육과정에서 제시한 핵심성취기준을 모두 도달할 수 있도록 목표를 정하되 소설의 흐름에 어긋나지 않아야 하니까요. 그리고 활동지를 만들고, 모든 아이들이 참여할 수 있도록 수업의 방향을 잡는 것도 어려웠습니다. 새벽까지 수업준비를 하느라 잠을 못자는 것도 많이 힘들었습니다. 그러나 수업이 진행될수록 아이들이 눈에 띄게 변하는 모습을 보며 '하길 잘했구나'라는 생각이 들었습니다.

먼저, 책을 좋아하지 않던 아이가 책에 관심을 가졌습니다. 책을 무조건 많이 읽는 데만 급급하던 아이들이 1권이라도 제대로 읽기 시작했고, 책을 읽다가 궁금한 점이 있으면 스스로 찾아보는 아이들이 늘어났습니다. 공부한 내용과 관련된 책을 가져와 추천하는 아이가 생기는가 하면, 정해진 답이 없는 수업이다 보니 자신의 생각을 이야기하는데 주저하는 모습도 점점 사라졌습니다.

변화의 시작은 '재미'였습니다. 슬로리딩은 소설책을 그림책처럼 재미있게 읽는 방법이라는 생각이 듭니다. 그림책은 글을 읽다가 멈춰서 그림을 읽습니다. 슬로리딩은 글을 읽다가 샛길로 새는 활동을 합니다. 이런 활동은 마치 그림책의 그림을 읽는 것처럼 아이들에게 흥미를 느끼게 합니다. 이러한 흥미가 독서를 즐기게 되는 자세로 이끌 것이라는 생각이 듭니다. 그래서 필자는 앞으로도 슬로리딩 수업을 통한 독서교육을 계속 진행해 나갈 생각입니다.

낯선 수업 방식에 대한 두려움이 새로운 희망으로

슬로리딩을 처음 시작할 때는 매우 막막했습니다. 처음 들어보는 방식이라 이 수업이 의도하는 효과가 무엇인지 와 닿지 않았고, 수업을 어떻게 진행해나가야 할지 막막했습니다. 그 뒤 여러 사전 조사를 통해, 이 수업의 방식은 책을 느린 속도로 꼼꼼하게 읽는 것이기 때문에 문장 속 어구 하나 하나를 세세하게 분석하고, 조사하고, 본문에 나오는 내용을 실제로 해보고, 책을 읽다가 옆길로 새기도 한다는 것을 어렴풋이 알 수 있었습니다.

신규교사였던 저는 이러한 수업 방식이 매우 어렵게 느껴졌습니다. 정해진 커리큘럼과 교재가 없기 때문에 교사가 직접 수업 아이디어를 내고 활동, 학습지 등을 새로 만들어야 한다는 점은 더더욱 어려웠습니다. 또한 교사가 문장 속 단어, 어구를 사전에 자세히 조사하고 자료를 만들어 아이들에게 설명해주어야 한다는 부담도 있었습니다. 하지만 점차 수업을 진행해가면서 이 수업 방식은 교사 중심의 수업이 아니라는 사실을 깨닫게 되었습니다. 아이들의 궁금증과 관심에 따라 수업 방향이 달라지는 것들을 경험하며 이 수업 방식은 교사와 아이들이 함께 만들어가는 수업이라는 사실을 알게 되었던 것입니다. 나아가 아이들 스스로 조사, 탐구하며 경험적으로 지식을 형성하게 되었고, 아이들의 창의력과 사고력이 담긴 활동 결과물을 보며 저는 감탄이 절로 나왔습니다.

　슬로리딩은 제가 처음에 염려했던 것과는 달리 저와 아이들이 함께 성장할 수 있는 기회가 되었습니다. 그리고 슬로리딩 수업을 진행하면서 우리 아이들이 책을 깊게 읽으며, 스스로 탐구하는 능력을 기르고, 책과 친해지는 것을 목격하였습니다. 저는 이런 소중한 경험을 바탕으로 앞으로도 우리 아이들과 슬로리딩 수업을 계속 진행해나갈 것입니다.

엄윤아

정민이는 어려서부터 책을 좋아하고 맘에 드는 책은 외울 정도로 여러 번 읽는 아이였습니다. 그러다보니 처음 슬로리딩을 시작할 때는 이 수업이 정민이에게 큰 변화를 주리라는 기대보다는 일본에서 성공한 수업을 모델로 하여 EBS 방송촬영도 함께 진행 된다고 하니, '초등시절의 특별한 추억이 하나 더 생기겠구나' 하는 기대가 더 컸습니다. 그러나 실제로 수업이 진행되어 갈수록 기대 이상의 변화가 일어났습니다. 그 중 제가 느낀 가장 큰 변화는 스스로 수업 준비를 하는 모습이었습니다.

누가 시키거나, 시험에 나와서가 아니라 스스로 알고 싶고 재미있어서, 책을 찾아보고 인터넷 검색을 하며 지적생활의 즐거움을 깨달아 가는 모습은, 아직까지 기존의 학교 수업에서는 본 적이 없는 모습이었습니다. 또한 모둠과제가 많다보니 처음에는 의견을 조율함에 있어 힘들어 했지만, 자기만 잘하면 되고 친구마저 경쟁자인 수업에서 벗어나 함께 의견을 모아 활동하는 과정에서 사고는 다양해지고 마음은 넉넉해졌습니다. 부모로서 이런 변화를 지켜보며 '이렇게 좋은 수업을 좀 더 일찍 시작했으면 얼마나 좋았을까' 하는 아쉬움마저 들었습니다. 더불어 더 많은 아이들이 이 수업을 통해 함께 성장해 갔으면 하는 바람도 가져봅니다.

마지막으로 슬로리딩 수업에 참여 할 수 있는 기회를 만들어 주신 EBS 다큐팀과 이수열 교장선생님께 감사드립니다.

그리고 2년이라는 긴 시간동안 아이들을 위해 아낌없는 열정으로 훌륭한 수업을 준비해 주시고 슬로리딩 프로젝트를 성공적으로 이끌어 주신 최영민 선생님께 깊은 감사의 마음을 전하고 싶습니다. 매주 작은 글씨로 빽빽이 채워진 주간학습 안내서에는 수업 설명뿐만 아니라 더 좋은 수업을 만들기 위해 최선을 다하시는 선생님의 노고와 아이들에 대한 사랑이 가득 담겨있었습니다. 감사합니다, 선생님!

마정민 엄마 드림.

안녕하세요, 최영민 선생님. 채현이 엄마입니다.

아이가 초등학교 졸업을 앞두고 있다보니 그간의 생활을 다시금 돌아보게 되네요.

늘 바쁜 엄마로서 아이와 시간도 많이 보내지 못하고 더 좋은 자극과 경험을 주지 못해 미안함이 앞서구요. 그 와중에 엄마가 직접 영향을 준 건 아니지만 최근 2년간 학교생활에서 경험한 일들을 떠올리면 저절로 미소가 지어집니다.

5학년 시작 무렵 학교에서 '슬로리딩' 수업을 진행하며 그 과정을 다큐멘터리로 제작하기 위해 한 학기 간 촬영이 이어진다는 얘기에 '슬로리딩'에 대해 이것저것 알아보기도 했었습니다.

일본의 한 교사의 주도로 이루어진 수업으로 한 권의 책을 천천히 깊게 읽으며 관련학습을 한다는 것도 흥미로웠지만, 그 특별한 수업을 받은 아이들이 사회의 리더로 자라나게 된 배경으로 주저 없이 학창시절 〈은수저〉라는 책으로 다년간 공부한 덕분이라는 얘기를 했다는 부분은 무척 인상적이었습니다. 게다가 좋은 기회가 되어서 우리 아이가 그런 교육방법으로 직접 지도를 받을 수 있다니 기대가 되더라구요. 그러나 정규 교과서가 아닌 〈싱아책〉 읽기로 대부분의 교과목 수업을 하신다고 하니 과연 가능하고 충분할까라는 우려와 의구심이 있었던 것도 사실입니다.

시간이 지나고 아이들의 학습과정과 결과물이 눈에 보이며 우려는 놀라움으로, 의구심은 기대감으로 바뀌게 되면서 이 모든 과정을 이끌고 계신 선생님에 대한 감사한 마음이 깊어졌습니다.

방송을 위한 수업이었다면 한 학기에서 끝났을 수도 있는데 비교적 익숙한 정규 교과서 과정 대신 새로운 길을 열어 좋은 환경을 만들어 주신 점, 특히 다양한 토론 발표수업과 영상제작, 음독의 강조, 싱아 노래 작사 작곡 등 다양한 표현 활동, 역사 연계, 작품 속 배경이 되는 곳 직접 탐방 등 유익한 학습과정이 많았습니다.

아주 특별한 2년간의 학습을 이끌어주신 선생님께 다시 한 번 감사드립니다.

늘 건강하셔서 좋은 가르침 많은 아이들에게 혜택이 되었으면 합니다. 저희 채현이 자라는 모습 종종 전해드리고 문안드리도록 하겠습니다. 감사합니다.

채현 엄마 드림

슬로리딩 수업을 처음 준비하시는 선생님들께

책 한 권으로 수업을 진행하시겠다고 도전하시는 선생님의 열정에 큰 박수를 보냅니다.

2013년 12월, EBS 방송국 측에서 슬로리딩 수업 진행 요청 제안을 해왔을 때 저희는 아무 것도 모르는 상태에서 일단 시작해보자는 마음이었습니다. 이 방송 계획을 접하기 전까지 저희는 '슬로리딩'이라는 용어조차 몰랐습니다. 그래서 한 권의 책을 가지고 국어 수업을 하려니까 너무 막막했고 어려움이 많았습니다. 그 어려움은 크게 몇 가지로 요약할 수 있습니다.

첫째, 짜여진 교육과정이 없어 매차시마다 새롭게 계획하고 준비해야 하는 것이 많이 힘들었습니다.

국어교과서는 안내가 잘 되어 있는 교사용지도서와 아이스크림 또는 티셀파와 같은 인터넷 사이트가 있었지만 슬로리딩 수업은 저희가 온전히 모든 것을 계획하고 준비를 해야 했기 때문입니다. 그래서 수업 준비를 하는 데만 4~5시간이 걸리는 게 보통이었다가 3개월 정도 지나면서부터 약간 나아졌습니다.

둘째, 슬로리딩 수업의 온전한 방법을 알지 못해 매우 혼란스러웠습니다.

처음에는 정해진 작품 〈그 많던 싱아는 누가 다 먹었을까〉의 순서대로 나가다가 이것도 아니다 싶어 어느 때부터 국어 교과서 내용에 맞추어 〈그 많던 싱아는 누가 다 먹었을까〉의 내용을 가져와 수업을 하기도 했습니다. 이로 인해 방송국 담당 PD와 담당 작가를 비롯한 제작진과 여러 번 회의를 하기도 했습니다. 결국 〈그 많던 싱아는 누가 다 먹었을까〉의 책 내용대로 가는 것이 맞다고 결론 내리고 여기에 맞추어 수업을 진행했습니다. 지금도 이 원칙은 변함이 없습니다.

함께 슬로리딩 수업에 참여했던 우리 성서초 선생님들은, 어려움이 있을 때마다 매주 두세 차례 만나 의논, 협의하고 자료를 공유하며 극복했습니다. 그런 과정을 거친 뒤 어느 정도 익숙해지면서 각 반별로 담임선생님의 색깔에 맞는 수업을 하게 되었습니다. 슬로리딩 수업을 계획하시는 여러 선생님들께 꼭 권해드리고 싶습니다. 같은 학년 선생님들끼리 모여 자료와 생각을 공유하고 나누십시오.

또한 슬로리딩 수업을 진행함에 있어 학부모들의 이해를 구하는 것이 우선 되어야 합니다. 교과서를 놔두고 다른 책으로 수업하는 것에 대해 학부모들께서 불안해할 수 있기 때문입니다. 그래서 사전에 충분히 이해를 구하는 가정통신문을 보내 의견을 구하는 절차를 꼭 밟으십시오. 학부모들이 수업에 대한 이해가 필요한 또 다른 이유는, 수업 시간에 활용할 책을 구입해야 하기 때문입니다. 학교에서 단체로 구입해주는 경우도 있지만 학생 각자가 구입해야 하는 경우도 있습니다. 이럴 때 학부모들의 이해가 반드시 필요합니다. 그리고 가정통신문을 보낼 때 '슬로리딩은 진정한 책읽기를 알게 하는 방법'이라는 점을 강조하신다면 더욱 좋을 것입니다.

또 학부모들의 이해와 더불어 관리자분들의 이해와 지원도 무척 중요합니다. 왜냐하면 슬로리딩 수업은 '옆길로 빠지기'도 하기 때문에 교육과정에 충실하지 않다는 오해를 받을 수도 있기 때문입니다. 저희가 진행했던 2014년 5학년 슬로리딩 수업의 경우 교장선생님께서 매주 주간학습안내를 바꾸도록 허락해주셔서 가능했습니다. 물론 교육과정에 근거하여 수업을 진행했지만 매주 수업내용이 바뀌는 걸 허용하는 것은 쉽지 않으리라 생각됩니다. 또한 교과서를 두고 한 권의 책으로 수업하겠다고 말씀드리면 불안해하실 수 있으므로 관리자분들의 이해를 어떻게 구해야 할지 고민하는 지혜가 꼭 필요하다는 점을 말씀드립니다. 참고로 교장선생님과 교감선생님에게 슬로리딩 관련 책을 드리면서 일독을 권해보시는 것도 하나의 방법이 될 것입니다.

　슬로리딩 수업을 시작하려는 선생님들께 꼭 부탁드리고 싶은 것은, 처음에 힘이 들겠지만 서두르지 말고 차분하게 나가시라는 겁니다. 현재 슬로리딩 수업을 하시는 선생님들도 많지 않은 상황에서 서두르다 보면 방법적인 면에서 어려움이 있고 또 참고할만한 자료도 적어 쉽게 지칠 수 있기 때문입니다. 저희도 방송촬영이 아니었다면 도중에 포기하였을지도 모릅니다. 지금도 완벽한 것은 아니지만, 슬로리딩 수업 방식이 다른 수업 방법보다 아이들에게 조금이라도 더 다가갈 수 있고 제 자신에게 맞는 수업방법이라 생각하고 있습니다.

　슬로리딩 수업이 여러 선생님들께 좋은 수업을 할 수 있는 계기가 되었으면 하는 바람 간절합니다.

　감사합니다.

저자 일동

차 례

1장

슬로리딩의 의미와 필요성 • 27

2장

슬로리딩 수업 방법과 효과 • 35

1장

슬로리딩의 의미와 필요성

슬로리딩 수업의 핵심은 '샛길로 새기'입니다. 책을 읽는 도중에 이해하기 힘들거나 더 알아보고 싶은 내용이 나오면 잠시 그곳에 머물러 조사활동을 하거나 직접해보면서 몸과 마음으로 읽는 것이 바로 슬로리딩입니다.

1. 슬로리딩이란 무엇일까?

슬로리딩이라는 말은 2012년 〈슬로리딩〉(조선북스)이라는 책이 출간되면서 처음 조명을 받았습니다. 이 책의 저자인 하시모토 다케시 선생님은 자신이 평생 활용해온 국어교육법을 이 한 권의 책에 담았습니다. 여기서 말하는 슬로리딩은 국어 시간에 교과서 대신 소설책 한 권을 가지고 공부하는 방식입니다. 책을 읽으며 책 속에 나오는 활동을 직접 해보거나 문장 속 단어, 어구를 하나하나 알아보는 등 '느리지만 깊고 넓게' 책을 읽는 것입니다. 그리고 읽기와 쓰기, 생각하기를 강조하는 수업입니다.

이 학습법을 처음 도입할 때 '슬로리딩'이란 단어를 쓰는 것이 적합한지에 대한 고민을 했습니다. 국어학습법인 만큼 용어를 한글로 바꾸어야 하지 않을까 하는 고민이었습니다. 슬로리딩이란 단어는 '느리게 읽기' 혹은 '천천히 읽기'로 바꾸어 쓸 수 있습니다. 하지만 '느리게 읽기'라는 말은 수동적인 느낌을 주어 적합하지 않습니다. 또 '천천히 읽기'는 능동적인 느낌을 주기는 하지만 단지 천천히 읽는 것만이 슬로리딩이라 할 수는 없으므로 이 또한 적합하지 않습니다. 그런데 'Slow'라는 단어에는 '완행의', 즉 '도중에 다른 곳에 머무르거나 들러서 먼 쪽으로 둘러 감'이라는 뜻이 담겨 있습니다. 이는 이 학습법을 설명하기에 가장 알맞기 때문에 이 학습법의 이름을 '슬로리딩'으로 명명합니다.

슬로리딩 수업의 핵심은 '샛길로 새기'입니다. 책을 읽는 도중에 이해하기 힘들거나 더 알아보고 싶은 내용이 나오면 잠시 그곳에 머물러 조사활동을 하거나 직접해보면서 몸과 마음으로 읽는 것이 바로 슬로리딩입니다.

많은 선생님들이 '샛길로 새기'활동을 하면 책을 수단화하여 작품의 본질을 훼손하는 것이 아닐까 우려합니다. 하지만 실제로 해보면 오히려 한 단어, 한 문장, 한 문단을 찬찬히 곱씹으며 작품을 더 깊이 있게 이해할 수 있습니다. 다만 너무 지엽적인 부분에 집중하여 독서가 지식을 쌓는 수단이 되지 않도록 교사가 중심을 잘 잡아야 합니다. '샛길로 새기'의 진정한 목적은 작품의 전체적인 이해를 돕는 것입니다.

슬로리딩 수업에서는 다양한 활동을 통해 책을 읽습니다. 특히 체험활동과 쓰기활동, 토론활동이 강조됩니다. 체험활동을 통해 학생들은 주인공의 경험을 간접적으로나마 겪어보고 주인공의 마음에 공감할 수 있습니다. 하지만 여러 여건상 체험활동은 할 수 있는 범위가 제한적입니다. 그래서 교실 수업에서 쓰기활동과 토론활동을 강조합니다. 쓰는 활동은 학생들의 논리력과 상상력을 자극하여 직접 경험한 것과 같은 효과를 낼 수 있습니다.

발표와 같은 말하기 활동은 일부 학생만 참여하지만 쓰기활동은 모든 학생이 참여할 수 있다는 장점이 있습니다. 쓰기활동을 할 때에는 학생끼리의 피드백을 강조합니다. 서로 읽고 댓글을 다는 활동은 나의 작품을 되돌아보게 하고 더 나은 글쓰기를 할 수 있는 바탕이 됩니다. 댓글을 쓸 때에는 글쓴이에 대한 존중과 배려하는 마음을 바탕으로 쓰도록 지도합니다.

토론활동을 할 때는 모든 학생이 참여할 수 있도록 구성합니다. 사회자, 찬성편, 반대편, 배심원단으로 구성하면 모든 학생을 골고루 참여 시킬 수 있습니다. 교과서에 제시된 시수 외에도 재구성할 때 시간을 더 편성하여 학생들이 모든 역할을 해 볼 수 있도록 합니다. 그리고 책에서 찾은 주제 외에도 학생들의 실생활과 관련된 주제로 토론을 하는 것도 좋습니다.

2. 슬로리딩, 왜 해야 하는가?

이와 같은 독서법은 일본인인 하시모토 다케시 선생님이 처음 고안했다고 알려졌지만, 사실은 우리 선조들에게서도 찾아볼 수 있습니다. 세종대왕은 한 권의 책을 100번 읽고 100번을 쓰며 공부했다고 하며, 책을 읽고 토론하는 경연도 1,898회나 됩니다. 정약용 역시 다섯 가지의 방법으로 독서할 것을 강조하였습니다. '박학(博學-여러 방면의 책을 두루두루 읽음)', '심문(審問-자세히 읽고 질문을 가짐)', '신사(愼思-깊이 생각함)', '명변(明辯-앞뒤를 살펴 무엇이 옳고 그른지 판단함)', '독행(篤行-책에서 배운 내용을 행동으로 옮김)'이 바로 그것입니다. 이처럼 우리 선조들은 한 권의 책을 읽더라도 깊게 파고들어야 비로소 내 것이 되고,

그것이 제대로 된 공부라고 생각했습니다.

슬로리딩 수업을 통해 아이들은 깊게 읽는 방법을 배웁니다. 책을 읽으며 스스로 질문과 답을 찾도록 하고 다양한 경험과 지식을 쌓을 수 있습니다. 그 외에도 슬로리딩은 다음과 같은 장점이 있습니다.

1) 두껍고 어려운 책 읽기에 대한 두려움이 사라진다

이는 저희들이 1년 동안 슬로리딩 수업을 진행하며 경험한 사항으로, 슬로리딩 수업을 할수록 아이들은 점차 두껍고 글씨가 작은 책을 두려워하지 않게 되었습니다. 더 나아가 성인들이 읽는 책들도 서슴없이 집어드는, 이전과는 전혀 달라진 모습을 보였습니다.

2) 책과 친해지는 계기가 된다

책을 많이 읽던 아이들도 커가면서 독서량이 줄어드는 경우가 많습니다. 특히 초등학교 5학년부터 학업에 치중하면서 독서를 소홀히 하는 경우가 많아집니다. 게다가 초등학교 고학년에서 중학생이 되는 시기에 보게 되는 책들은 글자 크기가 작아지고 그림은 줄어들며 내용도 어려워지기 때문에 학생들이 예전만큼 선뜻 책에 손을 내밀지 못하게 됩니다.

하지만 슬로리딩 수업을 하면, 교사와 함께 자신의 능력보다 한 단계 더 높은 수준의 책을 읽는 경험을 통해 책읽기에 자신감을 갖게 됩니다. 실제로 슬로리딩 수업을 해보면, 어릴 때에 책을 많이 읽었으나 현재 책읽기를 별로 좋아하지 않게 된 아이의 독서량이 증가하는 경우를 쉽게 볼 수 있습니다.

3) 폭넓은 지식을 쌓을 수 있다

책 내용을 깊게 이해하기 위해서는 그 이야기의 배경이 되는 부분을 반드시 함께 공부해야합니다. 시간과 공간적 배경을 공부하다보면 역사와 지리, 사회, 문화 등 폭넓은 지식에 접근할 수밖에 없습니다.

4) 자기 주도 학습 능력이 향상된다

한 단어나 어구, 상황에 집중하여 읽는 법을 배운 아이들은 사소한 것일지라도 질문하는 습관을 갖게 되고, 한 가지를 깊게 탐구하는 재미를 알게 됩니다. 수업 시간에 다루지 않았던 내용도 궁금하면 스스로 찾아보게 됩니다. 이는 자기주도 학습능력의 향상을 의미합니다.

5) 학습자의 요구를 반영한 배움 중심 수업이 가능하다

슬로리딩은 책을 읽을 때 모르는 부분이 나오면 그냥 지나치지 않습니다. 교사는 수업을 계획하는 단계에서 아이들이 모를 것 같은 부분을 예상하여 여러 가지 자료나 활동을 준비합니다. 이때 교사는 지나치게 지엽적인 한 부분에 치중할 것이 아니라 전체적인 작품 이해를 도울 수 있도록 수업을 구성해야 합니다. 책의 내용과 아이들의 생활을 비교하는 활동을 하거나 책의 내용을 직접 경험하는 활동으로 구성하는 것이 좋습니다. 아이들의 삶을 끌어 올 수 있기에 학생의 참여도가 높아지고, 이는 학생에게 큰 동기부여가 됩니다. 또 학생의 요구에 따라 수업 계획이 변경될 여지가 크며, 학습자의 요구가 반영되므로 배움 중심 수업이 될 수 있습니다.

6) 교육과정 재구성 주제를 찾기 쉽다

슬로리딩은 하나의 연결되는 이야기로 수업을 하므로 교사가 재구성할 수 있는 소재를 찾기 쉽습니다. 일반적인 주제 중심 융합 수업에서는 교사가 과목별 교육과정에서 공통적으로 추출할 수 있는 소재를 찾아내야 합니다. 그리고 교과별 학습목표에 맞추어 유의미하게 연결하는 과정에서 사실상 많은 어려움이 따릅니다. 하지만 슬로리딩 학습법은 국어 교과를 중심으로 재구성을 하되, 다른 교과와 연계될 수 있는 소재는 융합합니다. 이야기 속에 다양한 소재가 산재해 있기 때문에 수업을 재구성하기가 훨씬 수월합니다.

7) 유의미한 학습이 일어난다

아이들은 이야기를 이해하기 위해 공부를 수단으로 사용하므로 사회, 역사, 도덕적 관념, 생활과학(실과), 과학적 원리, 수학의 활용 등을 융합하여 다루어도 어렵거나 지루하게 느끼지 않습니다. 즉 공부가 목적이 아닌 내용을 이해하기 위한 수단(도구)으로 이용되기 때문에 아이들의 뇌에서는 유의미한 학습이 이루어집니다.

예를 들어 보면, 다음 내용은 이야기 속에서 찾은 소재이므로 학습자에게 의미 있게 다가갑니다.

> 음력을 안 쓰면 농사를 지을 수 없다는 농사꾼들의 일반적인 상식이 옳지 않다고 여기시자 그걸 참지 못하고 기회 있을 때마다 마을 사람들을 계도하려 드셨다.
> "아니, 입춘이 섣달에 들었나, 정월에 들었나 물으러 올 게 뭐 있나? 양력으로 치면 해마다 같은 날인데. 생각해보게나. 절기가 딱 정해져 있어서 밤낮의 길이가 같거나, 밤이 제일 길거나, 낮이 제일 긴 날이 해마다 같은 날로 정해진 달력이 옳겠나, 그게 해마다 들쭉날쭉하다가 툭하면 윤달이 한 달씩이나 드는 달력이 옳겠나? 아무리 왜놈의 것이라도 옳은 건 옳다고 해야지, 왜놈이 흰 것을 희다고 했다고 해서 우리는 검다고 우겨야 옳겠나?"
>
> 〈그 많던 싱아는 누가 다 먹었을까〉, 박완서, 세계사, pp.108~109

위 내용을 읽어보면 할아버지가 농사에 꼭 필요한 24절기는 태양의 움직임에 따른 것이므로 농사에는 음력보다는 양력을 사용하는 것이 옳다고 주장합니다. 그러나 양력은 일본의 것이라는 생각이 강했던 마을 사람들은 할아버지의 말에 동의하지 않습니다. 절기와 음력, 양력을 이야기 속에서 접한 뒤에 사회 및 과학에서 관련된 내용을 공부한다면 기억하기 쉽습니다.

8) 제대로 된 국어 교육이 가능하다

슬로리딩을 통해 재구성된 국어는 문학작품을 읽으면서 듣기, 말하기, 읽기, 쓰기 활동을 함께 할 수 있습니다. 그래서 각 영역이 단절된 국어 학습이 아니기 때문에 국어에 흥미를 가질 수 있도록 해줍니다.

9) 지루하지 않은 반복 학습이 가능하다

슬로리딩으로 교육과정을 재구성하면 하나의 학습목표를 한 단원에서만 다루는 교과서 수업과 달리 같은 학습목표에 반복적으로 노출됩니다. 예를 들어 '시나 이야기를 읽고 다른 사람과 생각을 비교한다' 라는 학습목표를 시와 관련된 부분이 나올 때마다 반복하여 학습할 수 있습니다. 하지만 소재가 달라지기 때문에 결코 지루하지 않습니다. 반복된 학습은 지식을 습득할 수 있게 하고 습득된 지식은 장기기억으로 저장됩니다.

2장

슬로리딩 수업 방법과 효과

시간이 지나자 아이들은 누가 시키지 않아도 슬로리딩 도서와 연관된 내용이 나오는 책이나 잡지 등을 가져와 친구들에게 보여주었습니다. 아이들은 '스스로 읽기'에서 나아가 스스로 활동하기 시작했습니다. (아이들 중 몇몇이) 독서동아리, 만화동아리, UCC제작 동아리 등을 만들어 활동하였습니다.

1. 슬로리딩 수업 방법

슬로리딩으로 수업하는 방법의 핵심은 한마디로 '샛길로 새기'입니다. 교육과정이 허용하는 범위 내에서 가능한 한 샛길로 많이 새기를 권합니다. 예를 들어 '사랑채'라는 말이 나온다면 사랑채와 관련된 문학작품, 사랑채의 어원, 한옥의 다른 방들의 이름 등을 알아보는 겁니다.

샛길로 새는 방법은 다음과 같이 5가지로 나눠볼 수 있습니다.

1) 깊게 읽기

'깊게 읽기'로 교육과정을 재구성할 때에는 두 가지를 고려해야 합니다.

첫째, 시대적 배경을 깊게 이해할 수 있도록 구성합니다.

〈싱아책〉으로 슬로리딩을 할 때, 시대적 배경에 대한 이해를 돕기 위해 5학년 사회 교육과정 중에서 이야기의 배경이 되는 일제강점기 시대부터 6.25 전쟁 (5학년 2학기 사회교과 내용)까지의 역사를 앞부분으로 가져왔습니다. 역사를 중간부터 배우는 것에 대해 학생들이 혼란스러워 하지 않을까 염려하였으나, 실제로 1년간 수업해 본 결과 아이들이 크게 혼란스러워하지 않았습니다. 오히려 학기말에 다뤄 소홀히 할 수 있는 근현대사 부분을 정확하게 짚어 나갔기에 더욱 좋다는 반응이었습니다.

사회 시간에는 일제강점 시대의 흐름을 이해하고, 국어시간에는 주로 1930년대와 현재의 모습을 비교해보는 활동을 많이 하였습니다.

둘째, 학년 초에는 모르는 단어를 직접 찾아보는 활동을 많이 구성합니다.

학년 초에 모르는 단어가 나오면 사전이나 스마트 기기를 활용하여 뜻을 찾아보도록 하고, 찾은 단어로 짧은 글짓기를 하는 등의 심화활동을 합니다. 이런 활동을 반복하다 보면 아이들이 혼자서 책을 읽을 때에도 모르는 단어가 나오면 사전을 찾아보는 습관이 길러집니다. 더불어 매번 사전을 찾아가며 책을 읽을 수는 없으므로 문맥상 단어의 뜻을 유추해 내는 힘을 기르도록 유도합니다. 이는 글읽기의 가장 기본이 되는 것으로 다른 문학작품을 읽는 데에도 도움이 됩니다.

2) 넓게 읽기

'넓게 읽기'의 방법으로는 두 가지를 말할 수 있습니다.

첫째, 국어 교과 내에서 넓게 읽습니다.

국가수준 교육과정에서는 각 학년군별로 도달해야할 성취기준을 제시하고 있습니다. 하지만 필요하다면 다른 학년군의 성취기준을 도달 목표로 제시할 수 있습니다. 물론 해당 학년군이 도달해야할 성취기준을 우선적으로 가르쳐야 합니다.

둘째, 교과 간 융합을 통해 넓게 읽습니다.

이야기 속에서 수업 주제를 찾아내고 그 주제를 매개로 다른 교과와 융합하여 가르친다는 의미입니다. 융합 수업을 하기 위해서는 다른 교과의 학습목표를 숙지하고 있어야 하며, 전담교과와 융합수업을 할 경우 전담 선생님과 협의가 필요합니다.

3) 천천히 읽기

'천천히 읽기' 방법으로는 두 가지가 있는데, '소리 내어 읽기'와 '베껴 쓰기'가 그것입니다.

우선 '소리 내어 읽기' 즉, 낭독(혹은 성독)은 우리의 옛 조상들의 공부 방법에서 그 기원을 찾을 수 있습니다. 옛날 서당에서 공부할 때에 학생들은 '하늘 천 따지~' 하며 소리 내어 읽으면서 한자를 익혔습니다. 자신의 목소리를 느끼고, 다른 사람의 목소리를 들으며 눈으로 읽고 귀로 듣는 공부를 한 것입니다. 소리를 내어 읽으면 눈으로 따라 읽을 때보다 느리게 읽을 수밖에 없습니다. 이처럼 천천히 읽는 것은 내용을 훨씬 꼼꼼하게 읽을 수 있도록 해줍니다.

다음으로, 천천히 읽는 방법으로 '베껴 쓰기'가 있습니다. '베껴 쓰기'는 매우 효과적인 방법으로 전문 작가들도 습작할 때 자주 사용하는 방법입니다. 손으로 직접 쓰면서 내용을 읽기 때문에 훨씬 세세하게 읽을 수 있습니다. 다만 한꺼번에 많은 부분을 베껴 쓰는 것은 무의미합니다. 교사가 베껴 쓰기를 잘못 지도하면 아이들에게 힘들고 지루한 활동으로 느껴지게 할 수도 있습니다. 따라서 교사는 베껴 쓰기를 잘 할 수 있는 방법을 강구해야합니다.

4) 스스로 읽기

'스스로 읽기'를 위해 교사들이 할 일은 아이들에게 스스로 책을 가까이 할 수 있는 환경을 조성해 주는 것입니다. 저희들은 학급에 다양한 성장소설을 비치하여 아이들이 언제든지 읽을 수 있도록 하였습니다. 같은 모둠의 모둠원들이 같은 책을 읽고, 그 책에 대한 느낌을 나누거나 독서토론을 할 수 있도록 배려했습니다. 그리고 서평을 활용하는 태도를 기르는데 중점을 두었습니다. 즉 아이들이 직접 쓴 서평을 통해 친구에게 책을 추천하는 활동을 하였습니다. 그러자 친구가 추천한 책은 서로 읽으려 하였고, 전반적으로 독서량이 느는 것을 확인할 수 있었습니다. 선생님의 백 마디 말보다 친구들의 추천 한 마디가 더 큰 힘을 발휘했던 것입니다. 그리고 시간이 지나자 아이들은 누가 시키지 않아도 슬로리딩 도서와 연관된 내용이 나오는 책이나 잡지 등을 가져와 친구들에게 보여주었습니다. 아이들은 '스스로 읽기'에서 나아가 스스로 활동하기 시작했습니다. 아이들 중 몇몇이 독서동아리, 만화동아리, UCC제작 동아리 등을 만들어 활동하였습니다.

5) 오감으로 읽기

'오감으로 읽기'는 소설과 관련된 다양한 체험활동을 통해 이야기 속 인물의 마음을 공감하도록 구성합니다. 주인공이 살았던 동네를 직접 가보거나 그것이 여의치 않으면 비슷한 환경의 동네를 가 볼 수 있습니다. 주인공이 농촌에 산다면 근처 농촌체험을 할 수 있는 곳으로 가서 시골 풍경을 느끼고 농촌체험을 할 수 있도록 하는 것입니다. 주인공이 산을 넘어 학교를 다닌다는 내용이 나오면 하루 시간을 내서 아이들을 데리고 직접 학교 뒷산을 넘어보는 것도 좋습니다.

이 '오감으로 읽기'는 공감 능력을 크게 키워 줄 수 있습니다. 이야기 속 인물의 마음을 공감하는 것에서 시작하여 타인의 마음을 공감하고 배려하는 마음까지 기를 수 있습니다. 이는 교육의 최고 목표인 바른 인성 함양에 큰 도움이 됩니다.

2. 학교 슬로리딩 수업의 3가지 원칙[1]

학교 슬로리딩은 우리나라에서 별로 시도해 보지 않은 새로운 국어 수업입니다. 이미 충분히 검증된 교과서라는 교재 대신 새로운 교재로 수업을 하는 방식이다보니 굳이 모험을 해보려는 선생님들이 많을 수가 없는 겁니다. 그런데 '교과서로는 슬로리딩이 불가능한가'라고 묻는다면 대답은 '교과서로도 충분히 가능하다'라고 할 수 있습니다. 그렇다면 왜 교과서로 진행하지 않는가? 그 이유는 교과서에는 소설이나 동화의 경우 온전한 작품을 실지 않고 학습목표 달성을 위해 작품의 일부분만 싣기 때문입니다.

하지만 자유로운 수업, 새로운 시도라 해도 원칙은 있어야 합니다. '제대로 된 책읽기를 통한 국어 교육의 완성'이라는 교육 목표를 달성하기 위해 슬로리딩 수업의 원칙은 무엇일까요? 이것이 슬로리딩 수업 실험에 들어가기 전에 해결해야 할 과제였는데, 다음의 3가지 원칙을 세웠습니다.

1) 첫째 원칙-변화 가능한 수업 일정

모든 수업 일정을 완성된 것으로 보지 않고, 상황에 따라 충분히 변화 가능한 것으로 봅니다.

기존 학교 수업은 모든 일정이 사전에 계획되고 보고되므로 반드시 지켜야 합니다. 하지만 슬로리딩은 학생들의 반응 정도에 따라 얼마든지 바뀔 수 있습니다. 책을 읽는 속도는 개인마다 다릅니다. 책을 이해하는 정도도 다릅니

---

1) 정영미(2015), 《EBS 다큐프라임, 슬로리딩, 생각을 키우는 힘》, 경향미디어, 78-82쪽 내용을 참고했으며 저자의 경험을 더하였음.

다. 따라서 아이들의 반응과 받아들이는 상황을 점검하며 수업의 방향과 진도
를 결정하는 것이 이상적입니다. 더욱이 슬로리딩 수업 방법들이 이제껏 교실
에서 활용된 것이 아니기에 꽉 짜인 일정을 완벽하게 소화하는 것은 불가능해
보였습니다. 예를 들어보겠습니다.

차시	주요 학습 내용 및 활동
1	• 단원의 개관 및 학습 안내 • 서평이 우리에게 어떤 도움을 주는지 알기
2~3	• 서평이 우리에게 주는 도움을 생각하며 글읽기
4	• 서평을 읽고 어떤 책인지 짐작하여 보기
5~6	• 서평을 활용하여 필요한 책을 찾아 읽기 • 단원 학습 내용 정리하기

위의 표는 '2007 개정 교육과정 5학년 1학기 4. 나눔의 기쁜 읽기' 단원에 나
오는 주요학습 내용입니다. 이 단원을 학습하고 난 뒤에 학생들은 책에 대한
정보를 폭넓게 수집하고, 서평으로 얻은 정보를 활용하여 실제 생활에서 좋은
책을 골라 읽을 수 있는 능력과 태도를 기르는데 목적이 있습니다. 그래서 '서
평'에 대한 수업을 진행할 때 첫번째 시간은 '서평이란 무엇인가'라는 주제로
교사의 설명이 주를 이루었습니다. 두 번째 시간은 아이들이 직접 작품의 서
평의 예를 찾아서 우리가 읽은 작품이 어떤 것인지 보고 느끼는 시간을 가졌습
니다.

다음의 글은 아이들에게 소개한 조현 기자의 신문 서평 내용입니다.

그 많던 싱아는 누가 다 먹었을까 (조현 2014. 01. 29)[2]

〈조현의 통통통〉

설 쇠러 가는 고향은 아름다운 추억만 있는 게 아니다. 고향집은 중풍으로 누운 할아버지의 마른기침 소리와 홀로된 어미가 토끼 같은 아이들을 바라보며 쉬는 한숨소리, 과자 한 봉지를 놓고 동생과 다투다 엄마에게 맞은 회초리 자국이 남아 있는 곳이다. 귀향 차엔 치유되지 않은 상처들이 동승하고 있다.

소설가 박완서(1931~2011)가 '소설로 그린 자화상·유년의 기억'이란 부제를 붙여 낸 〈그 많던 싱아는 누가 다 먹었을까〉는 더 깊은 상처들이 맨살을 드러낸다.

'시골(개성)에서 농사짓던 큰 숙부가 면서기가 되고 오빠는 총독부에 취직했다. 큰 숙부는 징용이나 보국대를 뽑는 노무부장을 해 일본의 패망 날 박적골(개성) 시골집은 청년들의 분풀이 대상이 됐다. 일본제철회사로 옮긴 오빠는 이상주의적인 얼치기 빨갱이였다가 조직으로부터 멀어졌다. 전쟁이 터져 인민군이 서울에 진주하자 오빠가 전향했어도 정상을 참작해 주겠지 하는, 치사한 생각을 난 하고 있었다.'

박완서는 "그때 나는 정말로 더럽고 치사했다"고 고백할 만큼 좌든 우든 벌레처럼 기어서 어디 붙어서라도 살아야 했다고 한다. 그러나 6·25는 그가 세 살 때 사망한 아버지를 대신해 돌봐주던 숙부와 유일한 형제인 오빠를 앗아갔다.

1970년대 한국정신치료학회를 창립한 이동식 선생에 따르면 정신의학에서 사람에겐 일거수일투족을 지배하는 불건강한 감정이 있다. 이런 '핵심감정'이자 노이로제로부터 해방되느냐 여부가 정신건강을 좌우한다고 한다.

노이로제와 상처를 고백하는 건 쉬운 일이 아니다. 상처의 파도에서 벗어나 바다의 품으로 돌아간 자만이 가능한 일이다. 상처는 고백과 참회로 방생이 되었을 때 비로소 짠바다에서 씻기고 아물어져 과거의 추억이 된다. 자기의 슬픈 가족사를 정당화하기 위해 아예 역사 교과서마저 뒤바꾸려 하거나, 사상적 피해망상으로 인해 누군가에게 '미제 앞잡이'나 '민족 반역자'니 '빨갱이'나 '종북론자'니 하는 낙인을 찍으며, 상처투성이 분노를 상대에게 투사하는 한에선 불가능한 꿈이다.

스무 살 처녀 박완서의 생리가 멎어버릴 정도의 깊은 내상을 안겨준 '사상 공세'는 지난 60년간 한민족의 핵심적인 노이로제다. 전후 두 세대가 지난 오늘날까지 국민 다수의 노이로제가 물레방아 돌듯 돌고 있다. 그것도 국가 지도자들에 의해서다. 그러면서 국

---

2) http://well.hani.co.kr/448288 '내 마음이 쉬는 가는 곳 '휴심정', 글마을. 조현 2014. 01. 29

이 기사를 본 아이들은 어려워했습니다. 그래서 중학생들이 쓴 글도 가져와 소개하고 친구들과 어떻게 쓸 것인지 의논하도록 하였습니다. 처음 해보는 방식이라 다소 어설프더라도 모두 쓰고 모두 발표를 하도록 하였습니다. 모두가 일단 해본다는 사실이 중요하다고 여겼기 때문입니다. 이렇게 '서평'을 주제로 한 수업은 서너 시간이 아니라 2주 이상 계속했습니다.

이런 형태의 수업은 토론에서도 마찬가지였습니다. 서로 다른 주제를 가지고 모두가 참여하는 형태를 취했기 때문에 최소한 3회 정도는 계속되었고 주기를 두고 반복하였습니다. 우리들이 교실에서 했던 그 수업, 그러니까 아이들이 토론 주제를 가지고 서로 질문하고 반박하는 모습은 EBS 다큐프라임 '생각을 키우는 힘'에 그대로 방송되었습니다.

토론은 모두가 참여하는 방식이었고 아이들은 매우 적극적으로 수업에 임했습니다. 토론에 참여한 아이들은 상대편 내용에서 실문을 찾아내고 주징을 펼치는 식으로 발전해나가 지켜보는 저희들도 흥미진진했습니다. 수업을 진행하면서 아이들이 이렇게 서로 치밀하게 반박하면서 자기주장을 펼치리라고는 생각하지 못했습니다. 저희들이 가르치던 아이들이었지만 지금까지 발견하지 못했던 전혀 새로운 모습을 보게 되어 너무나 놀랐고 한편으로 아이들이 다르게 보이기도 했습니다.

　다음은 그때 수업 시간에 했던 토론 내용인데, 토론 내용 일부를 옮겨 봅니다. 주제는 '오빠의 창씨개명 반대는 옳다'입니다.

2014년 10월 EBS 다큐프라임 방송 화면

사회자 : 그럼 지금부터 찬성 및 반대 모둠의 주장을 듣겠습니다. 먼저 찬성 측부터 발표해 주십시오. 발표시간은 2분입니다.

찬성측 : 오빠가 창씨개명에 반대한 것은 옳습니다. 당시 상황으로는 창씨개명을 해도 되었겠지만 가문의 명예와 자존심을 지킬 수 있었던 선택이었고 조국에 대한 양심이 조금이라도 있다면 그 정도는 감수하고 반대할 수 있었습니다.

반대측 : 저는 오빠가 창씨개명에 반대하는 것은 옳지 않다고 생각합니다. 왜냐하면 싱아책에서 박완서 작가 오빠가 애국자도 아니면서 그런 판단을 한다는 것은 이해하지 못했습니다. 그러므로 옳지 않다고 봅니다. 그리고 오빠가 할아버지의 독불장군 같은 성격을 닮아 제멋대로 밀어붙이는 것은 옳지 않습니다.

(모둠별 협의)

사회자 : 먼저 반대편이 반론을 제기하고 찬성편이 이에 답하도록 합니다.

반대측 : 면서기인 큰숙부, 장사를 하는 작은숙부 그리고 박완서 작가의 처지를 생각해서라도 창씨개명을 해야 합니다. 오빠의 행동은 이기적입니다.

찬성측 : 싱아책에 물증이 나와 있다고 생각하지 않습니다.
반대측 : 일본인들이 총칼을 들이대고 이름을 바꾸지 않으면 죽인다고 해도 이름을 바
꾸지 않을 겁니까? 큰숙부는 면서기이고, 작은숙부네는 장사를 하며, 박완서
작가는 학교에 다니는데 그런 사람들에게 어려움은 있지 않았겠습니까?
찬성측 : 지금 어떤 어려움을 이야기하시는 건지?
반대측 : 그 당시 창씨개명을 하지 않으면 자녀가 입학을 거부당하는 등 각종 불이익을
당했기 때문에 창씨개명을 해야 합니다.
찬성측 : 그러나 민족말살 정책을 실시했다고 해도 민족의 혼을 지키려고 노력하는 사
람들이 있기에 민족의 혼을 지킬 수 있었습니다. 그래서 반대하는 것이 옳다고
저희가 주장하는 것입니다.
반대측 : 우리나라에도 외국 이름이지만 우리나라의 국적을 가진 사람이 있습니다. 창
씨개명을 한다고 민족정신이 완전히 말살되는 건 아니기 때문입니다.
찬성측 : 이름을 일본식으로 바꾸면 우리가 일본인이 되는 것과 같습니다.

(배심원 표결)

교사 : 토론을 해보니까 느낌이 어떤지 느낌을 한번 들어 볼게요.
학생 : 토론하기 전에는 토론이 쉬울 것 같았는데 그게 아니었어요.
학생 : 근거자료를 찾아보면서 다양한 정보에 대해 알 수 있어서 좋았어요.

위의 토론 외에 다른 토론의 사례도 있는데, 주제는 '체벌을 하는 선생님의
교육방식은 옳다'입니다.

박완서 작가님의 담임선생님은 점수를 올리기 위해 짝꿍끼리 서로 뺨을 때
리게 하는 방식을 취했는데 이것이 옳은지 학생들끼리 토론하는 것이었습니
다. 이 주제로 토론을 할 때 결정적인 장면은 한 학생이 상대방의 양해를 구하
고 살짝 뺨을 때리는 시늉을 하고 그 기분을 물었던 것이었습니다. 이 학생은
뺨 때리는 시늉을 위해 여러 번 연습을 했다고 합니다. 이 장면으로 토론은 더
욱 진지하게 흘렀고 상대편에서 반박을 하지 못하는 상황이 전개되기도 했습
니다.

2) 둘째 원칙-과제는 '생각'으로 대신

과제를 생각으로 대신한다고? 이게 무슨 말일까요?

슬로리딩 방식의 수업에서 모든 활동은 학교에서 교사를 중심으로 이루어질 뿐 아니라 아이들이 따로 준비하거나 연습해 올 필요가 없음을 강조했습니다. 새로운 책읽기를 시도한다하여 혹시라도 집에서 무엇을 준비해야 하지 않나 하는 학부모가 계실 듯하여 염려되었기 때문입니다. 또한 슬로리딩을 빨리 익히는 아이, 느리게 익히는 아이의 격차를 줄이려면 가능한 한 학교에서 수업 시간에 모든 활동을 진행해야 한다고 판단했습니다. 물론 과제가 반드시 필요할 경우에는 장기적으로 미리 안내를 하였습니다. 즉 슬로리딩의 최종 목표가 생각의 힘, 즉 사고력을 키우는 것이기에 '생각하는 훈련'만 강조했습니다. 과제를 해오지 않아도 전 시간의 학습지나 결과물을 보고 생각을 한 후 그 생각을 바탕으로 수업을 진행하면 되기 때문에 과제 검사하는 시간을 절약할 수 있습니다. 그런 방식으로 학생들은 서로의 생각을 나누면서 생각하는 사고력을 넓혀 갔습니다.

3) 셋째 원칙 - 교사와 학생이 함께 만들어가는 수업

슬로리딩 수업은 교사와 학생이 함께 만들어 가는 수업이 되어야 합니다.

당시 EBS 다큐프라임 방송을 위해, 12월에 방송제작팀에게 받은 약속이 2월까지 교안을 제작하여 주겠다는 것이었습니다. 그런데 교안은 2월 중순에야 받을 수 있었고, 내용 또한 교육과정으로 편성하여 수업하기에는 많은 어려움이 있었습니다. 특히 5학년 교사들은 방송 제작팀을 만나기 전에는 슬로리딩이라는 말조차도 몰랐던 상태였습니다. 이런 상황에서 3월 중순부터 방송 촬영이 시작되었던 것입니다.

그런 상황이라 전문가나 현장에서 참고할만한 매뉴얼이 없어 일단 모든 일정과 방법을 우리가 연구해 계획표를 만들고 수업을 진행하였습니다. 나중에 보니 이런 경험이 저희에게는 큰 자산이 되었다고 생각합니다. 방송 촬영이라는 막중한 책임감에 의해 전심전력하여 모든 것을 스스로 준비해 나가며 새로운 수업 방법으로 아이들과 함께 할 수 있었기 때문입니다.

또 수업의 방향이나 계획은 교사 주도로 이루어졌지만 수업의 한쪽 주인공은 아이들이라는 점을 알게 된 것도 슬로리딩 수업을 하면서부터였습니다. 슬로리딩 수업을 처음부터 아이들이 좋아했던 건 아니지만 반 아이들은 수업의 취지를 이해하고 잘 따라주었고 적극적으로 참여해주었습니다. 저희들은 아이들의 반응이 궁금하여 4월초에 슬로리딩 수업에 대해 주제일기로 과제를 내주었습니다. 또한 '주간학습안내장'을 만들어 아이들 모두에게 나누어주어 한 주 동안 학습할 내용을 미리 알 수 있도록 했습니다. 다음은 그때 과제였던 반 아이 일기 내용과 미리 알려주었던 '주간학습안내장'입니다.

2014년 4월 6일 일요일 날씨

나는 지난 날 동안 국어 수업에 대해 매우 감사하게 생각했다. 보통 국어 수업보다 더 내용이 다양하기 때문이다. 국어 수업을 자세히 보면 뭔가 시적인(?) 내용이 많지만 책은 작가가 다양한 분야를 쓰기 때문이다. 그래서 그런지 더 많은 것을 느끼게 된 것 같다. 다양한 학습활동(문화체험, 농촌체험 등등)을 통해 배운 것 또한 풍만해졌다. 난 지금까지 내 인생에서 이토록 기쁜 생각(학습체험)을 경험해본 적이 없다. 정말 내 인생에서 오랫동안 마음 한 구석에 자리 잡을 추억일 것이다. 선생님이 자주 하시는 말씀 이런 경험 별로 없단다. 당연하다. 이렇게 따스한 추억을 누가 잊겠는가. 7월까지 파이팅! 5-1반!

채우이는 '언어의 예술가', '언어의 마술사'인가 너무나 글이 부드럽고 주제와 맞게 흐름이 참 기연스러웠. 선생님이 밑줄친 것을 너무나 좋아서..

2014년 4월 7일 최영민이

주간학습안내

	월 (28일)	화 (29일)	수 (30일)	목 (1일)	금 (2일)
행사					
블록 ❶,❷ 09:00 ~ 10:20	국어(듣기·말하기·쓰기)	영어	국어(듣기·말하기·쓰기)	체육	사회
	♣중요한 사건을 보도하는 기사문을 쓸 수 있다. －기사문의 특성 －기사문을 잘 쓰는 방법 알기 －저작권을 지키며 자료수집하기 －신문만들기의 과정 알기	♠단원 학습 내용 정리하기, 집 꾸미기 활동하기	♣중요한 사건을 보도하는 기사문 쓰기 －현재의 직업과 일제 강점기의 직업 비교 분석하는 기사 쓰기 －일제 강점기 독립운동을 소재한 기사쓰기 －신문 만들기	★우리반 소체육 대회	♥평화적 정권 교체, 민주주의 발전 ♥북한의 정치,경제, 사회
		150-151쪽		***	124-127(91)쪽
		영어		체육	수학
		♠CD-ROM 타이틀 보며 듣기, 듣고 따라 말하기, 이어 말하기 놀이 하기		★우리반 소체육 대회	♡분수의 곱셈 (진분수)x(진분수)의 계산 원리를 구하고 곱을 구하기
	국어 25-43쪽	152-153쪽	싱아 66-74쪽	***	48-49(56-57)쪽
❸ 10:40 ~ 11:20	실과	국어(듣기·말하기·쓰기)	과학	미술·체육	과학
	♥정보기기의 특성과 활용 알아보기 (영상제 준비를 위한 기기의 활용 방법, 영상을 만드는 방법 익히기)	♣중요한 사건을 보도하는 기사문 쓰기 －현재의 직업과 일제 강점기의 직업 비교 분석하는 기사 쓰기	♠일정한 거리를 이동한 물체의 빠르기는 어떻게 비교할까요?	★대왕그림그리기	♠물체의 빠르기를 속력으로 나타내어 비교해 볼까요?
		싱아 66-74쪽	104(실47)쪽	***	108(실49)쪽
❹ 11:30 ~ 12:10		수학	과학	미술·체육	영어
		♡수익 3단원 문제 확인하기 －오답공책 작성하기	♠일정한 시간에 이동한 물체의 빠르기는 어떻게 비교할까요?	★대왕그림그리기 (5-6학년 소체육 대회)	♠CD-ROM 타이틀 듣고 말하기, 그림 보며 말하기, 'This Is My Family' 노래하기, 윷놀이 하기

	월 (28일)	화 (29일)	수 (30일)	목 (1일)	금 (2일)
	67(46-47)쪽	***	106(실48)쪽	***	154-155쪽
❺ 13:00 ~ 13:40	수 학	사 회	창 체		국어(듣기 · 말하기 · 쓰기)
❺ 13:00 ~ 13:40	♡문제풀어보기 (44-45쪽) ♡탐구활동(46쪽)	♡새마을 운동과 경제 개발 계획	♣계발 활동(동아 리 활동)		♣중요한 사건을 보도한 신문 내용 발표하기 ─ 모둠별로 발표 하고 잘된점을 서로 칭찬하여 주기
❺ 13:00 ~ 13:40	62-63(70-71)쪽	♡변화하는 생활 문화	***		싱아 66-74쪽
❻ 13:50 ~ 14:30	체 육	♡변화하는 생활 문화	수 학		창 체
❻ 13:50 ~ 14:30	★합체(킨볼을 이 용한 활동은 다음 주에 합니다.)(경 찰과 도둑, 달리 기 선수 선발)	♡경제 성장과 외환 위기의 극복	♣3단원 평가		♣내 안에 있는 마음속의괴물 몰 아내기(날 힘들게 한 너, 사라져!)
❻ 13:50 ~ 14:30	***	118-122쪽(84-88)	***		***
개인 준비물	집에 있는 신문 가 져오기 복습공책 일기장	복습공책	일기장 복습공책	점심 먹지 않고 바로 집으로 갈 예정입니다.	복습공책

<table>
<tr>
<td rowspan="5">5학년
1반
친구
들에게</td>
<td>

선생님은 여러분과 같이 수업을 하면서 참 각자의 능력이 무한대이고 힘을 합치면 좋은 작품을 얼마든지 만들 수 있다는 생각을 하곤 합니다.지난주 목요일에 여러분은 친구들과 의논해서 '싱아'를 배경으로 한 미래의 놀이터를 만들었지요. 의논할 시간은 10분 정도이었지요. 그리고 만드는 시간은 2시간 정도이었습니다. 그런데 여러분들은 나름대로 의미있는 작품을 만들었습니다. 그리고 국어 수업을 할 때 여러분 나름대로 '북청물장수' 시를 바꾸어 쓰는 활동을 했을 때도 짧은 시간에 재미있으면서도 주제에 벗어나지 않는 시를 써내기도 했습니다.

선생님은 이런 능력을 여러분들이 마음껏 발휘하면서 즐겁게 5학년 생활을 했으면 하는 바람입니다.이를 위해서 꼭 이루어져야 할 것이 무엇일까요?바로 친구들끼리 사이좋게 어울리고 거리낌이 없어야 한다는 점입니다. 여러분들은 그것을 할 수 있습니다. 어른들은 못하는 경우가 많습니다. 서로 미안하다고 사과를 했어도 여러 가지 생각을 하는 경우가 많습니다.

여러분은 어린이들입니다. 다른 사람들의 마음을 쉽게 받아들일 수 있습니다. 그러면서 여러분의 생각을 키워갈 수 있습니다. **우리반 모두는 잘나지도 않았고 못나지도 않았습니다. 다 똑같습니다. 그 누구도 따돌림 당할 이유도 없고 따돌림 시킬 이유도 없습니다.** 모두가 존중을 받을 권리가 있습니다. 그리고 우리반이 알차게, 재미있게 되기 위해서는 이런 점이 꼭 필요합니다. 선생님은 이를 위해 모든 노력을 다할 것입니다. 여러분도 선생님이 하는 일에 적극적으로 협조하여 주기 바랍니다.

</td>
</tr>
</table>

<table>
<tr><td rowspan="6">수업의
방향</td><td>♠ 국어 - 기사문을 쓰는 방법을 익히고 '싱아'책에 나오는 내용을 바탕으로 기사문을 작성할 예정입니다.</td></tr>
<tr><td>♠ 수학 - 3단원 정리,단원평가,분수의 곱셈을 나갈 예정인데 꼭 문제를 풀 때 차분하게 과정을 쓰는 연습이 필요합니다.</td></tr>
<tr><td>♠ 사회 - 민주화와 경제 발전, 평화통일을 위한 노력 등 마무리를 하고 단원정리를 별도로 하겠습니다.</td></tr>
<tr><td>♠ 실과 - 영상제 개최를 위한 특강을 월요일에 실시합니다.</td></tr>
<tr><td>♠ 체육 - 우리반만의 소체육, 5-6학년 체육대회를 개최합니다.</td></tr>
</table>

3. 슬로리딩 수업의 효과

1) 학생들의 변화

2014년 EBS 다큐프라임 방송 이후, 슬로리딩 수업 효과를 확인한 저희들은 2015년에도 5학년과 6학년을 대상으로 슬로리딩 수업을 진행하였습니다. 그런 뒤 2015년말에 실시한 교육과정 설문 조사 결과 70% 이상 학부모님이 슬로리딩 수업을 전 학년으로 확대시켜 줄 것을 요구하였습니다. 그래서 학교에서는 선생님들의 회의를 거쳐 2016학년도에 슬로리딩 연수를 실시하기로 하고 제(최영민)가 연수를 담당하게 되었습니다.

그런데 12월 중순으로 잡힌 연수 날짜가 다가올수록 저는 마음의 부담을 많이 느꼈습니다. 2년 동안 아이들과 함께 슬로리딩 수업을 하면서 효과가 있었는지 입증해야 한다는 압박감 때문입니다. 그래서 아이들에게 "슬로리딩 수업이 어떻더냐?"라고 물어보았더니, 아이들 대부분이 긍정적으로 대답을 해주었습니다. 아이들의 그 대답이 큰 힘이 되었고 한결 가벼운 마음으로 연수를 실시할 수 있었습니다. 그리고 2015년 학년을 마치며 슬로리딩 수업을 했던 6학년 아이들에게 설문조사를 해보았는데, 그 동안 제가 짐작만 하고 있던 생각을 아이들을 통해 확인할 수 있었습니다.

그런 내용을 바탕으로 2014년과 2015년 그리고 2016년 3년에 걸쳐 아이들과 함께 슬로리딩 수업을 하면서 알게 된, 슬로리딩 수업 방법과 효과를 살펴보고자 합니다. 물론 모든 아이들에게서 이와 같은 변화가 나타난 건 아니지만 다수의 아이들이 느끼고 있다는 점에서 그 의의를 찾을 수 있을 겁니다.

① 책을 많이 읽어야 한다는 압박감에서 벗어나 한 권이라도 꼼꼼하게 읽는 여유를 가질 수 있다

아이들 중에는 한 달에 책을 90권까지 읽는 아이도 있었는데 슬로리딩 수업을 진행하면서 한 권이라도 제대로 읽어야한다는 점을 스스로 알고 실천한 결과 변화가 나타나기 시작했던 것입니다. 이것은 책을 읽는 권수와 독서능력종합평가에서 엿볼 수 있었습니다. 먼저 독서능력종합평가에서는 4월에 비해 8월에 '우수' 아동의 비율이 올라가고 '보통'과 '노력요함'의 비율은 줄어들었습니다. 또한 2015년 12월, 6학년 아이들을 대상으로 슬로리딩 수업을 한 뒤, 느낀 점을 설문조사했을 때 아이들은 책읽는 방법에 대해 많은 변화가 있었다고 응답해 주었습니다. 참고로 제가 담임을 했던 6학년 아이들은 2014년에 가르쳤던 5학년 아이들을 그대로 데리고 6학년에 올라왔습니다.

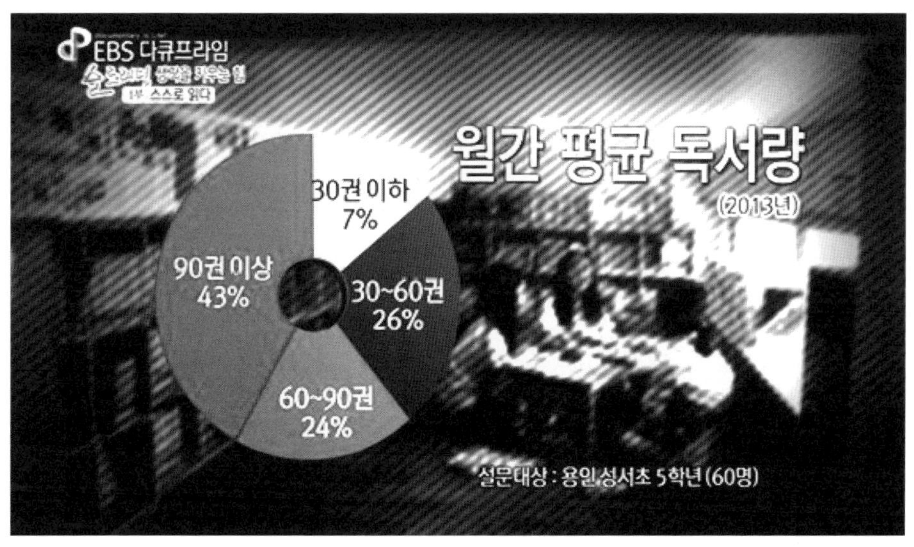

독서능력종합평가(EBS 다큐프라임 방송

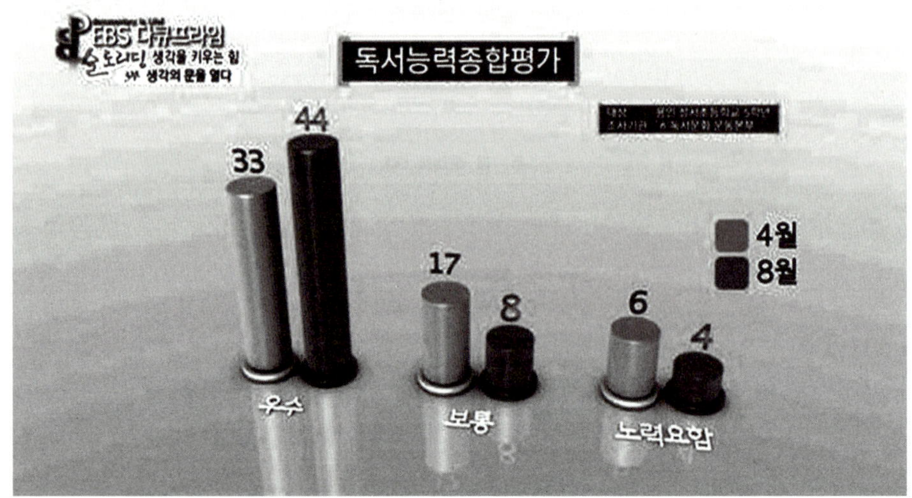

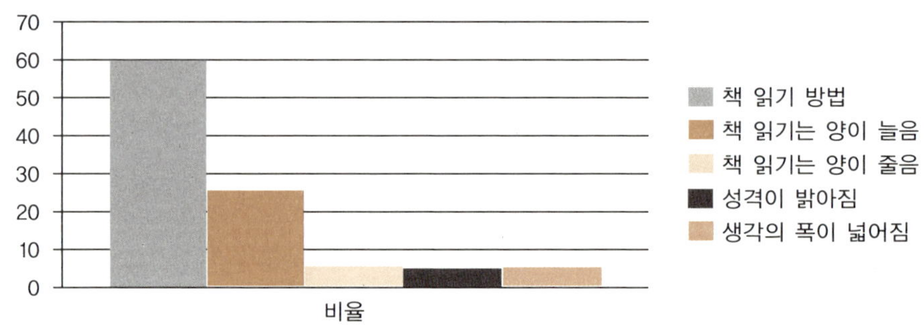

독서능력종합평가(EBS 다큐프라임 도표와 그래프)

② 아이들은 다양한 활동을 통해 수업에 참여할 수 있다

이것은 모둠활동이나 전체 활동을 통해서 가능한 것이었습니다. 이런 방식이었기 때문에 아이들은 때로 학생과 선생님의 입장이 되어 서로 가르쳐주고 평가하기도 하였습니다. 배움은 선생님이 가르쳐주는 것보다 친구가 가르쳐주는 것이 더 효과적입니다. 그래서 같은 질문 내용에 대한 친구들의 답변 내용을 보고 자연스럽게 자신이 쓴 내용과 차이점을 알아가며 배움의 즐거움을 느낄 수 있었습니다.

<시를 이야기로 바꾸어 써보기>

<자전거 도둑을 시로 바꾸어 써보기 :
시의 제목을 나름대로 다시 지어서도 됨.>

분단별로 수업 내용에 대한 학습지를 돌려 읽으면서 자신이 쓴 내용과
차이점 그리고 잘한 점을 댓글을 달게 한 학습지 일부

분단별 또는 모둠별로 친구들이 평가에 참여하는 경우는 전체 발표를 할 때

도 적용하여 보았습니다. 이 평가를 할 때는 발표하는 친구는 천천히 그리고

분명하게 읽어야 하고, 듣고 평가하는 친구들은 주의 깊게 들어야 하기 때문에 발표와 듣기 연습이 저절로 되기도 하였습니다.

국어에서 논설문과 연설문의 공통점은 상대방을 설득하는데 있습니다. 단지 전달하는 방법이 다를 뿐입니다. 그래서 여기에 착안해 자신의 주장을 짝꿍과 함께 쓰게 한 뒤 서로 내용을 고치게 했습니다. 그런 뒤 실제로 연설하는 것처럼 긴장감을 갖도록 하기 위해 학교 시청각실을 이용해 발표하게 하였습니다. 주제는 자유롭게 잡도록 하였습니다.

다음은 국어 외의 과목에서 아이들이 직접 수업에 참여하는 방법을 생각하면서 나온 수업 방법의 일부입니다.

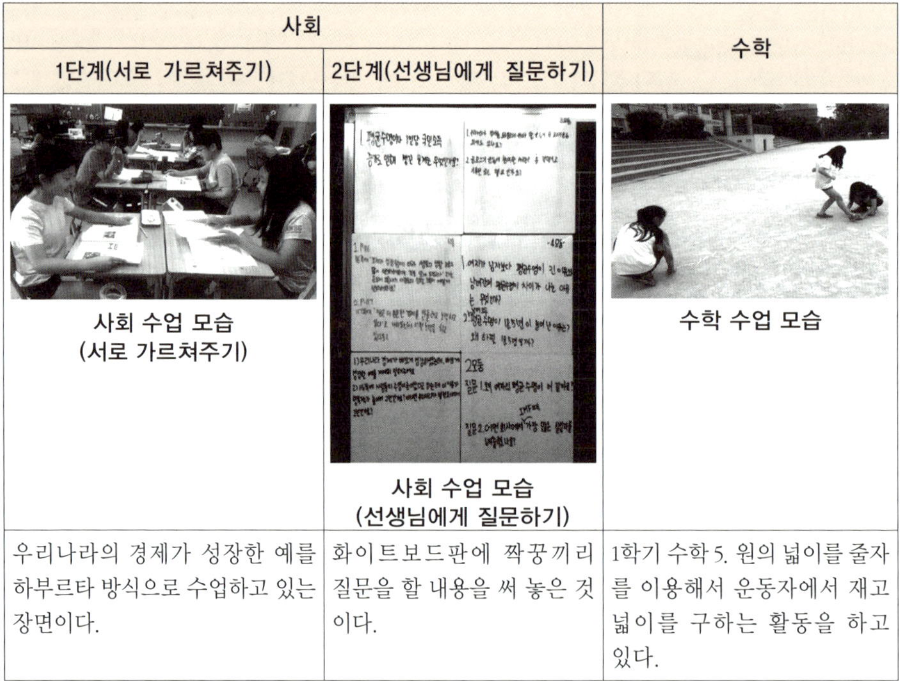

사회		수학
1단계(서로 가르쳐주기)	2단계(선생님에게 질문하기)	
사회 수업 모습 (서로 가르쳐주기)	사회 수업 모습 (선생님에게 질문하기)	수학 수업 모습
우리나라의 경제가 성장한 예를 하부르타 방식으로 수업하고 있는 장면이다.	화이트보드판에 짝꿍끼리 질문을 할 내용을 써 놓은 것이다.	1학기 수학 5. 원의 넓이를 줄자를 이용해서 운동자에서 재고 넓이를 구하는 활동을 하고 있다.

아래 그림은 사용하고 난 교구를 버리기 아까워 아이들의 제안을 받아 사회와 미술을 연계시켜 활동한 내용입니다.

1단계 수업(수학)	2단계 수업(사회)	3단계 수업(미술)
각기둥과 각뿔교구 만들기	2학기 '세계 여러 나라의 다양한 문화를 알아보기'(132쪽-139쪽)에서 다양한 집의 모양을 소개하기	10. 각양각색의 지구촌(비상, 박은덕, 86-87쪽) '입체 도형으로 만든 건축물' 만들기

이러한 노력 덕분에 아이들은 슬로리딩 수업을 통해 많은 것을 보고 느낄 수 있었다고 설문에 응했습니다.

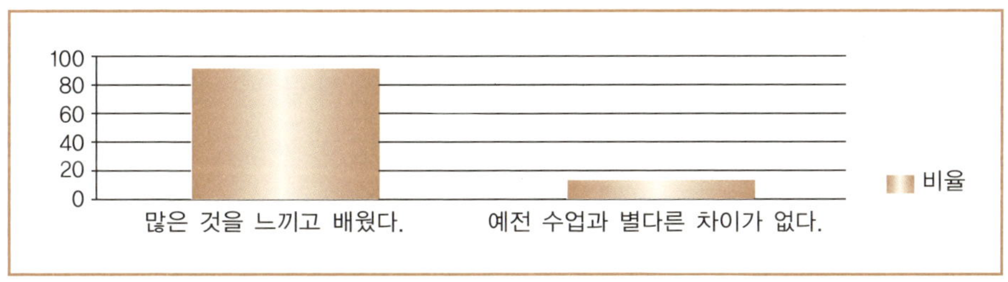

그래프(많은 것을 느끼고 배웠다, 예전 수업과 별다른 차이가 없다)

③ 아이들이 글쓰기를 즐거워하게 되었다

슬로리딩 수업의 가장 큰 목적 중에 하나가 '깊게 읽고 폭넓게 생각하는 습관을 기르는 것'입니다. 그런데 여기에서 가장 밑바탕이 되는 것이 글쓰기 능력이라고 할 수 있습니다. 저는 이 부분에서 많은 고민을 했습니다. 글쓰기 능력은 아이들마다 차이가 나고, 특히 남학생과 여학생은 그 차이가 더 크기 때문입니다. 그래서 많이 읽고 많이 써보는 방법밖에는 없다고 생각했습니다.

대체로 여학생은 책을 읽고 나름대로 분석하여 글을 체계적으로 잘 쓰는 편입니다. 이에 비해 남학생은 글쓰기를 할 때 굉장히 짧게 쓰는 경향이 있습니다. 그래서 수업을 할 때 다소 걱정을 하기도 했습니다. 그런데 슬로리딩 수업 후인 6학년 2학기말에 한 남학생이 글을 써서 발표하는 걸 보고 저는 많이 놀랐습니다. 그 남학생은 이전과 달리 자기 나름의 기준에 따라 논리정연하게 글을 썼기 때문입니다. 슬로리딩 수업을 하면서 가장 고민되는 부분이 어떻게 하면 글쓰기 능력을 향상시킬 수 있을까 하는 점이었는데, 이 남학생의 글을 보면서 그런 고민이 어느 정도 해결된 듯하여 기뻤습니다.

제가 학생들에게 글쓰기 능력을 키워주자고 마음먹은 것은 아이들 수업 자료를 찾으면서 읽었던 책 〈아이의 미래를 망치는 엄마의 상식〉(21세기북스) 덕분입니다. 하버드대 졸업생 중 사회 지도자로 활동하는 인사들을 상대로 성공의 가장 큰 요인을 물어본 결과, 가장 많은 응답자가 '글쓰기 능력'을 꼽았다고 합니다. 여기서 말하는 글쓰기 능력은 문학적인 글쓰기나 문장을 다듬는 수준이 아니라 지식 정보를 체계적으로 정리하여 자신의 것으로 만드는 것을 의미한다고 합니다. 그 뒤 저는 우리 아이들이 미래를 위해 글을 잘 쓸 수 있는 체계적인 교육을 받고 있는가 하는 의구심을 갖게 되었고, 글쓰기 교육을 위해 나름대로 많은 노력을 기울였습니다. 하지만 글쓰기에서 나타나는 여학생과 남학생의 근본적인 차이까지 해결하지는 못하고 있었는데, 슬로리딩 수업을 하면서 변화가 생겼습니다. 아래 두 편의 글은 제가 가르친 여학생과 남학생이 쓴 글입니다.

6학년 1반 15번　이름: 김주현

※ <자전거 도둑> 중 대립되는 내용을 뽑아 주장하는 글쓰기를 하기전에 어떤
내용을 쓸 것인지 간략하게 써보세요.

<옥상의 민들레꽃> - 중요한 회의가 아이를 데려가도 잔다.

※ <자전거 도둑>중 대립되는 내용을 뽑아 주장하는 글쓰기를 해보세요.
글을 쓰는 도중에 이어주는 말을 쓰도록 해야 합니다.

제목 : 아이들의 의견도 존중해주세요

'자전거 도둑'에 실려있는 네 번째 이야기 '옥상의 민들레꽃'을 보면 주인공이 단지
어린 아이라는 이유만으로 아예 무시하고 의견을 묵살시킨 부분이 있었습니다. 저는, 이렇게
어린 아이들을 무시하면 안 된다고 생각합니다. 아이들의 의견도 존중해주세요.

첫째, 아이들의 의견은 맑고 순수합니다. 몇몇 사람들은 아이들이 이성적으로 판단하지
못해서 아이들의 권리를 꺼려 의견에 불리하다고 말합니다. 하지만, 그렇지 않습니다.
아이들은 이성적으로 판단하지는 못하지만 그 대신 더 감정적으로 생각합니다. 「옥상의
민들레꽃」에서 주인공이 낸 '·민들레꽃 심기'도 어른들의 입장에서 보면
주관에 잘못 판단한 것이라 생각할 수 있지만 그 민들레꽃 하나로 어쩌면
정말 사람을 살릴 수도 있습니다. 아이들의 의견은 정말 맑고 순수합니다.

둘째, 어른들은 아이들을 너무 가볍게 여기는 것 같습니다. 「옥상의 민들레꽃」에서
희락이는 주인공에게 "누굽니까? 도대체 누굽니까? 이런 중대한 모임에 어린이를
데리고 온 분이 누굽니까?"라고 말합니다. 이게 아이를 데리고 오면 안 된다고
말하는 것인지 저는 잘 모르겠습니다. 주인공은 떠들지도 않았고, 형편을 요구하거나
떼를 쓰지도 않았습니다. 단지 의견을 내기 위해 나선 것 뿐입니다. 희의장이
아이들에게 그렇게 말한 건 잘못된 거라 생각합니다.

6학년 2학기말 여학생이 쓴 글

6학년　반　번　이름: 양동호

※ <자전거 도둑> 중 대립되는 내용을 뽑아 주장하는 글쓰기를 하기전에 어떤
내용을 쓸 것인지 간략하게 써보세요.

<자전거 도둑>에서 신사가 잘못되지 않았다.

※ <자전거 도둑>중 대립되는 내용을 뽑아 주장하는 글쓰기를 해보세요.
글을 쓰는 도중에 이어주는 말을 쓰도록 해야 합니다.

제목 : <자전거 도둑> 에서 신수의 행동은 옳다.
내 생각에는 신사가 잘못되지 않은것 같다 우선, 이 이야기를 하려면
신사가 차를 자거전으로 돌아가서 이야기 해야 한다
신사은 직장은과려고 노력했을것이다.(급수거 옮고 매어 났을 수도 있지만
차에 대한 애착을 모아서 부자는 아닌것같다) 그리고 환하던 직장을 구해서
열심히 일하여 돈 벌었을 것이다 그래서 결국 차를
사서 타고다니다가 길가에 잠시 차를 세우고 볼일을 보러 다녀왔다.
그런데 도대체 이게 무슨일인가! 차는 쭉 긁혀 있고
어떤 꼬마애가 무언가에 듣겨 도망치듯 빠른 걸음으로 걸어가고있었다
그리고 꼬마의 손에는 고물자전거 한 세가 들려있었다 그 고물에의 손잡이
에는 흰색 페인트가 묻어있었다 됐갰단러서 꼬마를 잡았다
꼬마의 표정을 보자 의심은 확신으로 변했다 그 꼬마의 표정은 딱봐도
뭔가 잘못한듯한 표정이 있다. 그래서 난 녀석한에 5만원을 요구하고
호떻게 돌어 가서 쉬고 있었지만 꼬마는 오지 않았다.
결국 신사는 차를 자신의 돈으로 수리했다.

6학년 2학기말 남학생이 쓴 글

글을 보면 알 수 있듯이 여학생과 남학생의 글에서 큰 차이가 느껴지지 않습니다. 즉 슬로리딩 수업을 진행하면서, 모든 활동에서 그러한 건 아니지만 여학생과 남학생 글쓰기 내용에서 큰 차이를 발견하지 못하게 되었습니다. 둘 다 나름대로 논리적인 체계를 갖추고 있었기 때문입니다. 이걸 보면서 그 동안 고민해왔던 문제의 해결점이 보이는 듯해 반갑기도 했고, 또 이것이 슬로리딩 수업 효과라고 생각하니 기쁘기도 했습니다.

2) 교사의 변화

슬로리딩 수업을 하면서 아이들의 변화 외에, 수업을 진행했던 우리 교사들에게도 변화가 있었습니다. 세부적으로는 많지만 크게 두 가지로 이야기할 수 있습니다.

① 수업의 중심에 아이들이 있어야 한다는 점을 알게 되었다

저는 청주교육대학교와 한국교원대학교에서 공동으로 주최한 '제3회 교사의 창의적 수업 사례' 공모전에서 우수상을 받기도 했습니다. 이 상을 받을 수 있을 정도의 노력과 열정으로 수업을 하면 아이들이나 저 모두 재미있고 즐거운 수업이 될 줄 알았습니다. 그런데 결과는 아니었습니다. 오히려 아이들은 위축되고 수업 분위기는 예전보다 못하게 되었습니다. 무언가 잘못된 것은 확실한데 그 원인을 몰라 저는 적잖이 당황하였고 위축되었습니다. 그러다가 슬로리딩 수업을 다룬 '2014년 EBS 다큐프라임'을 촬영하면서 비로소 그 원인을 알게 되었습니다. 그것은 수업의 중심에 아이들이 없었던 것입니다. 제기 '창의적 수업' 상을 받기 위해 수업공모전을 준비했던 것들은 제 개인의 욕심이었던 것입니다.

슬로리딩 수업을 진행하던 4월 중순쯤, 수업 교재의 저자인 박완서 선생님이 옛날 인왕산을 매일 넘어다녔던 느낌을 조금이라도 공유해보기 위해 아이들과 함께 학교 근처에 있는 광교산과 성복천을 걸어본 적이 있습니다. 수업에 참여한 5학년 선생님들은 아이들이 봄향기를 느끼며 많은 걸 관찰하게 되리라는 기대를 하며 학교를 나섰습니다. 그런데 야외로 나오자 아이들은 친구들과 조잘거리느라 주변을 살피지 않는 것 같았습니다. 내심 불안해지기 시작했습니다. 그런데 그게 아니었습니다. 그것은 어디까지나 선생님들의 시각이었습니다. 나중에 물어보니 아이들은 자기들 나름대로 관찰을 하며 그 내용을 가지고 친구들과 조잘(대화)거렸던 것입니다.

그 외에도 또 하나의 사례는, 아이들이 수업의 중심에 있어야 한다는 생각을 갖게 한 사건이 있었습니다.

5월초쯤 신문 만드는 활동을 했는데, 담임교사는 이 활동을 2주 정도 계획하고 수업 준비를 하였습니다. 아이들에게 주제와 내용을 어떻게 해야 하는지 간단히 설명하고 모둠별로 계획을 세워 만들게 한 뒤, 완성된 신문은 컴퓨터로 출력해 학급게시판에 붙일 예정이었습니다. 그런데 예정되었던 2주가 다 되어가도록 아이들은 신문을 어떻게 완성해야 할지 갈피를 못 잡고 있었습니다. 물론 기사로 쓸 내용과 형식은 어느 정도 토의가 된 상태였습니다.

그 상황에서 저는 고민이 되었습니다. 이런 상황에서 아이들에게 잔소리나 꾸중을 해야 할지, 아니면 간섭을 하면서 도와주어야 할지…. 고민을 하다가 아이들에게 회의를 하자고 한 뒤 담임교사인 저의 생각을 말했습니다. 그랬더니 아이들은 자기들이 출력을 하든지, 그리기 도구를 이용해서 하든지, 하여튼 맡겨 달라는 의견이 많았습니다. 지금까지와는 좀 다른 모습에 저는 아이들 의견을 따라주기로 했습니다. 그 대신 신문의 생명인 마감시간은 꼭 지켜달라고 요구했습니다. 결론은 어땠을까요? 아이들이 열심히 하는 게 보였습니다. 스스로 문제를 해결해보려는 모습이 뚜렷하게 보였습니다. 쉬는 시간뿐만 아니라 점심시간에도 신문 만들기에 열중하더니 마감시간을 지켜주었습니다.

수업의 성패는 학생들이 지속적으로 수업에 참여하느냐에 달려 있습니다. 즉 학생들이 수업에 적극적으로 참여하기 위해서는 학교에서 배우는 내용들이 자신의 삶과 관련이 있고, 자기에게 도움이 된다는 인식을 하는 것이 필요하다는 겁니다.[3] 이를 위해 교육과정 재구성에서 고려해야 할 사항 가운데 하나가 교과와 학생들의 삶과의 관련성입니다.[4] 이와 같은 맥락에서, 슬로리딩 수업에 사용하려는 작품은 성장소설이어야 한다는 것입니다.

② 발전방향의 실험적인 수업을 실천해볼 수 있다

저희들은 슬로리딩 수업을 통해 혁신학교에서 추구하고 있는 방향으로 수업에서 일부나마 실천해보았습니다. 아래의 표는 혁신학교에서 수업할 때 추구하는 방향이라고 할 수 있습니다. 슬로리딩 수업은 이런 혁신학교의 수업 방법을 어느 정도 적용하기에도 맞다는 생각이 들었습니다.

1. 참된 배움을 보장하는 교육과정
① 지식—탐구—실천의 통합적 학습 기회 제공 ② 분절적 교과의 경계를 넘어선 통합적 교육과정 ③ 학생의 삶, 사회적 가치와 연결된 교육과정
2. 참여와 협력이 있는 수업
① 학생의 참여가 보장되는 배움 중심의 수업 ② 이질 집단의 협력을 기본 원리로 하는 수업 ③ 배움이 느린 학생을 배려하는 수업
3. 성장과 발달을 위한 평가
① 수업 과정에서 이루어지는 평가 ② 등급화를 약하고, 정답은 열려 있는 평가 ③ 지필 평가 축소 및 폐지, 수행평가 등 대안적 평가 활성화

• '1. 참된 배움을 보장하는 교육과정'

아이들은 수업내용이 자신의 삶과 깊은 연관이 있다고 느껴질 때 참여도가 높았습니다. 그래서 박완서의 〈그 많던 싱아는 누가 다 먹었을까〉 내용 중 감정을 타나내는 낱말 4개를 골라 자신의 감정을 이입시켜 표현해보도록 하였습

---

3) 이형빈(2015), 《교육과정-수업-평가, 어떻게 혁신할 것인가》, 맘에드림, 151쪽
4) 2015년 〈전문적 학습공동체〉 연수의 일환으로 '온작품 읽기 수업의 실제'라는 강연에서도 강사님이 언어 능력은 실재성이 결부되어야 올라간다는 말씀을 했을 때 슬로리딩 수업 방법이 틀리지는 않았구나하는 생각을 하게 되었다.

니다. 이것을 국어와 미술 교과[5]의 내용과 융합하여 수업을 해보았습니다. 당시 미술 교과서 '감정과 표정을 살려서'라는 단원과 연계시켜 주인공의 감정에 자신의 마음을 이입시켜 보도록 하였습니다.

다음은 2014년 슬로리딩 수업 중 5학년 아이들이 표현한 작품의 일부입니다.

아이들이 그린 표정 그림

아이들은 슬로리딩 수업을 통해서 통합적 학습 기회를 경험했다고 할 수 있습니다. 박완서의 〈그 많던 싱아는 누가 다 먹었을까〉 내용을 토대로 조사 과제 학습을 시켰는데 아이들은 각자 주제를 정해 조사를 하고 발표를 하였습니다. 이 내용은 학급홈페이지에 게시하고 모두가 공유하도록 하였습니다. 2~3명이 한 모둠이 되어 시립도서관에서 책을 빌려 조사하였는데 내용이 알찼습니다. 예를 들어, '왜 옛날 어린이들은 늘 콧물을 흘리고 다녔을까'를 조사한 모둠은 어머니가 축농증에 걸린 사례를 중심으로 가설을 세워 관찰하고 탐구한 내용 인상적이었습니다. 다음은 아이들이 조사한 과제의 주제입니다.

5) 미술 5-6학년, 천재교육, 이우종외 8명 공저, 2011년 참조

① 싱아와 포도의 차이점

② 메이데이, MAY DAY, 근로자의 날, 왜 좌익과 우익은 그날 같이 있지 않았을까?

③ 개망초와 싱아

④ 왜 옛날 어린이들은 늘 코를 흘리고 다녔을까?

⑤ 일제 강점기 역사

⑥ 정말 인왕산에는 쑥 하나 돋아나지 않았을까?

⑦ 창씨개명

⑧ 〈그 많던 싱아는 누가 다 먹었을까〉 시대적 배경 조사

• '2. 참여와 협력이 보장되는 교육과정'

교사 되는 일이 꿈이었던 제가 2002년 3월 첫발령을 받았을 때의 감격은 말로 표현할 수 없었습니다. 그런데 그토록 교사의 꿈이 간절했던 제 자신이 알지 못한 것이 있었습니다. 교실은 선생님과 학생이 상호작용 및 공존하며 살아가는 공간이고, 배움은 이것을 전제로 한다는 것을 미처 알지 못했습니다. 이 진리를 깨닫기까지는 10여 년의 시간이 걸렸습니다. 초임 발령 때는, 교과 수업을 할 때 모두 지도안을 짜서 그대로 해야 하는 줄 알고 밤을 지새우기도 했고 이로 인해 건강을 해친 적도 많았습니다. 또 하나 잘못 안 것은, 학생들은 교사가 가르쳐주는 지식을 받아먹는 존재로만 알았습니다. 아이들에게도 생각하고 표현할 수 있는 힘이 있다는 걸 늦게야 알게 되었습니다.

참여와 협력이 보장되는 교육과정은 대체로 짝활동과 모둠활동이 주축이 되어야 이루어질 수 있습니다. 저는 슬로리딩 수업을 통해 이 과정을 다음과 같이 경험해 보았습니다.

수업이 시작되면 저는 중요한 내용을 잠깐 설명하고 학생 중심으로 활동을 돌렸습니다. 그리고 모둠 구성은 남녀 2명씩을 기본으로 한 뒤 인위적으로 나누어주지 않았습니다. 자연스럽게 이질집단으로 형성되도록 만들었습니다. 또한 서로 차이가 있음을 인정하도록 최대한 유도하였습니다. 이렇게 하니까

수학 시간에 모르는 것이 있으면 남자와 여자 상관없이 서로 물어보고 답해주는 장면이 눈에 띄게 증가했습니다. 더 나아가 학년말이 되자 자기들끼리 서로 의논해 자리를 바꾸기도 하는 등 서로를 존중하는 분위기가 형성되었습니다.

그런 방식을 주축으로 하면서 6학년 때는 모둠활동으로 뉴스 만들기와 독도 보고서[6], 그리고 〈그 많던 싱아는 누가 다 먹었을까〉를 읽으면서 '읽고 싶은 책 보고서'를 제출하도록 하였습니다. 다음은 뉴스 만들기 사례입니다.

뉴스 만들기

뉴스 만들기는 6학년 2학기 국어 나 '10. 뉴스의 생활'에 있는 활동이었지만 이미 6학년 아이들은 2014년 영상제를 통해 영상물을 만들어 보았다. 그래서 6학년 1학기 '4. 면담하기' 단원이 뉴스를 만들 때 인터뷰 형식과 많이 겹쳐서 단원을 통합하고 뉴스를 만들 때 인터뷰를 넣도록 하여 1학기말에 뉴스를 만들어 활동을 마쳤다. 뉴스 만들기 활동을 할 때는 학교에서 면담의 특성과 형식, 뉴스의 특징과 만드는 방법을 설명한 후 서로 의논할 시간을 주었다. 집에서 과제로 해오도록 하면 시간이 너무 쫓기고 모일 시간이 많지 않다고 판단을 했기 때문이다.

다음은 〈그 많던 싱아는 누가 다 먹었을까〉 작품으로 수업을 하면서 한 명 또는 두 명이 한 모둠이 되어 읽고 싶은 책을 보고서로 제출하도록 하였습니다. 이것은 슬로리딩 수업에서 추구하고 싶은 '파생독서'의 일환이라고 할 수 있습니다.

---

6) 2009 개정 교육과정 6학년 1학기 국어에서는 주장하는 글쓰기를 '2. 다양한 관점'과 '9. 주장과 근거'에서 다루게 되어 있었다. 당시 저는 〈그 많던 싱아는 누가 다 먹었을까〉에서 '창씨개명'으로 대립하는 가족을 두 모둠으로 나누어 토론을 시켰다. 그러던 중 우연히 일본이 우리말로 너무나 치밀하게 만든 '독도'영상을 보고 독도 관련 수업을 준비하면서 독도 보고서를 제출하는 활동을 하였다.

싱아책과 관련된 책 보고서

6학년 1반 윤정현

제가 생각했을 때의 싱아책과 관련된 책은 〈식민지 소년〉과 선생님들이 직접 만든 〈이야기 식물도감〉이라고 생각합니다. 첫번째로 〈식민지 소년〉이라고 생각하는 이유는 〈식민지 소년〉에서 114쪽에 창씨개명이라는 제목으로 내선일체(일본과 조선이 하나가 됨)를 위해선 창씨개명이 꼭 필요하다. 국어 상용으로 학교 안에서 우리말이 사라졌다. 아버지께서는 내 눈에 흙이 들어와도 창씨개명은 안 된다 등과 같은 내용들이 담겨져 있습니다. 그 외에도 일제강점기 때와 다른 많은 내용들로 봐서 관련되었다고 할 수 있습니다.

〈식민지 소년〉은 김하기 저자님께서 만드셨고, 출판사는 청년사이며, 〈식민지 소년〉의 아름답고도 고통스러운 성장일기를 담은 책입니다.

책표지 〈식민지 소년〉

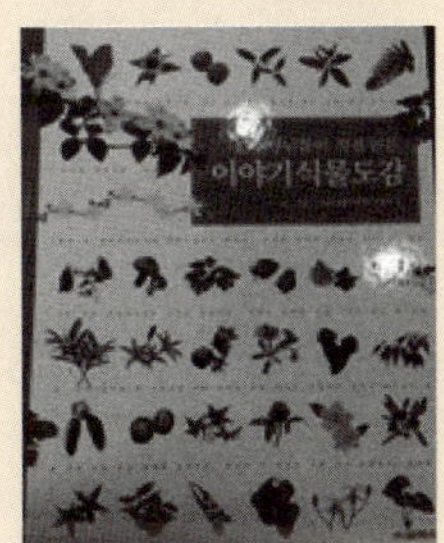

책표지 〈이야기 식물도감〉

두 번째로는 선생님들이 직접 만든 〈이야기 식물도감〉이라는 책인데, 이 책에서는 싱아책에 나오는 싱아, 국화, 딸기, 오이, 삘기, 인삼 등이 나오기 때문에 관련이 있다고 생각하고 싱아의 특징, 꽃, 열매, 자라는 곳, 쓰임새들이 다 자세하게 나와 있어서 사진으로 봤을 때도 어떻게 생겼는지 알 수 있고 설명을 읽고 난 다음에 더 이해가 잘 가는 것 같아 좋다고 생각합니다. 저도 이 책을 읽고 싱아가 속씨식물에 쌍떡잎식물이고 마디풀과에 여러해살이풀이라는 것을 알았습니다.

선생님들이 직접 만든 식물도감 책은 임영득 저자님께서 만드셨고, 츨판사는 교학사이며, 교과서에 나오는 식물들과 우리 주변에서 쉽게 볼 수 있는 520여 종과, 비슷한 식물 200여 종의 식물이 담겨져 있습니다.

이 책들을 읽게 되면 알게 되는 것들이 많아지고 그때 상황과 현실을 알 수 있기 때문에 여러분들도 읽어보면 좋을 것 같다고 생각합니다.

다음은 국어와 미술 그리고 사회를 연관시켜 모둠활동을 중심으로 수업한 내용의 일부인데, 독도[7] 관련 내용을 중심으로 수업했습니다.

국어 1학기 가 2. 다양한 관점, 미술(비상, 박은덕) 4. 함께 걷는 길(마음을 움직이는 포스터), 사회 2학기 3. 우리나라와 이웃 나라의 교류 중 '갈등 사례 찾아보기' 내용을 묶어서 모둠별로 조사하여 학급홈페이지에 게재하고 다른 모둠에 댓글 달기, 개인별로 조사하여 매주 2-3명씩 발표하기(2개월 소요), 인터넷에 있는 독도 광고 포스터를 따라그리기 등을 통해 모둠활동으로 수업을 해보았다.

7) "우리가 찍은 독도 사진으로 일본 정부 억지 꺾어 볼까요" -일본의 주장, 대응 논리 알아둬야(중앙선데이, 2015.3.23.) 일본 정부의 주장은 크게 세 가지입니다. 첫째, 일본은 17세기 중반 독도 영유권을 일본으로 편입시켰다. 그 이전에 한국이 독도를 영유했는지는 실체가 없다. 둘째, 일본은 역사적으로 계속 영유해온 독도를 1905년에 국제법상 정식으로 시마네현 오키섬에 편입시켰다. 그 전에 한국이 영유했다는 증거가 없다. 셋째, 일본이 패전 후 연합국과 맺은 샌프란시스코 조약에서 독도는 한국 영토에서 제외됐고 51년 7월 한국 정부는 독도를 한국영토조항에 삽입해달라고 요구했으나 미국은 독도는 일본 영토라며 거절했다.

이런 일본의 주장에 정연한 논리로 대응해야 합니다. 17세기 일본 편입설에 대해선 다음과 같이 대응하는 게 정답입니다. '독도는 역사적으로 한국에서 우산도라고 불렸고 한국의 고문서에는 우산도가 독도라는 증거가 많다. 17세기 중반 일본인이 일시적으로 울릉도·독도를 왕래한 사실이 있으나 17세기 말 일본 정부는 울릉도뿐 아니라 독도도 일본 영토가 아니라는 사실을 공문서에 기록으로 남겼다.'

1905년 국제법상 편입설에 대해서도 우리 논리가 있습니다. '1904년 일본 공문서에 독도라는 이름이 적혀 있다. 1905년에 이르러서야 비로소 다케시마라는 이름을 붙인 것은 그 이전에 한국이 독도를 영유하고 있었다는 방증이다. 1905년 일본은 한국을 침략하는 과정에서 독도를 비밀리에 일본에 편입했으나, 이는 국제법상 무효이며 당시 친일파로 구성된 한국 정부조차 1906년 이 사실을 알고 무효를 선언했다.'

이어 샌프란시스코 조약설에 대해서는 이렇게 반박하시면 됩니다. '조약 교섭 과정에서 한때 미국이 일본 편을 들어 비밀 문서로 독도는 시마네현 오키섬 관할에 있다고 얘기했지만, 이는 미국만의 견해였고 미국이 다른 나라와 합의하지 않았기 때문에 샌프란시스코 조약의 결론으로 볼 수 없다. 52년 4월 샌프란시스코 조약이 발효됐는데 52년 10월 미 대사관은 독도는 한국 영토라는 성명을 냈다. 이후 미국의 지명위원회도 독도의 주권국가로 한국을 인정하고 있다.'

일본의 세 가지 주장과 각각의 대응 논리를 들려준 사람은 일본인인 호사카 유지 세종대 독도종합연구소장입니다. 그는 이렇게 덧붙였습니다. "독도에 관한 역사적 사실을 정확하게 설명해야 일본의 주장이 억지임이 드러납니다. 정확한 설명으로 극복되는 일을 애매한 자세로 일관해서는 오히려 입지가 약화됩니다."

독도관련 수업을 하면서 아이들에게 아무런 설명 없이 다음 영상을 보여 주었습니다.

"당신은 알고 계십니까? 다케시마가 한국 영토가 아닌, 그 이유를"(https://www.youtube.com/watch?v=xGPbGw6lv6A)[8]

그러자 영상을 본 우리 반 아이들 70% 이상이 우리나라 잘못이라고 했습니다. 이 영상은 우리말로 만들어져 마치 우리나라 사람이 만든 것처럼 착각할 정도입니다. 이 영상을 보면서 일본은 참 무섭다는 생각을 했습니다. 고종황제는 독도를 1900년 10월 25일 고종황제 칙령 제41호로 울릉도 관할구역으로 당시 석도(石島)를 포함시켰습니다. 그런데 일본은 이 석도가 지금의 독도라는 문서상의 증거가 없다고 주장하며 자신들의 논리를 펴고 있습니다.

이와 같은 방식으로 수업을 하다가 다른 교과와 연계된 활동을 하기도 했는데, 저는 아이들과 참여와 협력 수업을 하면서 아쉬운 점이 있었습니다.[9] 모둠활동을 할 때 소수의 아이들에 의해 역할이 결정되고 나머지 아이들은 옆에서 보조하는 경우를 많이 보았습니다. 이것은 진정한 의미의 협동학습(모둠활동)이라고 할 수 없습니다. 모둠활동을 할 때는 모두가 함께 고민하고 토론하여 합의에 이르는 공동작업을 해야 하기 때문입니다. 진정한 의미의 협동학습(모둠활동)은, 비록 앞에서 이끄는 아이가 있지만 활동에 참여한 모든 친구들에게 과제가 균등하게 부여되어 모두가 참여해 공동으로 작업하는 것에 있습니다.

그래서 저는 모둠활동에 참여한 친구들이 모두 골고루 발언하고 의사결정에 참여할 수 있는 기회가 주어지도록 신경을 많이 썼습니다. 그런데 여기서 생각할 수 있는 것이 공정에 대한 것입니다. 즉 모둠활동에 참여한 친구들의 능력에 맞게 업무가 나누어지는 것이 공정한 것인지, 아니면 능력과 무관하게

---

8) 이 영상에서 일본이 주장하는 러스크 문서(1951년 8월 10일임)는 사적인 문서이며 1953년 7월 미국이 일본의 입장을 지지하지 않는다는 문서를 발송했고 2005년 서울 미국대사관에서는 미국의 과거나 현재의 입장은 중립이라고 표명했다. 일본은 자기들에게 불리한 문서는 전혀 언급하지 않았다는 점을 학생들이 알게 해야한다.

9) 이혜정(2014), 《서울대에서는 누가 A+를 받는가》, 다산에듀, 134-149쪽 내용 참조

모든 친구들에게 골고루 과제가 부여되는 것이 공정한 것인지의 판단 문제입니다. 저는 후자라고 생각합니다. 왜냐하면 사람의 역량은 거의 무한하다고 생각하기 때문입니다.

몇 년 전, 한 방송 프로그램을 본 적이 있습니다. 서울대학교에서 여러 가지 질병을 진단할 수 있는 제품을 개발하기 위해 세계 최고 전문가들을 모았습니다. 그런데 모인 전문가들은 서로 분야가 달랐기에 먼저 상대의 분야를 알아가는 과정을 6개월 정도 진행하였습니다. 그런 뒤에야 제품 개발을 위한 본격적인 협의를 시작했습니다. 저는 이것이 전정한 의미의 협동학습라는 생각이 듭니다. 구성원들 서로가 모든 과정을 알면 더 좋은 생각이 떠오르고 이것이 제품에 반영될 수 있기 때문입니다.

• '3. 성장과 발달을 위한 평가'

광주여대 이형빈 교수는 성장과 발달을 위한 평가 방안으로 다음과 같이 제시하고 있습니다. 수업 과정에서 이루어지는 평가, 등급화는 약하게 하고, 정답은 열려 있는 평가, 지필 평가 축소 및 폐지, 수행평가 등 대안적 평가 활성화 등입니다. 즉 학생의 발달과 성장을 지원하는 평가'라는 평가의 본래 취지를 회복하려는 노력이 요구된다고 할 수 있습니다. 그런데 저를 비롯한 여러 선생님들은 이런 면에서 완전히 자유롭지 못합니다. 실례로 저도 성장과 발달을 위한 평가를 지향한다고 하면서 지필 평가 또는 단원 평가를 시행하여 부모님께 보내기도 했기 때문입니다. 이 부분은 앞으로도 계속해서 풀어가야 할 과제라고 생각합니다.

이러한 점을 염두에 두고 슬로리딩 수업에서 '성장과 발달을 위한 평가'는 다음과 같이 해보았습니다. 예를 들어 친구들이 서로의 작품을 보고 생각과 느낌, 내용의 차이점 등을 댓글로 달았습니다. 서로 잘했다 못했다를 평가하는 것이 아니라 서로의 차이점을 파악하도록 했습니다. 그리고 나서 아이들에게 서로 쓴 내용이 어떤지 물었습니다. 아이들은 각자 다르게 쓴 경우가 많았다고 답을 했습니다. 그 까닭을 물으니 아이들은 각자의 경험이 달라서 그렇다고 답을 하는 경우가 많았습니다. 결국 수업에서도 각자의 경험이 판단의 기준이 된다는 것을 은연중에 알 수 있었습니다. 이런 활동을 통해 아이들이 조금씩 성장하는 것을 볼 수 있었습니다.

③ 책을 깊게 읽는 습관이 생겼다

저는 어렸을 때 굉장히 책을 좋아했습니다. 그러나 학년이 올라갈수록 책의 글자 크기가 작아지고 부피도 두꺼워지면서 책을 멀리 하게 되었습니다. 학습량도 많아지는데 책도 두꺼워지니 상대적으로 책을 읽을 시간이 없다고 생각했던 것 같습니다. 게다가 추천도서를 읽어보면 하나 같이 내용이 어려웠습니다. 추천도서는 오랫동안 사랑받은 국내외의 고전문학이 주를 이루었는데 그 시대적, 사회적 배경을 이해하지 않고서는 책의 내용을 이해하기 힘들기 때문입니다. 또 읽은 책이라 하더라도 시간이 흐른 뒤 그 내용을 설명하는데 어려움을 느꼈습니다. 책을 깊게 읽지 않았기 때문입니다.

슬로리딩 수업을 준비하며 저희들은 새로운 경험을 하였습니다. 책을 천천히 읽으면 지루할 것 같았지만 전혀 그렇지 않았습니다. 오히려 깊게 읽으면 읽을수록 한 단어, 한 구절이 새롭게 다가왔습니다. 빠르게 읽을 때에는 무심코 넘겼던 내용들이 속속히 와 닿으며 그 내용이 머릿속에 새겨져 쉽게 잊히지 않았습니다. 또 작가나 배경에 대해 미리 알고 읽으니 책 내용이 더 잘 이해되었습니다. 그렇게 한 권을 제대로 읽고 나자 생각의 폭이 넓어지고 깊이가 깊어졌습니다. 또 책의 내용을 이해하기 위해 공부했던 내용은 쉽게 잊히지 않아서 다른 책을 읽을 때도 도움이 되었습니다.

아이들도 마찬가지일 것입니다. 어릴 때부터 한 권의 책이라도 제대로 깊고 꼼꼼하게 읽는 습관을 배운다면 사고력이 깊어지고 독서에 흥미를 잃지 않을 수 있을 것입니다.

그많던 싱아는 누가 다 먹었을까

보고서 - 가희연, 정지우

주제 : 아이스크림

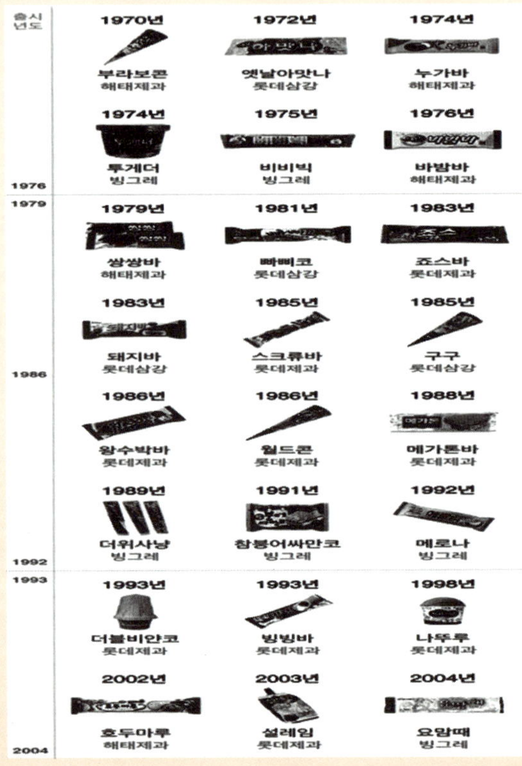

시대별 아이스크림 모습

싱아책의 91쪽부터 92쪽을 보시면 박완서 작가님이 어린 시절에 집에 손님이 오셨는데 아이스케키 장수 소리를 듣고는 아이스크림을 사러나갑니다. 이것을 주제로 저희는 보고서를 쓰게 되었습니다. 아이스케키 장수는 예전의 아이스크림 장수이고, 지금도 시골에 가면 몇 군데는 있습니다.
'알고보니 아이스크림이?!' 라는 책에서 아이스크림에 대한 자료를 찾았는데, 얼음에 대한 유래나 만들어지는 과정에 대해서도 나와 있습니다. 알고보니 남녀노소 모두 좋아하는 아이스크림은 여러 종류가 있습니다. 콘, 쭈쭈바, 샌드위치 형식, 구슬, 바 등등의 종류가 있습니다. 더위를 물리치고 기운이 쭉~ 빠졌을 때 , 공부하다 졸려울 때 아이스크림을 드시면 피로가 싹 풀립니다. 아이스크림이나 얼음은 먹으면 혓바닥이 왜 차가워 질까요? 여러분이 다 알고 있듯이 차가워서 그런 이유도 있지만, 차가운 얼음과 아이스크림이 우리 몸의 일부 혓바닥의 열을 빼앗아 가기 때문입니다.
둘은 모두 물로 만들어졌고, 스스로 녹는다는 점도 같고, 먹으면 시원해진다는 점도 같습니다. 하지만 한 가지 다른 점이 있습니다. 바로 얼음은 딱딱한데 아이스크림은 부드럽다는 점입니다. 아이스크림을 집에서 만들어 보셨나요? 저는 많이 만들어 보았습니다. 우리는 홈메이드 아이스크림을 만들 때 냉동고에 얼립니다. 그런데 그렇게 되면 아이스크림이 부드럽지가 않습니다. 부드럽게 아이스크림을 만들려고 아이스크림이 완성될 때까지 젓습니다. 믹서기로 하지, 왜 하필 힘들게 손으로 젓는 걸까요? 공기를 넣기 위해서입니다. 공기가 많이 들어갈수록 아이스크림은 더욱 부드럽게 얼어붙습니다. 아이스크림이 부드러운 것은 다 공기 때문입니다! 하지만 아이스크림이 그렇게 몸에는 좋지 않고 맛있다고 하루에 너무 많이 먹으면 배탈이 날 수 있다는 점! 주의하시길 바랍니다.

감사합니다.

- 가희연과 정지우 님은 옛날 아이스크림에 대해서 조사를 하였는데, 싱아책 쪽수를 잘 표시하였고, 아이스크림에 대한 사진도 있어 더 이해하기가 좋았습니다.
- 가희연, 정지우는 과학적으로 잘 조사하였습니다.
- 가희연, 정지우 님은 〈그 많던 싱아는 누가 다 먹었을까〉에서 나온 구절을 아이스크림에 관한 것을 넣어 조사했습니다. 즐겨먹던 아이스크림이 나온 해가 정확히 나와 있고, 과학적인 분석으로 잘 조사한 것 같습니다.

3장

슬로리딩 수업을 위한 준비

슬로리딩을 하다 보면 독서량은 상상할 수 없을 정도로 넓고 깊어집니다. 우리는 이것을 파생독서라 불렀습니다. 이런 파생독서법을 박완서 선생님도 즐겼다는 것을 박완서 작가의 따님이신 호원숙 작가도 강연회에서 강조했습니다.

1. 수업을 위한 준비 - 수업 속 준비

1) 공책 필기 필요성 : 깨알노트의 필요성

에빙하우스의 망각곡선에 따르면 학습한 뒤 하루가 지나면 학습 내용의 70%를 망각한다고 합니다. 한 달이 지나면 80% 이상을 잊게 됩니다. 그렇지만 이 결과는 복습을 어떻게 하느냐에 따라 달라질 수 있습니다. 10분 후에 복습을 하면 하루 동안 기억할 수 있고 하루가 지난 후에 복습하면 다시 1주일을, 일주일 후에 복습하면 한 달 동안 기억할 수 있고 한 달 후에 복습하게 되면 6개월 이상 기억을 할 수 있습니다. 6개월 이상 기억한다는 것은 곧 학습내용이 단기기억이 아닌 장기기억 메모리에 저장된다는 의미입니다.

이처럼 복습은 매우 중요합니다. 따라서 저는 아이들에게 공책 필기를 매우 강조했습니다. 단순히 학습한 내용을 다시 살피기보다는, 부족할지라도 스스로 정리한 걸 다시 보는 것이 기억하는 데 훨씬 도움이 될 것이라고 생각했기 때문입니다.

슬로리딩 수업을 할 때 학부모들의 가장 큰 걱정은 '평가를 어떻게 하느냐'입니다. 슬로리딩 수업은 오직 교실에서의 수업이 전부이고 부족한 부분이 있다면 학생 스스로 채워나가야 하기 때문입니다. 그런 이유로 사교육이 만연한 요즘 같은 교육 풍토에서 학부모와 학생은 불안해 할 수밖에 없습니다. 슬로리딩 수업은 학생들이 참고서나 다른 학습지 등을 참고하여 예습과 복습을 하기 어렵기 때문입니다. 또 교사 간에 협의를 통해 교육과정을 구성하긴 하지만 각 교실에서 이뤄지는 수업이 모두 같을 수는 없습니다. 따라서 자신만의 공책 필기가 매우 중요합니다.

다음은 제가 아이들에게 지도한 공책 활용방법입니다.

① 모든 수업시간에 한 권의 노트만 사용하도록 한다

경험상 여러 권의 노트를 사용하면 잃어버리기도 쉽고, 또 온전한 기억을 상기시키기 위해서는 하루 단위로 공책을 정리하는 방식이 효과적이기 때문입니다. 또 슬로리딩 수업의 특성상 다른 과목과 유기적으로 통합하여 수업하는 경우가 많아 여러 권의 공책을 운영할 필요가 없습니다.

② 공책에 적는 내용은 아이들 자유에 맡긴다

필기에 어려움을 느끼는 아이들을 위해 기본적인 틀을 예시로 보여주긴 하지만 꼭 그대로 따를 필요는 없다는 점을 강조했습니다. 그랬더니 처음에는 비슷한 필기법을 보이던 아이들이 시간이 지날수록 자신만의 필기방법을 찾아 공책을 정리하기 시작했습니다. 어떤 아이들은 수업 내용을 정리할 때나 스스로 복습할 때 그림이나 만화로 표현하기도 했습니다. 또 어떤 아이들은 색깔펜과 형광펜을 적절히 사용하여 보기 쉽게 정리하기도 했고, 표나 도식으로 정리하는 아이들도 있었습니다.

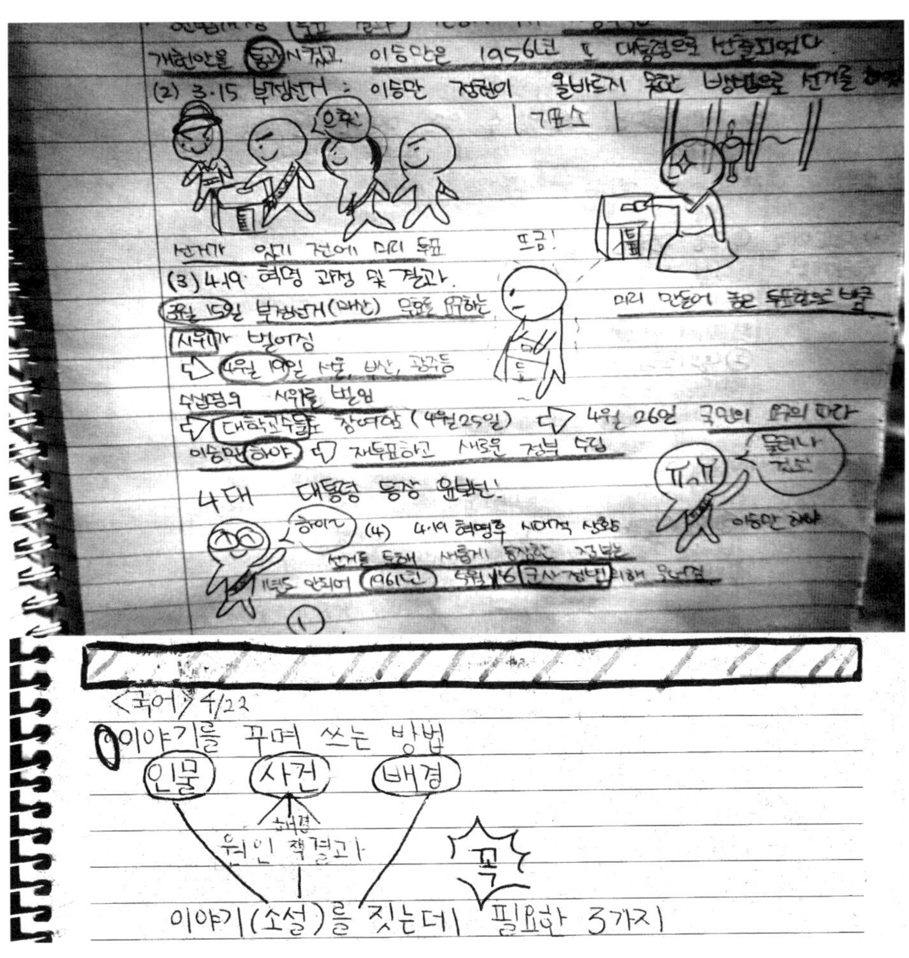

아이들이 작성한 노트

③ 예습과 복습을 철저히 시킨다

예습은 '책읽기'를 위주로 이뤄졌습니다. 주간학습안내에 따라 다음 시간에 함께 읽을 부분을 읽고 모르는 단어나 공부하고 싶은 내용을 정리해 옵니다. 복습은 그날 배운 내용을 다시 읽어보고 더 깊이 알아보고 싶은 점을 질문하여 스스로 답을 찾도록 하였습니다. 그리고 그날 하루 수업을 상기하며 인상 깊었던 점, 재미있었던 점, 아쉬웠던 점 등 느낀 점을 간단하게 적도록 하였습니다. 즉 학습 내용만 다시 보는 것이 아니라 그날 자신이 느꼈던 기분까지 온전히 되새겨 보면서 기억을 좀 더 잘 하게 해보자는 의도였습니다.

'국어' 노트 필기

아이들에게 공책은 예습과 복습의 공간이 될 뿐만 아니라 오답노트가 되기도 하고 때로는 일기장이, 때로는 낙서장이 되기도 합니다. 비록 당장의 학습 내용과 관계없어 보이는 생각이라 할지라도 공책이라는 공간에 일단 적어두고 나중에 스스로 그 질문에 대한 답을 찾아가는 것이 중요하다고 생각합니다. 또 때로는 공책 여백에 해놓은 낙서가 그 수업장면을 떠올릴 수 있는 매개체가 되기도 합니다.

2) 공책 필기 방법 : 깨알노트 정리하기

① '날과단학'을 꼭 쓰도록 한다

날과단학의 '날'은 날짜, '과'는 과목, '단'은 단원, '학'(또는 '배')은 학습목표(또는 배움목표)입니다. 여기에 더해 교과서나 선정된 책의 쪽수를 쓰는 것도 복습에 도움이 됩니다.

'날과단학' 작성한 학생 노트

② 되도록 연필로 쓰도록 한다

필기할 때 각자의 개성을 살려 하는 것도 좋지만 처음에는 되도록 연필로 쓰도록 하는 것이 좋습니다. 필기는 들으며 써야 하는 경우가 많으므로 쉽게 썼다 지울 수 있는 연필로 쓰도록 지도합니다. 물론 복습할 때에는 볼펜 등을 사용해도 괜찮습니다.

③ 느낀 점, 알게 된 점을 꼭 쓴다

마치 일기 쓰듯이 그날 배운 내용 중에 기억에 남는 내용이나 수업을 하며 느낀 점을 쓰도록 하면 그날의 수업시간을 다시 되새겨보아야 합니다. 그로 인해 자연스러운 복습효과가 생깁니다. 성인이 되어 초등학생 때의 기억이 남아있는 경우는 많지 않습니다. 특히 그 시절에 학습했던 내용은 의식적으로 기억해내기 힘듭니다. 하지만 운동회나 전교 회장 선거, 반장 선거, 선생님이 해준 옛날이야기, 불이 날 뻔 했던 경험 같은 것들은 시간이 지나도 오래 기억납니다. 뿐만 아니라 그 경험과 관련된 학습 내용은 잘 잊어버리지 않습니다. 예를 들어 운동회 때 이어달리기 규칙이라든지, 불조심을 해야 하는 이유와 방법 등은 오래 기억에 남아 있습니다.

오답노트

문제번호 19. 문제!

내가쓴 오답: $7\frac{81}{110}$

틀린이유: 계산실수

정답: $6\frac{3}{22}$ cm

풀이과정

$4\frac{7}{11} + 3\frac{9}{10} - 2\frac{2}{3} = 6\frac{3}{22}$ cm

느낀점, 복습

과학시간에 시험점수가 나왔다. 애들이 30점대가 많다했는데 나는 30점 대가 아니어서 다행이다. 과학시간에는 발광 다이오드 전구를 가지고 실험을 했다. 발광다이오드는 작은 전기여도 큰빛을 낼수 있는 전구이다. 수학시간에 수학 단원평가 점수가 나왔다. 내 점수가 90점이라는 것이 믿겨지지 않았다. 수학시간에는 덧셈과 곱셈의 차이 밖에 못 배웠다. 학교폭력에 대해 너무 오래동안 얘기했기 때문이다. 창체시간에는 학급회의를 했다. 그런데 시간이 부족해서 끝까지 못했다. 그래서 아쉬웠다. 사회시간에는 6.25 전쟁 결과 PP+를 보여주셨다. 먼저 인명 피해가 가장컸다. 그래서 기분이 묘했다. 연표 만들기도 했는데 아직 다 만들지 못했다. 내일 미술시간에 나머지를 그리고 색칠할 것이다.

학생이 쓴 일기 형식의 느낀점 노트

2. 수업을 위한 준비 - 수업 밖 준비

1) 같은 학년 협의체 구성하기

저는 2014년 슬로리딩 수업을 준비할 때 많은 힘이 되었던 부분이 같은 학년 선생님들이 모여 협의체를 구성한 것이었습니다. 3월부터 시작된 슬로리딩 수업 EBS방송 촬영은 엄청난 부담으로 다가왔습니다. 우리나라 어디에도 참고 자료는 거의 없는 상태에서 새롭게 시작해야 한다는 부담감 때문이었습니다.

2014년 10월 방송이 나간 이후 저희들은 군산교육지원청을 시작으로 여러 군데 강연을 나가곤 했습니다. 그런데 방송을 보고 서둘러 시작을 했거나 혼자 시작한 선생님들은 많은 어려움을 겪는 것을 보았습니다. 이에 비해 동학년 협의회를 구성하여 선생님들이 먼저 책을 읽어보고 교육과정을 짜서 준비한 학교는 아이들이 슬로리딩 수업시간을 기다리게 되었다는 말을 듣기도 했습니다. 아

2014년 5학년 교사들이 매주 1~2회 정도 만나서 자료를 공유하고 방법을 논의하던 장면

직은 슬로리딩 수업 방법이 널리 퍼져 있지 않은 상황이라 동학년 선생님들이 모여 자료와 방법을 공유하기 위한 협의체 구성을 적극 권하고 싶습니다.

그런데 동학년 협의체를 구성할 때 강제성이 아닌 자발적인 참여의지가 중요하다는 점입니다. 저희들의 경우 당시 이수열 교장선생님은 2013년 방송 촬영 전 저희들에게 방송 참여의사를 물어 보셨고, 의욕적으로 해보겠다는 전제 하에 촬영에 들어갔습니다. 그리고 3월에 분반이 되면서 엄윤아 선생님이 신규교사로 발령 받으면서 세 명이 되어 더 자유롭게 생각을 나눌 수 있었습니다. 저희들이 모여서 이야기할 때는 슬로리딩 수업이 싫다는 생각은 전혀 하지 않았고 오직 어떻게 하면 더 잘할 수 있을까 하는 생각만 하였습니다. 만약에 한 명이라도 부정적이었다면 슬로리딩 수업을 계속하기에 어려움이 있었을 것입니다. 더 중요한 것은 2017년에도 계속 슬로리딩 수업을 하기 위해 저희들 세 명은 항상 협의를 하고 있다는 점 입니다. 만약 저희 필자들 중 어느 누가 혼자 준비하고 연구하면서 슬로리딩 수업을 진행했다면 불가능했을 일이었는데, 다행히 같은 학년 협의체로 인해 다음과 같은 도움을 받을 수 있었습니다.

① 서로에게 큰 힘이 된다

EBS방송 촬영을 시작하면서 우리에게 주어진 것은 〈그 많던 싱아는 누가 다 먹었을까〉 책과 방송작가들이 나름대로 써준 활동자료가 전부였습니다. 그런

데 이 활동자료는 현실의 국어 교육과정과 맞지 않아 저희가 새로 만들어 나갈 수밖에 없어 엄청난 부담이 되었습니다. 그래서 수업을 하기 전과 하는 동안에 참여 교사들끼리 서너 달 동안 의논하며 자료를 공유하는 방식을 택했습니다. 그런 협의 과정을 겪고 나자 2학기 때부터는 이런 의논과 자료 공유의 횟수를 점점 줄여도 어느 정도 안정을 찾을 수 있었습니다.

② 더 좋은 생각을 나누는 기회가 된다

2014년 5학년 국어 교과서에는 광고 읽기 단원이 나옵니다. 이 당시 같은 학년에서는 〈그 많던 싱아는 누가 다 먹었을까〉에서 '괴불마당집'이라는 단원을 다루고 있었습니다. 그래서 1반에서 시작한 생각과 자료를 3반 선생님이 받아들여 학교 주변 아파트 광고와 미래에 살고 싶은 광고포스터를 만들고 발표하는 수업을 해보았습니다. 그 당시 학교 주변 아파트는 2010년도에 분양을 했는데 2014년까지 분양이 완료되지 않아 분양 홍보관이 철수하지 않은 점에 착안한 것입니다. 더 나아가 아이들은 자신들이 살고 싶은 집을 그려보기도 했습니다.

성서초 5학년 1반 아이들이 그렸던 아파트 홍보용 포스터

성서초 5학년 3반 아이들이 그렸던 아파트 홍보용 포스터

2) 학년별로 책을 정하기

가장 중요한 것은 선생님이 감동적으로 읽은 책을 선정해야 한다는 것입니다. 그래야 아이들에게 그 감동을 전달할 수 있기 때문입니다. 그리고 책은 아이들의 흥미를 끌면서도 생각을 깊고 넓게 할 수 있는 책이어야 합니다. 이런 점들을 감안하여 다음과 같은 기준으로 책을 정하면 무난하리라고 생각합니다. 다만 여기서 언급하는 5가지 기준은 절대적인 것이 아닙니다. 일본 하시모토 다케시 선생님이 정한 기준을 토대로 저희들의 경험을 더한 것입니다.

① 성장소설이어야 한다

〈그 많던 싱아는 누가 다 먹었을까〉는 등장인물이 태어나서 대학교에 입학할 때까지의 성장을 담은 소설입니다. 어렸을 때 친구들과 놀던 모습, 초등학교 때 친구들 없이 공부하며 지내던 주인공 이야기, 중·고등학교 때 박노갑 선생님을 만나면서 '그 분의 문장지도는 나도 소질이 있을지 모른다는 자신감을 갖게 해주었다'고 한 이야기, 대학교에 입학한지 얼마 안 되어서 겪는 6.25 전쟁에서 '그들은 마치 나를 짐승이나 벌레처럼 바라다보았다'처럼 심한 갈등을 겪는 이야기 등을 담고 있습니다. 아이들은 등장인물의 성장기를 읽으며 자신들의 삶을 작품 속에 투영할 수 있습니다. 물론 아이들과 박완서 작가와의 초등학교 시절은 거의 85년 정도의 차이가 있지만 당시의 이야기로도 충분히 아이들의 흥미를 끌어낼 수 있었습니다.

② 당시의 현실과 시대풍습을 잘 반영하고 있어야 한다

〈그 많던 싱아는 누가 다 먹었을까〉의 시대적 배경은 일제강점기와 6.25전쟁 때입니다. 이 한 권의 책으로 일제강점기의 시대 상황과 한국전쟁의 참상을 다룰 수 있습니다. 예를 들어 일본군 위안부에 끌려가지 않기 위해 한 소녀가 도망다니다가 살해되는 내용이 나오기도 하고, 창씨개명 문제로 오빠와 주인공이 약간 대립을 하기도 합니다. 또한 주인공의 오빠는 6.25전쟁 때 북한군 의용군으로 끌려갔다가 부상을 당해 서울에 머무르면서 겪는 과정이 자세하게 그려지기도 합니다. 그리고 당시의 설을 지내는 장면, 장례를 치르거나 혼례를 올리는 모습, 개성 지방의 가옥 구조, 학교에서의 생활 등 여러 가지 시대풍습이 작품에 잘 묘사되어 있습니다.

③ 자세한 묘사나 풍부한 감성을 바탕으로 하고 있어야 한다

〈그 많던 싱아는 누가 다 먹었을까〉에서 주인공이 초등학교 입학 전에 놀았던 모습은 제가 놀았던 모습과 비슷해 이야기 속으로 흠뻑 빠져들 수 있었습니다. 또한 1930년대 초등학교 이야기이지만 혼자 지내면서 겪는 심적인 이야기를 자세하게 풀어 써 초등학생들이 읽는다고 해도 충분히 공감이 갈 정도였습니다.

주인공은 방학이 되면서 시골로 갑니다. 그런데 이때 주인공은 서울 아이들이 좁은

5학년 1반 아이들이 〈그 많던 상아는 누가 다 먹었을까〉에 나오는 감정의 변화를 나타낸 그림

골목에서 놀 거라는 생각에 자기는 우월감을 갖기도 합니다. 이것은 주인공이 박적골의 들을 지나고 개울을 건널 것을 생각했기 때문입니다. 이런 마음을 '순수한 희열', '짐승 같은 굶주림', '최초의 우월감' 같은 낱말로 표현하고 있습니다. 이외에 자신의 외로움을 '쓸쓸한 분노', '껍질을 깨고 날아오르는 것만치나 상쾌했다' 등으로 나타내고 있습니다.

④ 우리말의 아름다움을 느낄 수 있어야 한다

〈그 많던 싱아는 누가 다 먹었을까〉에 나오는 다음 구절은 아이들이 들판에서 노는 장면을 묘사한 장면입니다. 여기에서 저는 우리말의 아름다움과 함께 생동감을 느꼈습니다.

> '불안인지 환희인지 모를 것으로 터질 듯한 마음을 부채질하듯이 벌판의 모든 곡식과 푸성귀와 풀들도 축 늘어졌던 잠에서 깨어나 일제히 웅성대며 소요를 일으킨다. 그러나 소나기의 장막은 언제나 우리가 마을 추녀 끝에 몸을 가리기 전에 우리를 덮치고 만다. 채찍처럼 세차고 폭포수처럼 시원한 빗줄기가 복더위와 달음박질로 불화로처럼 단 몸뚱이를 사정없이 후려치면 우리는 드디어 폭발하고 만다.
> 아아, 그건 실로 폭발적인 환희였다. 우리는 하늘을 향해 미친 듯한 환성을 지르며 비를 흠뻑 맞았고, 웅성대던 들판도 덩달아 환희의 춤을 추었다. 그럴 때 너울대는 옥수수나무나 피마자나무와 자신을 구별할 수가 없었다. 환희뿐 아니라 비애도 자연으로부터 왔다.'
>
> 〈그 많던 싱아는 누가 다 먹었을까〉 세계사, 30-31쪽

박완서 선생님은 외래어를 우리말로 바꾸어 쓰려고 노력하였습니다.

'엄마는 자로 내 키와 품을 대강 재서 옷감을 어설프게 미름질하고 나서 다시 내 몸에 걸쳐보고는 시침질을 했다. 그건 다음 날 친척 집 재봉틀에서 그럴 듯한 내리닫이로 완성했다. 요샛말로 원피스를 우리는 그때 내리닫이라고 불렀다.'

〈그 많던 싱아는 누가 다 먹었을까〉 세계사, 98쪽

〈박완서 소설어사전〉(2003, 백산출판사)에 나오는 것을 몇 가지 살펴보면 '가난한 집 굴뚝의 연기만하다', '가변두리', '곤달걀 다루듯이', '구더기 밑살 같다', '극틀다', '글겅글겅' 등이 있는데 새로운 우리말을 작품 속에서 만들어 낸 것입니다.

⑤ 아이들이 읽기에는 약간 어려워 교사의 안내가 필요한 작품이어야 한다

내용이 아이들에게 너무 쉽다면 얼마 가지 않아 흥미를 잃을 수 있습니다. 그러나 약간 어려운 듯하면서 읽을만하다는 느낌을 주면 호기심을 가지고 적극적으로 참여할 것입니다. 여기에는 의도적이고 계획적인 교육활동이 첨부되고 때로는 샛길로 새는 것이 필요합니다. 더불어 다른 교과와의 융합을 통해 통합교과 수업을 해야 할 때도 있을 것입니다. 이럴 때 교재(작품)의 내용이 매우 중요하다고 할 수 있습니다. 일본의 경우에도 슬로리딩 수업을 전개한 하시모토 다케시 선생님은 〈은수저〉 공책을 별도로 만들어 수업을 했습니다. 제자들 중에는 이것을 아직도 보관하고 있는 경우도 있다고 합니다. 이것은 교사의 역할이 얼마나 중요한지 나타내는 반증이라고 할 수 있습니다.

저는 2015년 6학년을 맡고 있었는데 1학기 때는 5학년에 이어 〈그 많던 싱아는 누가 다 먹었을까〉 작품을 12단원 중 6단원까지만 마쳤습니다. 그리고 2학기에는 작품을 박완서 선생님의 〈자전거 도둑〉으로 바꾸었습니다. 1학기 중간에 전입생들이 꽤 있어 새로 온 아이들에게 조금 더 쉬운 내용으로 해야 한다는 의견이 있었기 때문입니다. 그런데 뜻밖에도 2학기를 거의 마칠 무렵, 활동

에 적극 참여하고 작품 이해도와 글쓰기 능력도 우수한 여학생이 〈자전거 도둑〉으로 하니까 열기가 덜한 것 같다고 의견을 제시했습니다. 그 까닭을 물어보니 내용이 〈그 많던 싱아는 누가 다 먹었을까〉에 비해 〈자전거 도둑〉에서는 활동 요소가 많이 부족하기 때문이라고 했습니다.

아래 표는 저희들의 경험을 토대로 슬로리딩 수업을 한 작품과 교과서에 제시된 작품 그리고 주위에서 추천한 작품을 중심으로 학년별 슬로리딩에 적합한 책을 정해보았습니다. 2015년 개정 교육과정에서는 3학년부터 '한 학기 한 권 책읽기'를 교육과정에 반영하도록 하고 있습니다. 이런 점에 근거하여 1학년과 2학년 추천도서는 2015년 개정 국어과 수록작품(1학기)을 중심으로, 3학년에서부터 6학년까지의 추천도서는 2009년 개정 국어과 수록작품과 저희들이 읽어보고 추천하는 도서를 정하여 보았습니다. 먼저 짧은 그림책 또는 짧은 동화로 시작하여 점차 긴 동화로 확대하여 나가면 바람직할 것입니다.

학년	책이름	저자	출간년도	출판사	쪽수	추천사유
1학년	강아지 복실이	한미호	2012	국민서관	36	강아지 복실이랑 못 놀게 하는 누나 때문에 화가 난 동생이 상상 세계로 떠나면서 벌어지는 일들을 다루고 있습니다.
	이가 아파서 치과에 가요	한규호	2013	받침없는 동화	40	스스로 읽는 연습을 할 수 있으며 한글 학습이 가능합니다. 이가 아픈 자라가 병원에 가면서 여러 동물들과 만나게 되는 이야기를 담고 있습니다.
2학년	아주 무서운 날	탕무나우 (홍연숙 옮김)	2014	찰리북	40	발표수업을 앞둔 아이의 마음을 섬세하게 그려 낸 그림책으로, 발표수업에 대한 아이의 긴장된 마음이 잘 드러나 있습니다.

학년	책이름	저자	출간년도	출판사	쪽수	추천사유
2학년	오늘 내 기분은…	메리엔 코카-레플러 (김영미 옮김)	2015	키즈엠	32	이 책은 다양한 기분을 표현한 단어들을 소개합니다. 어떤 기분에 어떤 표현을 해야 하는지 아이들은 그림책을 통해 자연스럽게 깨닫고, 상황에 따른 적절한 표현을 하게 될 것입니다.
	내 꿈은 방울 토마토 엄마	허윤	2014	키위북스	64	사람에게는 누구나 한 가지 재주는 있게 마련입니다. 떠올리면 기분이 좋아지고, 할수록 재미있고 자신감이 생기는 일. 이 책은 아이들에게 이러한 자신만의 꿈 씨앗을 발견하는 기쁨을 먼저 알게 하자는 의도를 담고 있습니다.
	선생님, 바보 의사 선생님	이상희	2006	웅진 주니어	30	한평생 가난하고 힘없는 이웃들을 보살피는 데 자신의 모든 것을 바쳤던 장기려 박사의 삶을 담았습니다. 그의 삶을 한 아이의 눈을 통해 담담하게 들려주고 있습니다.
	신기한 독	홍영우	2010	보리	36	밭을 일구는 농사꾼과 인색한 부자 영감, 원님 등의 다양한 캐릭터들이 익살스럽게 그려져 있습니다. 독을 차지하기 위해 억지 주장을 펼치는 부자 영감과 원님의 모습은 사람들의 끝없는 욕심을 보여줍니다.
	욕심쟁이 딸기 아저씨	김유경	2017	노란돼지	52	자신만의 성을 쌓고 혼자서만 누리겠다는 이기적인 욕심이 얼마나 자신을 외롭게 만드는지 보여줍니다.
	치과 의사 드소토 선생님	윌리엄스 타이그 (조은수 옮김)	1995	비룡소	32	친절한 생쥐 치과의사 드소토 선생님이 이가 몹시 아파 쩔쩔매면서도 나중에 잡아먹을 궁리만 하는 여우를 지

학년	책이름	저자	출간년도	출판사	쪽수	추천사유
2학년						혜롭게 치료하며 꼼짝 못하게 혼내주는 이야기입니다. 또한 열심히 일하는 드소토 선생님의 모습으로 치과의사의 일상을 소개하고 있습니다.
3학년	발레 하는 할아버지	신원미	2013	머스트비	42	할아버지와 손자가 펼치는 따뜻한 이야기로 장래 희망에 대해 생각해 볼 수 있습니다.
	아낌없이 주는 나무	셸실버스타인	2000	시공주니어	52	진정한 사랑이 무엇인지를 일깨워주는 나무의 아름다운 이야기입니다.
	랑랑별 때때롱	권정생	2008	보리	200	자연과 미래 그리고 우리말의 아름다움을 느낄 수 있습니다.
4학년	자전거 도둑	박완서	1999	다림	184	수록된 6편의 동화는 도시와 자연 그리고 사람이 어떻게 조화를 이루어야 하는지를 생각하는 따뜻한 이야기입니다.
	행복한 비밀 하나	박성배	2012	푸른책들	119	아이들에게 진정한 행복은 감사하는 마음에서 시작된다는 사실을 알게 해줍니다. 서정적이고 익살스러운 그림이 재미를 더하게 해줍니다.
	웃음총	이현주	2014	효리원	112	아이는 모두가 웃게 되면 행복해질 거라고 생각하고 웃음총을 쏘아대지만 나중에는 그렇지 않을 때도 있다는 것을 알게 됩니다.
	빨간 자전거 1-2	김동화	2013	열림원	359	행복한 사연을 실어나르는 우편배달부를 통해 정겹고 포근한 고향의 향수와 잔잔한 감동을 전해주는 만화입니다.

학년	책이름	저자	출간년도	출판사	쪽수	추천사유
4학년	초정리 편지	배유안	2013	창비	216	'장운'이라는 사내아이가 고난 속에서도 석수장이로 성장해 가는 이야기에 한글 창제에 관한 이야기를 숨겨 놓았습니다.
5학년	일곱 발, 열아홉 발	김해우	2015	푸른책들	136	수록된 다섯 편의 동화는 작가가 직접 겪은 삶을 담고 있어 재미를 더합니다.
	갈매기에게 나는 법을 가르쳐준고양이	루이스세 뿔베다 (유왕무 옮김)	2015	바다 출판사	163	'자연을 파괴하는 인간들의 오만함'이라는 무거운 주제를 우화로 풀어내고 있습니다.
	책과 노니는 집	이영서	2009	문학동네	192	조선시대 천주교 탄압을 배경으로 한 역사소설입니다. 주인공 '문장'이라는 한 아이의 눈으로 혼란에 휩싸인 시대상을 담담하고 정밀하게 그리고 있습니다.
	빨강 연필	신수현	2011	비룡소	207	글을 종류에 상관없이 막히지 않고 환상적으로 써내는 '빨강 연필'을 갖게 되면서 비밀과 거짓말 사이에서 고민하는 민호의 특별하고 뭉클한 성장일기를 들여다 볼 수 있습니다.
6학년	우주 호텔	유순희	2012	해와 나무	60	하늘을 보는 것도 잊은 채 땅만 보며 폐지를 줍느라 허리 한 번 펴지 않는 '종이 할머니'가 자신에게 폐지를 가져다주는 한 아이의 스케치북을 통하여 삶에 애착을 가지게 되기까지의 변화를 따라갑니다.
	온양이	선안나	2010	샘터	44	한국전쟁 당시 흥남철수가 이루어졌던 1950년 12월 중순, 고향을 떠나 피란길에 오른 아홉 살 소년 명호네

학년	책이름	저자	출간년도	출판사	쪽수	추천사유
6학년						가족 이야기입니다. 흥남철수 작전을 배경으로 한 최초의 그림책입니다.
	달님은 알지요	김향이	2006	비룡소	247	무당집 아이 송이 이야기를 통해 가족 간의 끈끈한 사랑을 담아낸 작품으로, 저마다 아픔을 지닌 사람들이 모여서 만들어내는 가슴 따뜻한 이야기입니다. 풍부한 우리말의 아름다움이 나타나있기도 합니다.
	잃어버린 일기장	전성현	2013	창비	188	한 아이의 일기장을 통해 몰래 읽고 글까지 쓰게 되면서 글쓰기로 성장하고 자기치유를 해가는 아이들의 이야기입니다. 다섯 아이의 이야기가 각자 시점에서 따로 전개되지만 퍼즐 조각 맞춰지듯 모아지는 독특한 형식입니다.
	나의 라임 오렌지 나무	J.M.바스콘세롤스, 박동원 옮김	2014	동녘 주니어	303	이른 나이에 삶에 숨겨진 슬픔을 발견해버린 5살 꼬마 '제제'의 아름답고도 뭉클한 성장 이야기를 들려주고 있습니다. 아울러 제제에게 진실된 사랑과 우정을 가르쳐준 뽀르뚜가와의 장난스런 만남과 고통스런 이별까지 따라갑니다.

3. 수업을 위한 준비 - 국어교과를 중심으로 교육과정 재구성하기

슬로리딩 수업을 진행하기 위해 책을 선정하는 것 못지않게 중요한 것이 한 학기의 교육과정을 짜는 일입니다. 다음에 제시하는 내용은 6학년 1학기 국어 교육과정입니다. 당시 제가 맡고 있던 학생들은 저와 함께 5학년 동안 이미 슬로리딩 수업을 하고 6학년으로 올라왔기 때문에 바로 문학 단원을 묶어 3월부터 시작하였습니다.

여기에서는 2015년 6학년 국어과 수업을 간단하게 소개하고, 각 단원별로 설명하겠습니다. 교육과정 재구성의 이해를 돕기 위해 1학기 문학 단원을 중심으로 단원 '단원의 개관', '학습 목표와 학습 요소 체제', '지도의 유의점' 등을 소개하고 나머지 단원은 '단원학습목표'만 서술하였습니다. 지도서의 내용을 소개하는 이유는 교사용 지도서는 선생님들이 교육목표를 달성하는데 중요한 안내서이므로 꼼꼼하게 보아야 한다는 것을 강조하기 위해서입니다.

1) 6학년 1학기 국어교과 중심 교육과정 재구성

단원	단원의 재구성 이유	수업 방향
7. 이야기의 구성 12. 문학의 갈래 1. 비유적 표현 3. 마음을 표현한 글	'깊게 읽고 아이들과 함께 하는 수업'에서는 작품을 온전하게 읽기보다는 한 권의 책을 가지고 여러 방향에서 분석해 적용하기 때문에 온전한 작품을 이해하는 것이 우선이라고 생각되어 학기초에 시작하게 되었다.	• 교과서에 있는 기본적인 내용을 먼저 가르침 • 작품에 나와 있는 그림을 책으로 만들어 전체 내용을 짐작할 수 있도록 함. • 작품의 전체 내용을 바탕으로 단원별 수업을 전개함.
2. 다양한 관점 5. 광고 읽기 9. 주장과 근거 10. 쓴 글을 돌아보며	이 단원을 한꺼번에 묶은 이유는 설득하는 성격이 강하다는 점이었다. 그런데 교과서에 있는 내용보다는 독도 관련 내용을 다루는 것이 적합하다고 판단되어 통합하여 수업을 하게 되었다. 〈그 많던 싱아는 누가 다 먹었을까〉 내용에서 샛길로 샌 것이다.	• 독도를 중심으로 한 일본과 우리나라의 주장을 살펴봄. • 독노가 우리나라 땅임을 주장하는 세 가지 근거를 들고 주장하는 글쓰기를 개인별, 모둠별로 진행함. • 작성한 보고서는 학급홈페이지에 게재하여 서로 잘된 점과 보완할 점을 이야기하게 함. • 개인발표를 모두 시켰음. • 독도 관련 포스터를 인터넷에서 찾아 참고하여 그리도록 함.(미술과 연계함)

단원	단원의 재구성 이유	수업 방향
4. 면담하기 6. 낱말의 분류 11. 뉴스의 관점	이 단원은 말하기와 사실적인 내용이 주를 이루어 묶었다. 특히 면담하기는 뉴스에서 '인터뷰'와 형식이 비슷해서 단원을 통합하는 것이 낫겠다는 생각이 들었다.	• 6학년 아이들은 5학년 때 영상을 만들어 본 경험이 있기에 뉴스를 만드는 것이 좋겠다는 생각이 들어 2학기 뉴스 만들기 내용을 같이 실시함. • 학교에서 뉴스 만들기를 할 수 있도록 기본 내용을 가르친 후 일정한 시간을 주기도 하였음.

① 단원 1–7. 이야기의 구성[1]

2014년 5학년 아이들과 함께 슬로리딩 수업을 하면서 사용했던 책은 〈그 많던 싱아는 누가 다 먹었을까〉입니다. 저는 5학년 때 가르쳤던 아이들을 데리고 6학년에 올라갔는데 전학 온 아이들이 꽤 있어 수업을 어떻게 시작할지 고민하다가 '나만의 책 만들기' 활동을 통해 전체 내용을 파악하는 활동을 해보았습니다. 〈그 많던 싱아는 누가 다 먹었을까〉 작품은 여러 출판사에서 출간되어 있는데 그 중에 그림이 있는 책을 학습교재로 사용하였습니다.

• 단원의 개관

이 단원은 작품을 이루는 구성 요소인 인물, 사건, 배경 사이의 밀접한 관계를 이해하고, 이야기에 대한 자신의 생각이나 느낌을 바탕으로 하여 작품을 바꾸어 써봄으로써 학생이 문학의 수용자이자 생산자로 참여하게 하는데 목적이 있습니다.(중략)

이 단원의 활동을 통하여 학생들은 작품 속 인물, 사건, 배경의 관계를 바탕으로 작품을 더 긴밀하게 이해하고, 초보적인 문학 생산 활동에 참여함으로써 스스로를 문학 작품의 수용자이자 생산자로 인식할 수 있게 됩니다.

---

1) 교육부(2015), 《초등학교 국어 6-1 교사용 지도서》, 교육부, 266-269쪽 인용

단원 성취 기준	단원 학습 목표	주요 학습 내용 및 활동	수업 적용 방법
• 문학(4) 작품 속 인물, 사건, 배경의 관계를 파악한다. • 문학(6) 작품의 일부를 바꾸어 쓰거나 다른 갈래로 바꾸어 쓴다.	작품 속 인물의 성격, 사건, 배경의 관계를 파악하고, 이야기의 일부분을 바꾸어 쓸 수 있다.	• 인물의 성격과 사건 전개 사이의 관계를 알기 • 이야기의 배경과 사건 전개 사이의 관계를 알기 • 이야기의 구성 요소들의 관계를 생각하며 이야기의 뒷부분을 상상하기 • 이야기를 책으로 만들고 책 전시회를 하기	• 〈그 많던 싱아는 누가 다 먹었을까〉에 나오는 그림을 인쇄하여 나누어 주고 상단은 〈싱아책〉 이야기를, 하단은 자신의 이야기를 이어쓰게 함. • 친구들이 쓴 다른 이야기를 돌려보면서 전학 온 학생들은 내용을 파악하기도 함

- 지도의 유의점

  - 이 단원에서 다루는 '이야기'는 전래 동화나 창작 동화와 같이 허구적인 서사 문학을 뜻합니다.[2]

  - 이야기의 구성 요소 가운데에서 인물은 인물의 성격에 초점을 맞추어 지도합니다.

  - 인물, 사건, 배경의 관계를 추상적으로 지도하지 않도록 주의합니다. 대부분의 문학작품은 인물, 사건, 배경 사이가 긴밀한 관계를 맺고 있으므로 한 작품에 대한 이해를 바탕으로 하여 구성 요소들 사이의 관계를 이해할 수 있도록 합니다.

  - 이야기의 구성 요소를 지도하는 데 초점을 두기는 하지만 전체적인 작품을 이해하는 활동이 소홀해지지 않도록 주의합니다. 이야기의 구성 요소 사이의 관계를 알아야 하는 까닭은 문학 작품을 더 깊이 있게 이해하고, 고유의 즐거움을 느끼게 위해서임을 잊어서는 안 됩니다.

  - 이 단원에서는 이야기의 뒷부분을 상상하고 한 편의 이야기를 책으로 만들어 보는 활동에 주안점을 둡니다.

---

2) 이 부분에서 저는 고민을 하였다. 〈그 많던 싱아는 누가 다 먹었을까〉는 박완서의 자전적인 성장소설이기 때문이다. 박완서는 작가의 말(세계사, 2012년)에서 최대한 기억을 꾸미거나 다듬는 일을 억제한 글쓰기를 해보았는데 지워진 기억과 기억 사이를 자연스럽게 이어주기 위해서는 상상력으로 연결고리를 만들어 주지 않으면 안 되었다고 밝히고 있다.

- 〈그 많던 싱아는 누가 다 먹었을까〉 내용을 살펴보기 위한 '나만의 책 만들기' 활동

	8살에 기차를 타고 서울에 오게 되었다. 내리자마자 아저씨에게 지게꾼들이 몰려오고 엄마는 흥정 끝에 지게꾼 한 명을 골랐다. 가면서 엄마가 두렵다고 안해주었다. 우리가 살 곳은 현저동이다. 집이 맨 꼭대기에 있어서 매우 다리가 아팠다. 20살이 되고 이제 취직거리를 찾아야 돼서 서울로 오게 되었다. 정확히 말하면, 강제로 오게 되었다. 난 계속 시골에서 평화롭게 살고 싶었지만 어머니와 아버지가 좋은 남자 만나서 결혼도 해야 하고 취직도 해야 한다며 싫다는 나를 억지로 보냈다. 서울역에서 나오자 눈 앞에 신세계가 펼쳐진 것 같았다. 기차같이 생겼지만 기차보다 작은 것도 보였고 늘 어머니와 아버지가 관여하시던 큰 건물들도 보였다. 나중에 안 사실이지만 기차같이 생겼지만 기차보다 작은 것이 전차라는 것을 알게 되었다. 유선3
〈그 많던 싱아는 누가 다 먹었을까〉를 각자 표지를 만들어 하나의 책자로 만듦.	오른쪽에 있는 그림을 보고 왼쪽에 글로 표현하게 함. 상단은 책의 내용을, 하단은 자기의 이야기를 씀.

	—새로운 곳... 서울— 완서는 그 고민을 대충 엄마의 선택에 맡겨 버렸다. 그리하여 옛 시골에서 떠나 드디어 도시인 서울로 오게 되었다. 빛나는 유리와 조금의 두려움에 싸인 완서는 그저 얌전히 있을 뿐이 었다. 그러던 그때 울그락 붉그락 하게 생긴 사람들이 나무로 만든 튼튼한 지게를 들고는 엄마에게 짐을 들어주겠다고 하였다. 그러자 엄마는 단호히 거절하고는 남은 지게꾼들 중 한 명을 지목해 흥정을 시작하였다. "몇 전에 어디까지 갑니까." 지게꾼이 말하자 엄마는 "아이고! 몇 전만 깎아서!"라며 쌀값에 서울 은 밖 현저동에 이르게 되었다. 이런 곳이 서울이로 구나... —나만의 이야기— 당연히 박완서는 엄마 말씀을 따라 기쁜 마음으로 4시 간 동안 아무것도 먹지 않고 책가방을 둘러 다니는 아이를 만 부러운 듯 쳐다보았다. 그러고는 한참이 지난 뒤 서울 이 도착하였다. 그때 어디선가 이상한 아저씨들이 지게 를 들고 왔다. 그러자 엄마는 지게꾼들에게 질문을 하였다. 그리고 답을 맞춘 지게꾼은 엄마를 데리고 현저동까지 가기로 하였다. 질문은 바로 서울에 관한 간단한 질문이었다. 그러고는 나직히 "우리는 서울에 왔으니 높이 대하도록" 라고 중얼거리며 쓸데없는 자존심을 내서 우기만을 반복하였다. 그러면서 편히 현저동까지 가게 되었다. 정민3
〈그 많던 싱아는 누가 다 먹었을까〉에 있는 그림	친구들이 쓴 내용을 보고 댓글을 달아주었음. 서로 다른 내용을 보면서 내용을 파악하게 하기 위함.

② 단원 2 - 12. 문학의 갈래[3]

• 단원의 개관

이 단원은 문학 갈래의 특성에 대하여 학습하고 문학에 대한 전반적인 이해를 심화하여 문학 감상 능력을 향상시키는 데 목적이 있습니다.(중략)

문학의 갈래 특성을 익히는 과정에서 학생들이 문학 작품을 스스로 찾아서 감상하고 자신의 독서 습관을 점검하여 독서를 생활화하도록 지도합니다.

단원 성취 기준	단원 학습 목표	주요 학습 내용 및 활동	수업 적용 방법
• 문학(4) 작품의 일부를 바꾸어 쓰거나 다른 갈래로 바꾸어 쓴다. • 읽기(7) 다양한 읽을거리를 스스로 찾아 읽고, 자신의 독서 습관을 점검한다. • 읽기(4) 여러 가지 독서 방법이 있음을 알고 이를 적용한다.	갈래의 특성을 알고 여러 가지 읽을거리를 찾아 읽을 수 있다.	• 시의 특성을 생각하며 작품 읽기 • 동화의 특성을 생각하며 작품 읽기 • 희곡의 특성을 생각하며 작품 읽기 • 다양한 문학 작품을 찾아 읽으며 자신의 독서 습관 점검하기 • 희곡의 특성을 생각하며 연극하기	• 시는 교과서를 이용하여 공부함. • 〈그 많던 싱아는 누가 다 먹었을까〉 내용을 희곡으로 바꾸어서 연극으로 표현한 장면을 영상으로 찍어보기

• 지도의 유의점

  - 문학의 갈래인 시, 동화, 희곡의 의미 및 특징을 익히는데 중점을 둡니다.

  - 갈래의 특성을 암기하기보다 문학 작품을 감상하는 과정에서 학생들이 직접 탐색하여 보도록 지도합니다.

  - 학생들이 문학 갈래의 특성을 파악하기 용이한 작품을 제재로 제시합니다.

  - 운율, 비유적 표현, 인물, 사건, 배경 등 학생들이 이전에 학습한 갈래별 특성들을 종합적으로 정리할 수 있도록 지도합니다.

  - 학생들이 문학 작품 감상 태도를 스스로 점검하고, 여러 갈래의 작품

---

3) 교육부(2015), 《초등학교 국어 6-1 교사용 지도서》, 교육부, 434-437쪽 인용

을 균형 있게 감상할 수 있도록 지도합니다.
- 문학 작품에 흥미와 재미를 느끼고 스스로 여러 작품을 찾아 읽을 수 있도록 지도합니다.
- 희곡을 직접 연극으로 공연하면서 희곡의 특성을 익히도록 합니다.

• '12. 문학의 갈래' 작품 중 일부 내용을 희곡으로 바꾸어 보고 동영상으로 만들어 보기

싱아책 희곡 대본

때 : 낮
곳 : 구멍가게, 완서네 집
나오는 사람 : 완서, 엄마, 오빠, 구멍가게 주인

완　서 : (주위를 둘러보면서) 아무도 없지? (엄마 옷 주머니 속의 돈을 가져간다)
해　설 : 완서가 엄마의 돈을 몰래 훔치고 구멍가게로 간다.
완　서 : (뛰어가면서) 구멍가게야, 기다려라!
아줌마 : 어서 오렴.
완　서 : (헥헥 거리며) 네, 안녕하세요. 흠~ 어떤 사탕을 먹을까? (안쪽에 있는 사탕을 보고) 어? 저거 맛있겠다.
　　　　(앞쪽에 있는 상자를 손으로 짚고 안쪽에 있는 상자를 잡는다)
해　설 : 앞쪽에 있는 상자를 손으로 꾹 짚는 바람에 상자가 엎어진다.
완　서 : 안 돼!
아줌마 : 야! 너 이놈!
완　서 : 헉! 도망가자!
아줌마 : 거기서!
해　설 : 완서가 집에 도착한다.
엄　마 : 완서야, 어디를 싸돌아다니다가 지금 오는 거야?
완　서 : 이...있어~
해　설 : 그때 구멍가게 주인아줌마가 온다.

완　　서 : 헉! (엄마 뒤로 숨는다) 어...엄마..

아줌마 : 이봐요! 당신 딸이 남의 장사를 망쳐놨어요! (완서를 가르키며) 물어내요!

엄　　마 : 여긴 시끄러우니까 나가서 말해요.

해　　설 : 결국 구멍가게 주인과 엄마는 밖으로 나간다.

엄　　마 : 하이고, 살다 살다 별꼴을 보겠네. 내 자식이 망친 장사 어련히 물어 줄까봐 어
　　　　　따 대고 행패야, 행패가. 자식들 자알 가르친다. 자알 가르쳐.

아줌마 : (발끈하며) 뭐라고요?! (엄마를 때리려고 한다)

해　　설 : 그때 오빠가 나오고 무슨 일인지 알아차린다.

오　　빠 : 에잇 (아줌마를 밀친다)

아줌마 : (자리를 털고 일어나며) 오늘은 이쯤에서 그만하지! 흥!

완　　서 : (뛰어오면서) 엄마, 괜찮아? 어떻게 됐어?

엄　　마 : 당연히 내가 이겼지~

완　　서 : (엄지를 치켜세우며) 엄마 최고~

엄　　마 : 훗!

해　　설 : 그렇게 싸움이 어이없이 끝난다.

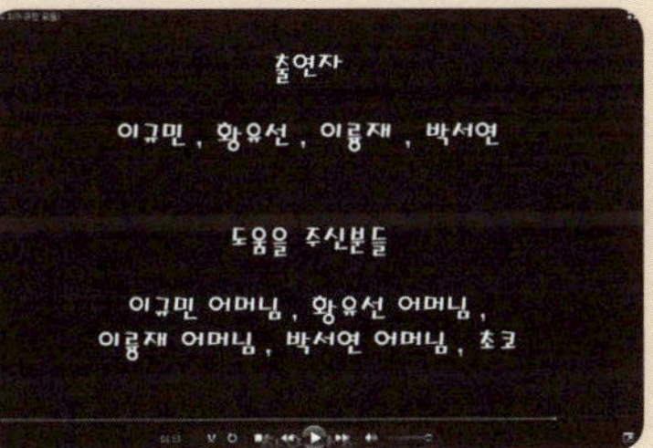

동영상 프로필 이미지 화면 캡쳐

③ 딘원 3 - 1. 비유직 표현[4]

• 단원의 개관

이 단원은 비유적 표현에 깔려 있는 독특한 발상이나 표현의 효과를 파악함으로써 문학작품을 깊이 있게 이해할 수 있도록 하는 데 목적이 있습니다. 또

---

4) 교육부(2015),《초등학교 국어 6-1 교사용 지도서》, 교육부, 52-55쪽 인용

글의 짜임을 이해하여 글의 주요 내용을 효과적으로 요약하는데 목적이 있습니다.(중략)

이 단원을 공부하는 과정에서 비유한 대상을 찾아보는 활동을 넘어서 비유적 표현의 특성은 무엇이며, 이러한 특성이 작품 속에서 어떤 효과를 나타내는지를 학습하여 문학작품에 대한 감상 능력을 높일 수 있습니다.

• 주요 학습 내용 및 활동

단원 성취 기준	단원 학습 목표	주요 학습 내용 및 활동	수업 적용 방법
• 문학(3) 작품에 나타난 비유적 표현의 특징과 효과를 이해한다. • 읽기(2) 글의 짜임에 따라 글 전체의 내용을 요약한다.	비유적 표현의 특징과 효과를 알고 작품을 읽을수 있다.	• 비유적 표현의 좋은 점 알기 • 비유적 표현을 생각하며 시 읽기 • 비유적 표현을 생각하며 이야기 읽기 • 비유적 표현을 생각하며 이야기를 읽고 글의 내용 요약하기 • 비유적 표현을 활용하여 시 쓰기	• 비유적 표현을 찾을 때 지금까지 읽었던 책이나 〈그 많던 싱아는 누가 다 먹었을까〉 내용 중에서 모둠별로 찾아 발표하게 함.

• 지도의 유의점

　－비유적 표현의 기법을 지도하기보다 시나 이야기를 더 깊이 있게 이해하는 방법으로 비유적 표현을 지도합니다.

　－비유적 표현에 대한 정의나 비유적 표현의 기법보다는 비유적 표현의 발상이나 특징에 대한 이해를 바탕으로 하여 표현 의도가 잘 실현되었는지에 중점을 두어 지도합니다.

　－비유적 표현에만 초점을 두어 작품에 대한 전반적인 이해가 소홀히 다루어지지 않도록 주의합니다.

　－비유적 표현과 비유한 대상 사이의 공통점을 지도하기 위하여 사진이나 그림 자료 등을 제시하여 자연스럽게 느끼도록 합니다.

　－시는 한 번 읽기보다 여러 번 읽어야 그 의미를 느낄 수 있으므로 합창 낭송, 개인 낭송 등 다양한 방법으로 여러 번 낭송하게 하여 시가 친숙해질 수 있도록 합니다.

－작품에 대하여 다양한 활동을 한 뒤에는 작품에 대한 감상을 친구들과 나눌 수 있도록 합니다.

－이야기의 내용을 간추릴 때에 내용을 그대로 옮겨 쓰는 것보다 자신의 언어로 재구성하여 간추릴 수 있도록 합니다.

－비유적 표현의 좋은 점을 알고 옛날이야기나 고사성어에서 비유적 표현을 다양하게 찾아보도록 안내합니다.

－비유적 표현이 드러난 다양한 작품을 소개함으로써 비유적 표현이 주는 문학 작품의 재미와 아름다움을 느낄 수 있도록 합니다.

－비유적 표현은 일상생활에서도 많이 사용됩니다. 일상 언어생활 속에서 사용된 비유적 표현을 이해하고, 상황에 알맞게 비유적 표현을 사용할 수 있도록 합니다.

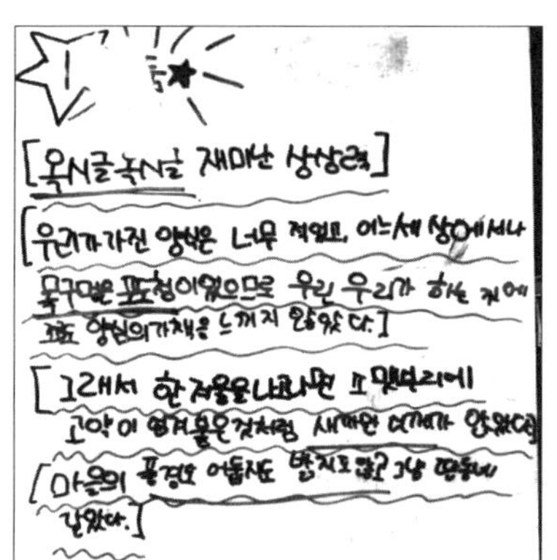

모둠별로 〈비유적 표현〉을 찾아서 화이트보드에 쓰고 칠판에 붙인 후 발표하도록 하였습니다. 〈그 많던 싱아는 누가 다 먹었을까〉와 그 동안 읽었던 책을 가지고 와서 자유롭게 비유적 표현을 찾은 후 발표하도록 하여 이해의 폭을 넓히려고 노력하였습니다.

비유적인 표현 수업을 할 때는 교과서, 예전에 읽었던 책, 알고 있는 이야기 중에서 예를 찾고 자연스럽게 발표하도록 하였습니다. 그리고 모둠별로 〈그 많던 싱아는 누가 먹었을까〉에서 찾는 활동을 화이트보드를 이용하기도 하였습니다. 그리고 이야기를 소리 단위로 끊어 읽고 요약한 후 모르는 낱말을 이용하여 짧은 글짓기를 하도록 유도하였습니다.

1. 비유적 표현
(소리내어 의미 단위로 끊어서 읽기)

6학년 1 반 1 번 이름: 편○현

● '싱아'책 132쪽부터 148쪽까지에서 소리내어 의미단위로 끊어읽어 보세요. 그리고 다 읽고 느낌을 적어보세요.

할아버지가 돌아가신뒤, 장례를 치룰때. 완녀가 울진 않았지만, 할아버지를 생각하는 마음이 많이 가득했다.
5학년때 처음으로 친한 친구가 생겼다고 했는데, 그 느낌이 어떠한지 궁금하고, 좋은거 같다.
도서관에서 읽은책을 놓고오는걸 내분을 거꺼다 번달게 두고오는것이라고 말하여서 정말 좋았다.
마지막 수학여행때, 할머니가 마음을 나타냈을때 완녀의 마음이 이해가간다.

● '6. 할아버지와 할머니'를 소리내어 읽고 내용을 간단하게 요약하여 보세요.

할아버지가 돌아가셨다. 나는 울진않았지만, 내가 할아버지의 모든것을 마지막 끝까지 제일 오래 기억했으면건이다. 그리곤 5학년때 처음으로 친한친구 복순이가 생겼다. 복순이는 나에게 도서관에 가지고 꼬꾸였고 우리는 주말마다 도서관에 갔었다. 시간이 지나 제법으로 수학여행을 떠났다.

그때 할머니가 마음을 나타냈는데 할머니가 너의분이음을 보자 할머니를 모른척한다. 마음버 닥쳐가 울고, 냄을 없다가 몽편을 받고는 헤어졌다.

● '6. 할아버지와 할머니'를 소리내어 읽고 모르는 낱말과 뜻을 써 보세요.

모르는 낱말	낱말 뜻
인동	사람을 데리고 함께 가거나 물건을 지니고 가다.
침닉	잠을 자고 음식을 먹다.
비상국	전쟁, 사변, 재해 따위로 국가가 긴급한 위기를 당한 시국.
신관	얼굴
광목	무명실로 서양목처럼 너비가 넓게 짠 베.

● '6. 할아버지와 할머니'를 소리내어 읽고 모르는 낱말과 뜻을 써 보세요.

모르는 낱말	낱말 뜻
상약	마음이 여리고 약하다.
사납다	화가 날 만큼 분하고 험상궂다
기거하다	일정한 곳에서 먹고 자고 하는 따위의 일상적인 생활을 하다
업신여기다	중요하게 여긴 만하지 아니하고 예사롭다 .
희열	기쁨과 즐거움 .

● '6. 할아버지와 할머니'를 소리내어 읽고 모르는 낱말과 뜻을 찾아보았습니다.
이제는 이 낱말들을 이용하여 제목을 정하고 여러분만의 이야기를 만들어 보세요.

나는 시험기간이 끝나자마자 계속 침벅만 했다. 하루종일 계속 침벅만 했다.
그러다 보니 빈관이고 몸이고 파이터 처럼 밤이 두죽두죽 졌다. 호빵처럼 만이다.
그렇지만 나는 삼약한 어린이다. 나는 광옥을 배게 낭아 자리 잡고 누어, 희뢰감, 희열이
넘치는 신나는 콧노래를 불겁다. 시험이 끝나서 좋다. 하지만 내가 시험을 왔았다면, 우리
집은 배항서국이 될것이다.

저는 글쓰기를 많이 유도하는 것이 아이들 생각의 폭을 넓혀주는 것이라고
여겨 최대한 이것을 활용하려고 노력하였습니다.

④ 단원 4-3. 마음을 표현한 글[5]

• 단원의 개관

이 단원은 글을 읽고 글쓴이의 의도를 파악하여 보고, 읽는 이를 고려하여
마음을 표현하는 글을 쓰는 방법을 익혀 정서 표현 능력을 기르는 데 목적이
있습니다.(중략)

이 단원의 학습을 통하여 학생들은 글에 나타난 글쓴이의 마음을 파악하는
능력과 읽는 이를 고려하여 자신의 마음을 표현하는 정서적 표현 능력을 키우
고 다른 사람과 긍정적인 관계를 형성할 수 있게 될 것입니다.

---

5) 교육부(2015), 《초등학교 국어 6-1 교사용 지도서》, 교육부, 123-127쪽 인용

• 주요 학습 내용 및 활동

단원 성취 기준	단원 학습 목표	주요 학습 내용 및 활동	수업 적용 방법
• 쓰기(2) 목적과 주제를 고려하여 내용을 조직하여 글을 쓴다. • 읽기(5) 글에 나타난 글쓴이의 관점이나 의도를 파악한다. • 읽기(4) 여러 가지 독서방법이 있음을 알고 이를 적용한다.	읽는 이를 고려하여 마음을 표현하는 글을 쓸 수 있다.	• 마음을 표현하는 글에 대하여 알기 • 글쓴이의 마음을 생각하며 글 읽기 • 마음을 표현하는 글을 쓰는 방법 알기 • 상대에게 전하고 싶은 마음을 글로 표현하기 • 친구들과 칭찬 이어 가기	• 〈그 많던 싱아는 누가 다 먹었을까〉 책의 내용을 파악하여 적용한 후 자기 주변의 가까운 사람들에게 확대하여 적용하도록 함.

• 지도의 유의점

　－마음을 표현하는 글의 종류가 다양함을 이해합니다.

　－어떤 상황에 어떤 마음을 표현하는 글을 쓰는지 다양한 예를 접할 수 있도록 지도합니다.

　－글쓴이가 글을 통하여 표현하고자 하는 마음이 무엇인지 생각하며 글을 읽을 수 있도록 지도합니다.

　－글쓴이의 마음이 잘 표현된 다른 글들을 읽을 수 있도록 안내합니다.

　－편지글에 한정하여 마음을 표현하는 글쓰는 방법을 지도합니다. 그러나 편지글뿐만 아니라 마음을 담아 쓸 수 있는 글이면 범위를 열어두어도 좋습니다.

　－마음을 표현하는 글을 쓰는 방법을 지도하면서 편지 쓰는 방법을 다시 한 번 점검합니다.

　－주제, 즉 표현하고자 하는 마음에 따라 글의 내용을 마련하고 조직하여 글을 쓸 수 있도록 지도합니다.

　－마음을 표현하는 글을 다른 사람에게 전하기 위해서는 특히 읽는 이를 고려하여 써야함을 주지시킵니다.

　다음 네 작품은 〈그 많던 싱아는 누가 다 먹었을까〉에서 박완서 선생님이 할아버지 장례식을 치르는 장면을 소재로 아이들이 작가의 입장이 되어서 죄송하다는 글을 쓰는 것입니다. 뒤의 3편 내용은 가족에게 확대하여 쓴 내용입니다.

국어 6-1	3. 마음을 표현하는 글 (읽는 이를 고려하여 마음을 표현하는 글을 쓰기)

6학년 1반 5번　이름: 김서현

● '싱아'책 132쪽부터 133쪽까지에서 나타난 상황은 어떤가요?

> 할아버지께서 위독하셔서 엄마가 완서를 데리러 학교에 갔고, 신의주행 급행열차를 타고 박적골로 향했다. 그리고 새벽녘, 할아버지께서 돌아가셨다.

● '싱아'책에서 할아버지가 누구에게 유언을 남기셨다는 내용은 없습니다. 만약에 유언을 남기셨다면 어떤 내용이었을까요?

> 완서에게 앞으로 열심히 노력하여 더 좋은 사람이 되라고 하셨을 것 같다.
> 와 오빠 좋서

● '싱아'책에서 주인공 박완서 선생님은 할아버지가 돌아가시는 것을 그 자리를 지키지 않았습니다. 왜 그랬을까요?

> 1) 사랑에 모인 사람들이 어리다고 들어오지 못하게 해서.
>
> 2) 죽음의 그림자가 도는 할아버지를 보는 것이 두렵고 무서워서.

● '싱아'책에서 주인공 박완서 선생님이 만약에 할아버지가 돌아가시는 것을 지켜보셨다면 어떤 말씀을 전하셨을까요?

> 할아버지께 죄송한 일들로 말하고 진심으로 죄송하고 감사했다고 말하셨을 것 같다.

● 박완서 선생님이 할아버지 또는 어머니에게 에게 전하고 싶었던 말씀을 시나 글로 표현하여 보세요.

할아버지께

할아버지, 할아버지 손녀딸 완서입니다. 할아버지께 죄송하고 감사하단 말씀을 전하고 싶어 글을 쓰게 되었습니다. 먼저 담뱃불 못 붙여드린 것이 제일 죄송합니다. 불에 대한 좋지 못한 기억이 있어 쉽게 붙여드리지 못했습니다.

그리고 마지막 임종을 곁에서 지켜드리지 못한 것 또한 죄송합니다. 어른들께서 어리다고 들여보내지 말라 하신 것도 있지만 사실 죽음의 그림자가 드리운 할아버지를 뵙는 것이 무섭고 두려웠습니다. 할아버지가 돌아가셨다는 소식을 듣고도 울지 않았지만 누구보다도 오래 할아버지를 여윈 상실감과 할아버지와의 자잘한 기억들을 간직하겠습니다. 잘난 손녀딸이 아니었음에도 불구하고 귀여워 해 주시고 아껴주신 것 감사했습니다.

마지막으로 사랑합니다, 할아버지.

완서 올림

● 여러분이 가족이나 아는 분들에게 미안했던 일이나 고마웠던 일을 생각하면서 전하고 싶은 내용을 시나 글로 표현하여 보세요.

우리 가족에게

엄마, 아빠, 할머니, 첫째 채현이에요. 물론 학교 활동에 의해서이지만 죄송함과 감사함을 표하려 편지글을 쓰게 되었어요. 항상 쓰다듬어주시고 위로도 해 주시는데 정작 제가 해온 일들을 돌이켜보면 세 분을 위해 제대로 해 드린것이 별로 많지 않은 듯 해요. 그 점에서는 항상 죄송하고 감사해요. 앞으로도 더 좋은 딸, 좋은 손녀 되도록 많이 노력할게요.

그리고 시현아 쿰 항상 너랑 싸우는 원인제공은 뭔가 내가 하는 것 같아서 미안하고 많은 안하지만 유 넌 충분히 좋은 동생이라고 생각해, 앞으로 더 좋은 언니 될 수 있도록 노력할게 너가 많이 도와줘.

귀염소이 표현은 잘 안하지만 다들 너가 사랑하는 거 알죠? 그럼 여기서 편지 마칠게요.

채현 올림 (이가)

● 박완서 선생님이 할아버지 또는 어머니에게 에게 전하고 싶었던 말씀을 시나 글로
표현하여 보세요.

      죄송한 것.

              조예원.

죄송한것이 많다.

할아버지 담뱃불 못붙여 드린것.

죄송한것이 많다.

할아버지께 효도하지못한 것.

죄송한것이 많다.

할아버지 돌아가실때 울지못한것.

할아버지, 용서해 주세요…

할아버지, 다음에 다시 만나요…

● 여러분이 가족이나 아는 분들에게 미안했던 일이나 고마웠던 일을 생각하면서
전하고 싶은 내용을 시나 글로 표현하여 보세요.

      후회.

           조예원.

한번 박힌못은 빼내어도

구멍이 남는다.

한번 구겨진 종이는 다시펴도

자국이 남는다.

다시후회 해봤자 지만…

못을 빼내고, 종이를 펴기라도 하고싶다.

사과를 하여

못자국 구멍을 새우고

구겨진 종이를 다림질 해주고싶다.

사랑하고, 미안해. 친구야.

● 박완서 선생님이 할아버지 또는 어머니에게 에게 전하고 싶었던 말씀을 시나 글로
표현하여 보세요.

그리운 그 분, 할아버지
- 이혜윤 -

그리운 그분, 할아버지
그리운 그 이름, 할아버지

할아버지에게 좋은 손녀 되려 했는데…
담뱃불도 많이 붙여주려 했었는데..

하는 것도 못 보고 가시네.
그리운 그분, 할아버지.

● 여러분이 가족이나 아는 분들에게 미안했던 일이나 고마웠던 일을 생각하면서
전하고 싶은 내용을 시나 글로 표현하여 보세요.

아빠, 고마워.
- 이혜윤 -

아빠, 고마워
아빠가 내 아빠여서

아빠고마워
항상 내편에 서 주어서

아빠, 고마워
이젠 나도 고마운 딸이 될께.

6학년 2015. 5. 11(월)	제1회 상시평가 【 국 어 】	성서초등학교 반 번 이름

1. 다음은 마음을 표현하는 글을 쓰는 방법을 설명한 것입니다. **바르지 않은 것**은 무엇입니까? ……………………………………………( )

① 마음이 드러나게 간략하게 씁니다.
② 읽는 이의 마음을 고려하여 씁니다.
③ 마음을 잘 나타낼 수 있는 표현을 사용합니다.
④ 마음을 표현하기 위하여 들어가야 하는 내용을 생각합니다.
⑤ 읽는 이가 글을 읽은 뒤에 반응이 어떠할지 예상하며 씁니다.

[2-4] 다음 글을 읽고, 물음에 답하시오.

㈎ 엄마에게

엄마, 내가 요즘들어 말도 안듣고 아침에 늦게 일어나고 게임도 오래해서 힘들었지? 그런데도 엄마가 나를 아침에 깨워주어서 학교에 지각하지 않을 수 있었고 엄마가 내가 힘들었다고 했을 때 잘 받아줘서 나도 잘 버틸 수 있었어. 고마워.

OO이가

㈏ 후회

OOO

한번 박힌 못은 빼내어도
구멍이 남는다.
한번 구겨진 종이는 다시 펴도
자국이 남는다.
다시 후회해봤자지만….
못을 빼내고, 종이를 펴기라도 하고 싶다.
사과를 하여
못자국 구멍을 채우고
구겨진 종이를 다림질 해주고 싶다.
사랑하고, 미안해 친구야.

2. 글 ㈎에서 글쓴이는 어떤 마음을 표현하였습니까? ……………………………………………( )

① 고마운 마음 ② 미안한 마음
③ 속상한 마음 ④ 부끄러운 마음
⑤ 잘난 척하는 마음

3. 글 ㈎와 ㈏의 글의 종류를 바르게 나타낸 것은 무엇입니까? ……………………………………( )

① 글 ㈎: 편지, 글 ㈏: 수필
② 글 ㈎: 일기, 글 ㈏: 시
③ 글 ㈎: 편지, 글 ㈏: 시
④ 글 ㈎: 일기, 글 ㈏: 이야기
⑤ 글 ㈎: 이야기, 글 ㈏: 독서 감상문

4. (나)에서 글쓴이는 후회하는 마음을 무엇에 비유했고 그 까닭은 무엇인지 쓰시오.

비유하는 대상	그 까닭

[5-7] 다음 글을 읽고, 물음에 답하시오.

(가)

( )

OOO

선생님의 가혹한 체벌은
짝끼리 마주 보고 서서
상대방의 뺨을 때리는 것이다.

선생님의 가혹한 체벌은
서로의 증오심을 무럭무럭
성숙시켜 간다.

선생님의 가혹한 체벌은
생각하기도 싫은 끔찍한
체벌이었다.

(나)

( )

OOO

이 낯선 동네를 돌아다니며
싱아 한포기 찾아본다.

시냇가 주변에도 산너머에도
우리집 마당에도
한포기도 보이지 않는다.

저녁 노을로 물든 이 동네를 보며
생각해본다.

그 많던 싱아는 누가 다 먹었을까?
그 많던 추억은 어디로 갔을까?

6. 위의 두 시를 읽고 떠오르는 장면으로 **알맞지 않은 것**은 어느 것입니까? ………………………………( )

① 외로워서 싱아를 찾아 헤매는 모습
② 친구들과 사이좋게 놀고 지내던 모습
③ 성적을 올리기 위해 친구의 뺨을 때린 기억
④ 선생님의 가혹한 체벌로 인한 끔찍한 기억
⑤ 인왕산을 넘나 들면서 고향에 있는 싱아 풀이 있는지 찾아 헤매던 모습

2/6

아이들이 쓴 작품 중 일부 내용을 상시평가 자료로 활용하여 시험 문제를 내기도 하였음.

⑤ 단원 5 - 2. 다양한 관점[6]

• 단원의 개관

이 단원은 글에 나타난 글쓴이의 관점을 파악하고 자신의 관점이 잘 드러나게 글로 표현하는데 그 목적이 있습니다.(중략)

이 단원의 학습 활동을 통하여 학생들은 글쓴이의 관점이 무엇인지 알고 글쓴이의 관점을 파악하는 방법을 익혀 글을 좀 더 비판적으로 읽어 내는 읽기 능력을 신장할 수 있을 것입니다. 더불어 자신의 관점이 잘 드러나게 글로 표현하는 설득적 글쓰기 능력을 신장할 수 있을 것입니다.

• 단원 학습 목표

글쓴이의 관점을 파악하며 글을 읽고, 자신의 관점이 잘 드러나게 글을 쓸 수 있습니다.

일본이 우리말로 제작한 독도 관련 영상 보여주기 → 이 영상을 보고 아이들은 70% 정도가 우리나라가 잘못했다고 말함 → 일본은 철저하게 자신들에게 유리한 면을 부각시켜 치밀하게 논리적으로 대응하고 있음을 알게 함 → 모둠별로 독도보고서를 학급홈페이지에 올리게 함 → 개인별로 독도보고서를 작성하여 1주일에 4명 정도씩 발표하게 함(모두 발표하기까지 2개월 걸림) → 발표 내용을 듣고 좋았던 점과 아쉬웠던 점을 써서 발표한 친구에게 주고 수정하여 보고서를 제출하게 함 → 독도 관련 홍보 포스터 제작 → 독도 관련 보고서 학급신문 발행 → '독도는 우리 땅' 대왕그림그리기 학년 행사를 진행하고 이 영상을 편집하여 유튜브에 올림 → 이 영상에는 아이들 12명이 영어로 '독도는 우리 땅'임을 말하는 장면도 포함되어 있음

6) 문학 단원을 제외한 다른 단원은 단원의 개관과 단원학습 목표만 간략하게 기술하였다. 어떻게 수업을 했는지 이해를 돕기 위한 것인데 여러 가지 내용이 들어가면 혼란스럽다는 판단이 앞섰기 때문이다. 독도 문제를 두고 일본과 우리는 서로 다른 관점을 가지고 있다. 물론 독도는 우리 고유의 영토인데 일본은 자기들 나름대로 논리를 만들어 자기네 땅이라고 주장을 하고 있다. 또 일본은 매우 치밀하게 그 논리를 개발하여 나간다는 사실을 학생들이 알 필요가 있다고 생각하여 학습자료로 넣었다.

2015 성서초 6학년 1반 학급신문 4호

2015년 성서초 6학년 1반

독도는 우리땅이다

『독도가 우리 영토인 근거』
안재연

1905년 일본은 시마네현고시(제40호)를 통해 일본의 독도 편입을 알렸습니다. 일본은 1904년 이래 만주와 한반도에 대한 이권을 두고 러시아와 전쟁 과정에서 동해에서의 해전을 위한 군사적 필요성에 의해 1905년 독도를 무주지라 주장하면서 영토 편입을 시도하고 시마네현에 고시했습니다. 하지만 저는 독도가 우리 영토임을 주장하겠습니다.

첫째, 역사적 근거로는 조선 초기 관찬서인 『세종실록』 「지리지」(1454년)에 울릉도와 독도가 강원도 울진현에 속한 두 섬이라고 기록하고 있습니다. 특히 "우산(독도) 무릉(울릉도)… 두 섬은 서로 멀리 떨어져 있지 않아 날씨가 맑으면 바라볼 수 있다."라고 기록하고 있는데, 울릉도에서 날씨가 맑은 날 육안으로 보이는 섬은 독도가 유일합니다.

둘째, 지리적 근거로는 독도와 울릉도의 거리는 87.4km이고 일본의 오키섬과 독도의 거리는 157.4km 이므로 거리상으로도 독도가 우리 영토라는 것을 알 수 있습니다.

셋째, 1946년 1월 29일, 연합국최고사령관 각서(SCAPIN) 제667호 중 연합국 최고사령관은 일본 영역에서 "울릉도, 리앙쿠르암(독도)과 제주도는 제외된다." 라고 규정하였습니다. 그리고 1946년 6월 22일, 연합국 최고사령관 각서(SCAPIN) 제 1033호에는 연합국 최고사령관이 SCAPIN 제677호에 이어 일본의 선박 및 국민이 독도 또는 독도 주변 12해리 이내에 접근하는 것을 금지한 내용입니다.

넷째, 샌프란시스코 강화조약은 제2차 세계대전을 종결하면서 연합국과 일본이 체결한 조약입니다. 이 조약 제2조(a)에서 "일본은 한국의 독립을 인정하고, 제주도, 거문도 및 울릉도를 포함한 한국에 대한 모든 권리, 권원 및 청구권을 포기한다."라고 규정했습니다. 이는 한국의 3천여 개의 도서 가운데 예시에 불과하며, 독도가 직접적으로 명시되지 않았다고 하여 독도가 한국의 영토에 포함되지 않는다고 볼 수 없습니다.

이처럼 위의 근거 이외에도 아주 많은 근거가 있습니다. 우리 모두가 노력하면 일본과 독도 분쟁 문제가 사라질 수도 있습니다. 우리 모두 독도를 지킵시다!!!!!!!!!!!!!!!!

< 독도 보고서 >
마정민
-목차-
① 독도라는 이름의 유래
② 독도의 장점
③ 일본이 독도에 관해 갖고 있는 부적합한 근거
④ 한국이 갖고 있는 독도의 지리적 근거, 자료 (지리적 근거,태정관 지령서 등)
⑤ 내가 독도 지킴이로서 할 수 있는 일들

독도라는 이름.. 누구나 한번쯤 들어 보셨을 겁니다. 독도의 이름은 울릉도가 개척될 때 입주한 주민들이 처음에는 돌섬이라고 하였는데, 이것이 돍섬으로 변하였다가 다시 독섬으로 변하였고, 독섬을 한자로 표기하면서 독도가 되었다고 합니다.

6학년 1학기 국어 2단원 '다양한 관점'을 수업하면서 아이들이 만들었던 보고서를 모아 만든 학급신문

6학년 1학기를 마칠 무렵 부모님들을 모시고 활동했던 내용을 설명하는 모습. 게시판 뒷면에는 아이들이 그린 모둠별 독도 광고 포스터가 게재되어 있음

[18] 다음 글을 참고하여 주장하는 글쓰기를 해 봅니다.

논설문은 어떤 문제에 대하여 다른 사람을 설득할 목적으로 자신의 주장과 근거를 내세우는 글입니다.

논설문의 특성으로 첫째, 주장과 근거가 있습니다. 주장은 논설문에서 어떤 문제에 대하여 내세우는 글쓴이의 생각을 말하는 것이고 근거는 주장을 뒷받침하는 내용입니다.

논설문은 서론, 본론, 결론으로 짜여 있습니다.

서론	① 글을 쓰게 된 문제 상황이나 주장을 밝혀야 한다. ② 글쓴이가 글 전체에서 내세우는 주장을 분명하게 나타내야 한다.
본론	① 서론에서 제시한 글쓴이의 주장에 대한 근거와 근거를 뒷받침하는 내용으로 구성된다. ② 본론의 각 문단은 중심 생각을 담은 중심 문장과 그 문장을 보조하는 뒷받침 문장으로 이루어져 있다.
결론	① 글의 내용을 요약한다. ② 글쓴이의 주장을 다시 한번 강조한다.

<독도는 우리땅이다>라는 주제로 일본측의 주장을 반박하고 독도가 우리나라 땅임을 주장하는 제가지 근거를 들어서 주장하는 글쓰기를 해보세요.

※수고 많았습니다. 다시한번 문제와 답을 검토하여 보기 바랍니다. 감사합니다.

6학년 1학기 상시평가 때 독도관련 내용을 문제를 낸다고 사전에 공지를 하고 출제하여 아이들이 쓸 수 있도록 하였음.

6학년 2학기 10월에 6학년 전체 행사로 다른 학교에서 했던 영상을 바탕으로 '독도는 우리 땅'이라는 대왕그림그리기 학년 행사를 개최했으며 영상은 유튜브에 탑재했음.

⑥ 단원 6 - 8. 책속의 지혜를 찾아서[7]

• 단원의 개관

이 단원은 자기 주도적이며 자발적인 독서활동을 통하여 책읽기에 재미를 느끼고, 나아가 필요한 책을 스스로 찾아 읽고 활용하는 평생 독자로서의 기초를 다지는데 목적이 있습니다.(중략)

이 단원의 활동을 통하여 학생들은 자신의 관심과 읽기 목적을 고려하여 스스로 필요한 책을 찾아 읽고 감상하는 바람직한 독서 습관을 형성할 수 있습니다. 이 단원의 학습은 학생들이 책읽기를 즐겨하고 나아가 책의 적극적인 소비자가 될 수 있도록 하는 데 궁극적인 지향점을 두어야 합니다.

• 단원의 학습 목표

다양한 읽을거리를 스스로 찾아 읽을 수 있습니다.

이 단원에서 추구하는 학생들이 책읽기를 즐겨하고 나아가 책의 적극적인 소비가 될 수 있도록 하는데 궁극적인 지향점을 두는 것은 슬로리딩 수업에서 추구하는 방향과 맞는다고 할 수 있습니다. 2014년 5학년 국어를 배울 때 아이들에게 조사 과제를 부여한 적이 있습니다. 〈그 많던 싱아는 누가 다 먹었을까〉를 읽으면서 궁금했던 내용을 조사하도록 하였던 것입니다.

해바라기 문집 표지

아이들은 다양한 주제를 생각해 발표하였고, 아이들이 발표한 주제는 다음과 같습니다.

'싱아와 포도의 차이점', '메이데이, MAY DAY 근로자의 날, 왜 좌익과 우익은 그날 같이 있지 않았을까', '개망초와 싱아', '아이스크림', '왜 옛날 아이들은 늘 코를 흘리고 다녔을까', '싱아 보고서 : 작품에 나타난 시대적 배경으로', '정말 인왕산에서는 쑥 하나 돋아나지 않았을까', '창씨개명', '그 많던 싱아는

---

7) 교육부(2015), 《초등학교 국어 6-1 교사용 지도서》, 교육부, 300-301쪽 인용

누가 다 먹었을까 : 시대적 배경' 등입니다.

제가 당시 아이들의 보고서를 보고 놀란 것은 내용 속에서 주제를 심도 있게 찾아 과제를 했다는 점 때문이었습니다. 특히 근로자의 날을 조사하면서 1946년 5월 1일 좌익과 우익이 함께 하지 못한 이유를 조사한 경우나, 어머니가 축농증에 걸린 경우를 예로 삼아 자신들의 가정을 나름 논리적으로 바라본 점, 인왕산의 특성을 알고 추측하여 보고서를 작성한 점 등은 너무나 놀라웠습니다.

저는 아이들의 이러한 장점을 계속 기억시키고 살려주기 위해 10년 전부터 학급문집을 만들어 학기말에 아이들에게 배부하고 있습니다. 그래서 학습활동은 A4용지 위주로 하여 준비하고 있으며 문집을 만들기 위한 별도의 작업은 하지 않습니다. 또 학급문집 앞면은 공동작품을, 뒷면은 개인작품을 실어 개인문집을 겸하도록 하고 있습니다. 이런 작업을 꾸준히 해오다보니 '다른 건 몰라도 학급문집 작업은 계속 해 달라'는 학부모님도 계십니다.

이후에 아이들은 저와 여러 가지 활동을 통해 〈그 많던 싱아는 누가 다 먹었을까〉 외에 여러 가지 책을 읽기도 하였습니다. 그런 경향은 아이들의 생활 속에서 자연스럽게 나타나기 시작했습니다.

또한 저는 아이들과 함께 1학기에 한 번씩 방과 후 서점나들이를 하고 있습니다. 아이들은 사고 싶은 책을 사고 저는 간단한 간식거리를 사주면서 일상적인 이야기를 나누는 우리 반만의 방과 후 활동

입니다. 사진의 왼쪽에 있는 두 명의 학생은 졸업 후 예중에 진학했는데, 서점나들이 할 때 보면 자신의 전공과 관련된 책을 골라 열심히 읽었습니다. 또 오른쪽 두 명의 학생은 서점나들이 때 산 박완서의 장편소설 〈서 있는 여자, 487쪽〉, 〈엄마의 말뚝, 596쪽〉을 아주 재미있게 읽었다고 술회하기도 했습니다.

이런 방식으로 보고서를 쓰는 것부터 시작하여 자신들이 관심 있는 책을 읽

는 것으로 점점 확대되는 것입니다. 이것을 일명 파생독서[8]라고 합니다. 천천히 책을 읽으며 다양한 단어를 접하게 되고, 다양한 상황을 이해하게 되고, 등장인물의 심리상태와 선택의 순간에 관심을 갖게 되고, 등장인물이 처한 배경을 이해하는 과정을 거치게 되어 더 많은 궁금증이 생기게 됩니다. 관심의 폭이 급격하게 넓어지고, 알고 싶은 것들도 늘어납니다. 그 '앎'에 대한 욕구를 해소할 방법은 또 다른 책을 읽는 것입니다. 하나의 궁금증은 하나의 독서를 낳고, 이어진 독서는 또 다른 관심사를 제공하고, 이를 해결하기 위해 다시 또 독서를 하는, 꼬리에 꼬리를 물고 이어지는 독서를 하게 됩니다.

이렇게 슬로리딩을 하다 보면 독서량은 상상할 수 없을 정도로 넓고 깊어집니다. 우리는 이것을 파생독서라 불렀습니다. 이런 파생독서법을 박완서 선생님도 즐겼다는 것을 박완서 작가의 따님이신 호원숙 작가도 강연회에서 강조했습니다.

이것은 하시모토 다께시 선생님에게 슬로리딩 수업을 받은 제자들의 일화에서도 알 수 있습니다.[9] 하시모토 다께시 선생님은 학생들에게 고전 공동 연구 과제 일정을 6월에 조 편성, 7월에 주제 선정과 발표, 8월(여름방학)에 조사와 연구, 9월에 의견 조정과 보고서 제출 등으로 대충 짜주었습니다. 그리고 제출된 보고서는 논문집으로 엮어 다시 제자들에게 돌려주었습니다. 이 활동에 참여 했던 에티 선생님은 공동연구의 의미를 다음과 같이 평가하고 있습니다.

특별히 고전이 아니라도 좋습니다. 일단 열일곱이라는 나이에 3~4명이 뭉쳐 뭔가 한 가지를 만들어 낸다는 것은 매우 중요한 경험입니다. 상대의 의견을 듣고, 자신의 의견을 이해시키고, 대립하는 두 사람을 중재하고, 이것만큼은 양보할 수 없다, 이것과 이것을 더하면 좀 더 멋진 결과가 나오겠다 등 관계를 맺는다는 것 본연의 의미에서 커뮤니케이션 기술이나 각자의 개성을 절충하는 방법은 사회에 나갔을 때 참 힘이 됩니다.

---

8) 정영미(2015), 《EBS 다큐프라임 슬로리딩, 생각을 키우는 힘》, 경향미디어, 119쪽 인용
9) 하시모토 다께시(2012), 《아이의 미래를 바꾸는 슬로리딩》, 조선북스, 65-71쪽 참고

이러한 점에 기초하여 8단원에서는 〈그 많던 싱아는 누가 다 먹었을까〉를 읽으면서 읽고 싶은 책을 다른 친구들에게 소개하는 활동을 하였습니다. 내용을 조사하여 보고서로 만들어 학급홈페이지에 올리고 친구들 앞에서 발표도 하도록 하였습니다. 2015년 6학년 1반 아이들이 읽고 싶은 책을 소개한 내용은 다음과 같습니다.

책이름	저자	읽고 싶은 이유	책이름	저자	읽고 싶은 이유
이야기 식물도감	임영득 외	싱아, 딸기, 국화 등 다양한 식물이 자세히 나와 있습니다.	식민지 소년	김하기	창씨개명을 위한 그 시대의 배경 이해가 자세히 나와 있습니다.
음식으로 읽는 한국 생활사	윤덕노	이 책에는 예전에 먹던 간단한 간식과 〈싱아책〉에 나와 있는 엿과 강정의 대한 설명도 재미있게 되어 있었고 책을 읽으면서 예전에 어떤 음식을 먹었는지 알 수 있습니다.	우리말 어원 500가지	이재운 외	이 책을 찾아보게 된 이유는 〈싱아책〉에, 뜻을 정확하게 모르는 단어들과 왜 그런 단어로 쓰이는지 궁금했던 단어들이 있어서였습니다. 이 책에는 내가 궁금했던 것들이 모두 나와 있어 마음에 들었습니다.
한 권으로 읽는교과서 우리 음식	김복희	우리나라의 전통 음식에 대해 궁금하다면 이 책을 꼭 읽어 보기를 바랍니다.	마사코의 질문	손연자	이 책의 내용 중 한 부분에서 위안부에 관한 이야기가 있고 그리고 일제 강점기를 바탕으로 한 소설책이어서 이 책을 소개하게 되었습니다. 또한 비유적인 표현이 많이 들어가기 때문에 재미있을 것입니다.
레미제라블	빅토르 위고	저는 레미제라블을 소개합니다.	그 산이 정말 거기 있었을까	박완서	이 책은 작가가 전적으로 기억에 의지해 쓴 자전적 소설로 작가가 스무 살의 성년으로 들어서던 1951년부터 1953년 결혼할 때까지의 20대를 그렸습니다.

책이름	저자	읽고 싶은 이유	책이름	저자	읽고 싶은 이유
식민지 소년	김하기	김하기 저자님께서 만드셨고, 출판사는 청년사이며, 〈식민지소년〉의 아름답고도 고통스러운 성장일기를 담은 책입니다.	나비를 잡는 아버지	현덕	제가 소개할 책은 〈나비를 잡는 아버지〉입니다. 〈그 많던 싱아는 누가 다 먹었을까〉와 같이 이 작품들은 모두 일본에게 나라를 빼앗기고, 괴롭힘을 당하던 일제 강점기에 관한 책입니다.

- 수업 활동 : 〈그 많던 싱아는 누가 다 먹었을까〉을 보면서 읽고 싶은 책을 소개하기 -

우리말 어원 500가지

6학년 1반 이혜윤

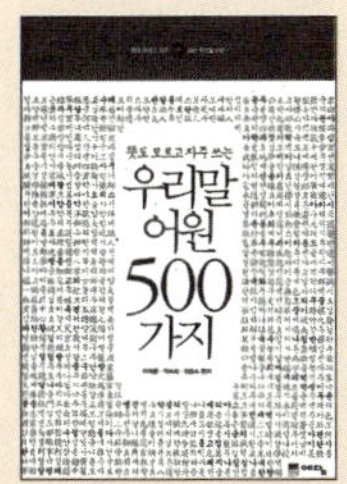

나는 〈그 많던 싱아는 누가 다 먹었을까?〉 책을 읽다가 내가 모르는 우리말이 참 많다는 생각이 들어 학교 도서관에 가서 이 책을 찾아 읽었는데, 이 책이 괜찮아서 친구들에게 소개하려고 한다. 내가 오늘 친구들에게 소개 할 책은 〈우리말 어원 500가지〉라는 책이다. 이 책은 고조선, 고려, 조선, 광복 이후의 시기 등 시대별로 단어들을 골라 뜻과 풀이를 해놓았다. 여러 책을 토대로 쓴 이 책은 단어가 생겨난 생성시기, 단어의 나이, 유래, 잘못 사용되는 예 등을 자세히 적은 책이다. 특히 유래가 다른 부분에 비해 자세하게 나와 있어 단어를 보다 쉽고 재미나게 알 수 있다. 나는 이 수많은 단어 중 '메리야스'란 말이 가장 기억에 남는다. 지난번에 방과 후 선생님께서 무슨 말씀을 하시다가 '메리야스'라는 말을 하셨다. 그 뜻을 잘 이해하지 못한 나는 선생님께 무슨 뜻이냐고 물었다. 선생님은 런닝, 즉 내의라고 말씀하셨다. 그러나 나는 자세한 뜻을 알고 싶었고 찾다가 이 책을 보게 되었다. '메리야스'... 이 단어는 조선 후기 순조 30년경에 생겨난 말로 나이는 약 178살이다. 뜻은 요즈음 '내의'라는 말로 많이 사용되지만 사실 원래의 뜻은 '양말'이라고 한다. 선생님이 알려주신 말과 달라 찾아보기 잘했다는 생각을 했다. 우리가 잘못 알고 있는 낱말과 그 낱말의 뜻이 다른 경우가 수두룩할 것이다. 이런 저런 이유 덕에 나는 이 책을 우리 반 친구들이나 현대인들에게 강력 추천해주고 싶다. 뜻이라도 제대로 알고 말하자는 의미에서 말이다.

우리 음식

마정민

- 본도서 : 그 많던 싱아는 누가 다 먹었을까?
- 소개할 구절 : 오빠와 나는 설과 추석 때 맛있는 음식을 많이 먹곤 했다. 나는 깨강정을 할머니께 받았다. 나는 전과 음식을 준비하는 이모와 엄마의 모습을 보았다.
- 소개할 도서 : 우리 음식1
- 저자 : 김복희, 그림 : 박하

소개문

나는 음식을 워낙 좋아해서일까? 책을 읽다가 보면 구절구절마다 보이는 맛있는 음식에 담긴 재미난 표현이 내 머리 속에 착착 정리되었다. 그래서 전통 음식에 관해 소개하는 책을 친구와 함께 쉽게 고르고 요약할 수 있었다. 우선 이 책의 저자는 유명한 소설가이다. 이 책 외에도 여행이나 다양한 분야의 글을 쓰셨다고 한다. 이 책의 이야기는 체계적으로 정리가 잘 되어있다.

박완서가 먹던 음식, 옛 음식의 맛

저자 박완서가 좋아한 간장게장이 놓인 식탁, 엄마가 물장수에게 준 푸짐한 식탁에 올려진 먹거리인 밥, 국, 조림, 무침, 장아찌, 김치, 구이, 볶음 등 기본적인 식사부터 책에 나온 즐겨 먹는 옛 전통음식인 국수, 엿, 나물, 편육, 찜, 차 등 내용이 다양하다.

제사 때 먹던 음식

또한 박완서가 제사 때 먹을 수 있을 법한 푸짐한 반찬수로 구성된 12첩 밥상 등 지역마다 맛있게 먹는 음식으로 서울 지방에 탕평채, 전라도에 전주비빔밥, 강원도에 묵이나 박완서 저자의 옆 동네에 있는 그 고장만의 맛있는 간장게장처럼 다양한 정보가 많다.

또한 계절마다 먹던 맛있는 음식

박완서 저자가 더울 때 먹었던 아이스크림과 여름에 먹어봤던 구절판, 삼계탕, 오곡밥과 식혜 등 계절 별미가 나와 있다. 또한 그 시대나 요즘 먹는 전통음식에 관한 내용이 풍부한 책이다.

흥미도 : ★★★★★

감사합니다. 마정민의 책보고서입니다

꼭꼭 읽어보세요!!

⑦ 단원 7 - 4. 면담하기, 11. 뉴스의 관점, 2학기 10. 뉴스와 생활

• 반에서 최우수 뉴스 동영상을 고르기 위한 아이들의 학습지 내용

단원 통합	단원 통합 이유	수업 방법
'4. 면담하기'와 '11. 뉴스의 관점', 2학기 '10. 뉴스와 생활'	'면담하기'와 '뉴스 인터뷰' 형식이 비슷하고 아이들은 5학년 때 방송제 경험이 있어서 뉴스를 직접 만들어 보는 것이 교육적 효과가 있다고 판단되었음.	• '면담하기'와 '뉴스의 특성'에 대해 간단히 살펴보았음. • 뉴스를 어떻게 만들 것인지 모둠별로 학교에서 협의하고 만드는 시간 일부는 수업시간에 할 수 있도록 함.

반별로 만든 우수 작품

		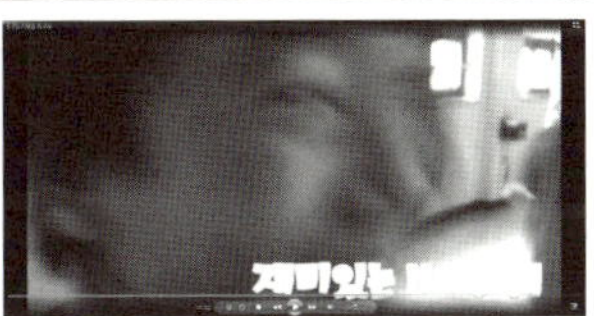
1반은 뉴스 앞부분에 광고를 넣어서 일반 뉴스 형식을 취함.	2반은 뉴스 주요 내용을 자막 처리를 하여 전달의 효과를 높임.	3반은 뉴스 영상을 만들면서 실수한 부분을 모아서 '재미있는 NG 영상'이라는 파일을 만드는 재치를 발휘함.

아이들이 1학기 동안 활동했던 자료를 모아 부모님들을 모시고 발표하는 시간을 가졌다. 이 장면은 아이들이 만든 뉴스 영상을 반별로 보고 있는 모습이다.

6-1 국어 나

11. 뉴스의 관점
(모둠별 뉴스를 보고 관점 파악하기)

6학년 1반 9번 이름: 이지은

1. 모둠별 뉴스를 보고 관점을 파악하는 방법

자막에서 강조하는 내용을 주의 깊게 살펴본다.
어떤 느낌의 표현을 주로 사용하였는지 살펴본다.
주로 어떤 사람의 의견을 취재하였는지 살펴본다.
뉴스의 관점을 찾을 때는 긍정, 부정과 같은 가치판단을 중심에 두지 않는다.

2. 모둠별 뉴스를 보고 관점을 파악하여 보기

(5 모둠)

진행자의 도입 찾아본 곳		재미있는 소식을 봅니다.
기자의 보도	기자	매동초등학교 취재
		선생님 인터뷰
		학생들 인터뷰
기자의 마무리		이상으로 뉴스를 마치겠다.

(6 모둠)

진행자의 도입 찾아본 곳		청년의 희망이 높아졌다. / 슬로리딩 모식
기자의 보도	기자	한 학생의 하루를 보여줌
		어른 인터뷰 함.
		슬로리딩은 천천히 깊게 읽는 것.
		선생님을 인터뷰 함. / 한 학생도 인터뷰 함. / 화면과 보여줌.
기자의 마무리		시청해 주신 여러분 감사합니다.

(4 모둠)

진행자의 도입 ~~찾아본 곳~~		초등학교의 휴개 조식 / 메르스
기자의 보도	기자	5명의 어린이 유독가스 마셨다.
		메르스 사망자 늘었다.
		메르스에 대해 어떻게 생각하는지 한 학생 인터뷰
기자의 마무리		9시 뉴스 마지막 했었다. 시청 감사하다.

(3 모둠)

진행자의 도입 ~~찾아본 곳~~		큰 꿈을 향하여
기자의 보도	기자	핸드폰 가게 사장님 인터뷰
		성서초 교감선생님 인터뷰
		영어학원 선생님 인터뷰
기자의 마무리		꿈을 이루기 바란다. 지금까지 ○○○ 이었다.

(모둠)

진행자의 도입 ~~찾아본 곳~~		
기자의 보도	기자	
기자의 마무리		

3. 모둠별 뉴스 만들기를 마무리하면서 정리하기

활농을 하면서 느낀점	늦게까지 친구들과 남아서 뉴스를 짝단보니 활발하게 이렇게 힘든 것인명 느꼈다.

2) 6학년 2학기 국어교과 중심 교육과정 재구성

단원	단원의 재구성 이유
4. 효과적인 관용 표현 11. 문학의 향기 1. 인물의 삶을 찾아서 5. 이야기 바꾸어 쓰기	문학 관련 단원이어서 묶어 수업을 하여도 되겠다는 판단을 했으며 〈자전거 도둑〉 내용을 전체적으로 다루어야 작가가 나타내고자 하는 바를 살릴 수 있다고 판단하였기 때문임.
9. 생각과 논리 3. 적절한 근거 6. 타당한 주장 7. 다양한 생각	다른 사람을 설득하는 목적을 가지고 쓴 글이라 묶어서 수업할 경우 더 깊이 있는 수업을 할 수 있을 것으로 판단함.
2. 자료를 활용한 발표 10. 뉴스와 생활 8. 정보를 활용한 기사문	사실적인 글로 2단원은 사회교과 내용을 바탕으로 발표수업을, 8단원도 사회교과 내용을 바탕으로 신문 만들기 수업을 계획하고 두 과목을 연계시켜 수업을 하였음. '10. 뉴스와 생활'은 1학기 때 이미 뉴스 영상을 만들어서 간단한 내용만 소개를 하고 마침.

① 단원 1 - 4. 효과적인 관용 표현[10]

가. 주요 학습 내용 및 활동

단원 성취 기준	단원 학습 목표	주요 학습 내용 및 활동	수업 적용 방법
• 문법(6) 관용 표현의 특징을 알고 담화 상황에 맞게 사용한다. • 듣기·말하기(3) 설득하거나 주장하는 말의 타당성을 판단하며 듣는다.	여러 가지 관용 표현을 익히고, 이를 활용하여 자신의 생각을 말할 수 있다.	• 단원 도입 • 관용표현을 사용하면 좋은 점 알기 • 관용표현의 뜻을 생각하며 글 읽기 • 관용 표현을 사용하여 자신의 생각을 말하는 방법 알기 • 관용 표현을 사용하여 자신의 생각을 말하기 • 관용 표현 알아맞히기 하기	• 〈자전거 도둑〉에서는 관용적인 표현이 몇 개 있지 않아서 교과서 내용을 토대로 수업을 함. • 관용적인 표현을 이용하여 주제를 정하고 글쓰기를 하게 함. • 모두 발표를 시키고 들은 후 평가하게 함.

나. 지도의 유의점

• 속담에 사용된 낱말은 현대 생활과 어울리지 않을 수 있기 때문에 속담을 형태상, 의미상으로 가르치면 현대 사회에서 수용하기 어려운 면도 있으

---

10) 교육부(2015), 《초등학교 국어 6-2 교사용 지도서》, 교육부, 137-139쪽 인용

므로 이러한 측면을 충분히 고려하여야 합니다.

- 관용표현을 사용하는게 항상 효과적인 건 아니므로, 목적이나 상황 등을 고려하여 관용표현을 사용하는 것이 더 적절하다고 판단될 때에 사용하도록 합니다.

- 설득하는 말에서 주장과 근거는 필수 요소입니다. 주장을 뒷받침하는 근거로서 관용표현은 훨씬 효과적으로 상대를 설득할 수 있는 말입니다. 학생의 발달 수준에 맞고 교육적인 관용표현을 골라 적절히 안내하여 줄 필요가 있습니다.

- 관용표현은 비유성, 교훈성, 풍자성을 지니고 있기 때문에 정확한 언어 사용보다는 효과적인 언어 사용에 초점을 두고 지도합니다.

- 관용표현에는 언어문화가 반영되어 있음을 알고, 관용표현이 옛날 사람들의 언어가 아니라 현재에도 사용되고 있는 살아 있는 말임을 느끼게 합니다. 나아가 관용표현을 통하여 알 수 있는 옛날 사람들의 언어 사용 방법을 익히고 발전하여 나갈 수 있도록 합니다.

- 역사적으로 자신들의 언어를 갈고닦고 사랑하는 공동체는 국력이 강성하고 문화가 발달하는 반면, 그렇지 못한 공동체는 문화와 함께 국력이 쇠약해짐을 예로 들어 국어를 아끼고 사랑하는 태도를 기르도록 지도합니다.

<table>
<tr><td>6-2 국어 가</td><td colspan="2">4. 효과적인 관용 표현
(관용적인 표현을 이용하여 나를 알리기)</td></tr>
</table>

6학년 1반 19번 이름: 이지우

<관용적인 표현의 예>

관용 표현	뜻
손에 익다.	일이 손에 익숙해지다.
말한마디에 천냥빚을 갚는다.	말을 조심스럽게 해야 한다.
눈에 띄다.	두드러지게 드러나다.
코가 높다.	잘난 체하고 뽐내는 기세가 있다.

<우리 몸과 관련된 여러 가지 관용어>

관용 표현	뜻
눈에 띄다.	두드러지게 드러나다
눈을 돌리다.	시선을 돌리다
눈을 붙이다	잠을 자다.
눈이 높다	안목이 높다.
눈이 많다	보는 사람이 많다.
입을 모으다.	여러사람이 같은 의견을 말하다.
입을 막다.	불리한 말을 옮기지 하다
입만 아프다	여러번 말하여도 받아들이지 아니하여 말한 보람이 없다.
입맛대로 하다	저 좋은 대로 마음대로 하다.
입이 붙다	아주 익숙하여 버릇이 되다.
코가 높다.	잘난체하고 뽐내는 기세가 있다.
코를 납작하게 만들다.	기를 죽이다
코 묻은 돈	어린아이가 가진 적은 돈.
코가 꿰이다	약점이 잡히다.
코 끝도 안 보인다	도무지 모습을 나타내지 않다.
귀가 얇다.	남의 말을 쉽게 받아들인다
귀가 따갑다.	소리가 날카롭고 커서 듣기에 괴롭다
귀에 익다	들은 기억이 있다.
귀를 세우다	듣기 위하여 신경을 곤두 세우다.
귀를 의심하다	믿기 어려운 이야기를 들어 잘못 들은 것이 아닌가 생각하다.

<관용적인 표현을 사용하여 하나의 주제를 정하여 내생각을 전하기>

다른 사람의 이야기를 함부로 하지 말자. 그러면 그 사람은 코가 납작해 질 수 있고 코가 따가울 수 있다. 또, 그 사람에 대해서 알지도 못하는데 함부로 소문을 내거나 이야기를 하면 그 사람은 기분이 매우 안 좋을 수 있다. 만약, 보는 눈도 많은데 이야기를 함부로 하면 그 사람은 더 기가 죽을 것이다. 또한, 친구에 대해서 자기가 아무리 잘 안다고 해도 이야기를 펴뜨리면 안된다. 다른 사람에 대해 함부로 이야기를 하지않고 고운말만 썼으면 좋겠다. `발 없는 말이 천 리 간다" 라는 말이 있듯이 다른 사람의 이야기를 함부로 하지않으면 좋겠다.

②

양승도	하멜이라는 코가 높은 사람의 코를 납작하게 만드는 이야기이다. 많은 관용표현으로 이야기가 많은 재미를 주었다.
권나연	원래 있던 이야기인 꾀 많은 토끼를 바탕으로 이야기를 썼다. 꾀 많은 토끼의 이야기로 인해 '꾀가 많은'이 관용표현이라는 것을 알았다.
김나현	둥이라는 이야가 도둑이 가져간 김치를 가지러 가는 이야기이다. 재미 있는 이야기로 매우 빵 터졌던 것 같다.
조예원	소희의 이야기를 썼다. 동생들에게 줄 아이스크림 생각에 좋아하는 소희가 매우 착한것같다.
이채윤	옛날 용궁에서의 축제를 나타낸 이야기이다.<토끼와 거북이>(배경) 토끼와 거북이에 관용표현을 넣어 더 풍부해졌던 것 같다.
김서진	무슨 내용인지 잘 모르겠다..... 어느 프로그램의 이야기인 것 같다.
김채연	비속어에 관한 이야기를 썼다. 적당한 관용표현의 사용과 그에 대한 설명이 적절하였다.
박지윤	한 남자 아이가 채롱을 무려 돈을 벌었다는 이야기이다. 관용표현이 적절히 쓰였다.

관용표현 친구의 글을 읽어 느낌 적기 ①

조현준	코가 높은 친구의 코를 납작하게 만드는 것에 대해서 썼다. 관용 표현을 계속 반복하여 써서 귀에 쏙쏙 들어왔다.
박서연	운동회에서 이기기 위해 열심히 노력하는 아이의 이야기를 썼다. 눈에 대한 관용표현을 많이 사용하여서 이야기가 더 흥미진진했다.
이해윤	자기에게는 좋은 안경이 아닌 동생의 코를 몰래 훔친다는 이야기이다. 매우 많은 관용표현의 사용으로 인해 재미있었다. 제목도 사용한 것이 좋았다.
황유선	욱민이라는 지 맘대로 하는 친구의 높은 코를 납작하게 만들어주고 싶다는 이야기이다. 이야기에 등장인물에 대한 이름을 모두 사용하였고 않은 관용표현이 사용되었다.
이지은	다른 친구의 안 좋은 점들을 함부로 하지 말라고 하는 이야기이다. 충고하는 말투로 말해 귀에 잘 들어왔다.
김민선	좋은 일이든 나쁜일이든 남에게 함부로 말하거나 소문내지 말라는 이야기이다. 올바른 관용표현의 사용으로 이야기가 잘 흘러간다.
이규민	한 남자의 이야기를 썼다. 써있는 내용과 관용표현으로 이야기가 재미있었다.
윤정현	옛날 노부부가 키우는 땅콩과 병아리들의 이야기를 썼다. 재미있는 내용과 때에 맞은 관용표현을 사용하였다.
최재현	원래 있던 개미와 베짱이의 이야기를 바탕으로 이야기를 썼다. 원래 있던 이야기에 알맞은 관용표현을 사용하였던 것이 좋았다.
마정민	슬픈 아이의 생일 파티의 내용을 썼다. 특별한 아이의 생일 파티의 내용이 재미있었던 것 같다.

1 조현준 — 느낀점 = 창의성이 돋보인 글이었다.
         └ 내용 = 모가놀은 친구의 글을 납작하게 만들겠다는 주인공은 친구에게 시험점수 내기를 하자고 한다. 주인공은 친구에게 시험점수 쓸때 없는 내용을 보내 혼란시켜 시험을 망치게 한다.

2 박서연 — 느낀점 = 잘 돌려지 않았지만
         └ 내용 = 운동회 때 자존심 상한 주인공은 열심히 연습하며 노력해야한다.

3 최혜원 — 느낀점 = 관용표현 이야기 들어가서 재미있었다.
         └ 내용 = 똑같은 동생의 돈을 훔쳐 수퍼에서 아이스크림을 사먹는 내용이다.

4 홍위선 — 느낀점 = 재밌있게 들었다. 좋은 동화 였던것 같다.
         └ 내용 = 고릴은 영악한 유민이 가치든데, 그거늘 안먹었다. 그러나 주인공이 유민이에게 그가 주게된다. 불쌍한 주인공 이야기

5 이지은 — 느낀점 = 주장글이에서 흥칫했지만 자가주장이 분명했다.
         └ 내용 = 타인에 대한 말을 함부로 하지말자.

6 김민선 — 느낀점 = 또 내용의 주장이라 중첩했지만 좋은 글이 있다.
         └ 내용 = 이지원 내용과 흥사함.

7 이규민 — 느낀점 = 이해가 어려워도 재미있었다.
         └ 내용 = 계은 주인공과 주인공에 대해 지친 아내의 이야기

8 윤정현 — 느낀점 = 감동적이었다. 和
         └ 내용 = 자식없는 노부가 병아리를 키웠다. 도부는 마을제시에 닭과 병아리를 하체 키워하니 딸과 병아리를 솥에 넣었다. 그리고 큰 닭과 병아리는 하늘 나라에서 행복하게 살았다

9 채제연 — 느낀점 = 우리 내용을 관용표현을 써서 어렵다는점 이 좋다 돌다.
         └ 내용 = 배 장미와 개미의 이야기이다.

10 마정민 — 느낀점 = 길지만 재밌었다.
         └ 내용 = 외운 주인공의 생일때 친구들이 준비한 서프라이즈 파티 에 대한 이야기

11 양승모 — 느낀점 = 재밌었고 좋이 허졌다.
         └ 내용 = 좋은 하루을 만들인 마은 사랑들에 대한 이야기

12 권나연 — 느낀점 =
         └ 내용 = 긴 앞은 토끼가 호랑이의 7개를 연필구멍에 박고 도망쳤다. ^{morning glory}

13 안지민 — 느낀점 = 외한이 기서설 이라는 내용을 내용이 생각났다.
         └ 내용 = 외한에 독한 주인공네 가족에 대한 이야기

14 김나현 — 느낀점 = 천 ㅋㅋㅋ ㅋㅋㅋ ㅋ계 답 ㅋㅋㅋㅋㅋ 대박 ㅋㅋ ㅋㅋㅋㅋ
         └ 내용 = 동군이는 좋아하는 강가를 훔쳐간 도둑을 잡으기 가는데...
                  다음편에 계속 .. (?)

15. 4 └

16. 이재훈 — 느낀점 = 너부주의 권을 저오달링(?) 하지만 흥요롭다.
         └ 내용 = 바닷속축제의 날, 숨을 많이 먹은 꽁알이 토끼의 관을 구하는 이야기

17. 김서진 — 느낀점 = 재밌었다
         └ 내용 = 이셋라 이규은에 대한 이야기

18. 강채현 — 느낀점 = 근거가 명확했다
         └ 내용 = 내용은 따지지 말자.

19. 박차윤 — 느낀점 = 이해가 잘 되지 않지만 재밌다.
         └ 내용 = 제주를 위하는 아저씨 옆에 아이가 있었는데,
                  아저씨 주연의 사람들이 아이거게로 갔다. 아이는
                  이야기를 했는데 재미있었 어 한다.

② 단원 2 - 11. 문학의 향기[11]

가. 주요 학습 내용 및 활동

단원 성취 기준	단원 학습 목표	주요 학습 내용 및 활동	수업 적용 방법
• 문학(6) 작품의 일부를 바꾸어 쓰거나 다른 갈래로 바꾸어 쓴다. • 쓰기(7) 자신이 쓴 글을 내용과 표현을 중심으로 고쳐 쓴다.	작품을 읽고 다른 갈래로 바꾸어 쓸 수 있다.	• 단원 도입 • 시를 이야기로 바꾸어 쓰는 방법 알기 • 시를 이야기로 바꾸어 쓰기 • 이야기를 희곡으로 바꾸어 쓰는 방법 알기 • 이야기를 희곡으로 바꾸어 쓰기 • 바꾸어 쓴 희곡으로 연극하기	• 이야기를 시로 바꾸는 활동을 추가함. • 희곡을 연극으로 하면서 동영상 찍기를 추가함. • 교과서 내용을 살핀 후 〈자전거 도둑〉 내용을 적용함.

나. 지도의 유의점

• 다른 갈래의 글로 바꾸어 쓸 때에 갈래의 특성을 고려하여 글을 쓰도록 합니다. 그렇지만 지나치게 형식적인 면을 강조하기보다는 갈래의 차이를 인식할 수 있는 정도로 하고 자신의 경험을 떠올려 창의적인 글쓰기를 하도록 합니다.

• 학생들은 상상력은 풍부하나 글의 형식에 대한 개념이 부족합니다. 그러므로 적절한 예를 통하여 글의 형식에 대한 개념을 파악하는 것이 전제되어야 합니다.

• 6학년 1학기 12단원에서 '시, 동화, 희곡'의 갈래의 특성을 학습하였습니다. 이 단원에서는 '시, 이야기, 희곡'의 갈래 바꾸어 쓰기를 합니다. 여기에서 '이야기'는 자신의 경험을 쓰는 서사적 생활문과 동화의 개념을 포함합니다.

• 갈래를 바꾸어 쓰기 위해서는 작품에 대한 깊은 이해가 전제되어야 합니다.

• 갈래를 달리하여 글을 써 보는 것도 창작의 일부라고 할 수 있습니다. 가

---

11) 교육부(2015), 《초등학교 국어 6-2 교사용 지도서》, 교육부, 369-371쪽 인용

급적이면 개인의 경험을 바탕으로 하여 자신의 주관이 녹아들게 합니다. 또 살을 붙여 좀 더 풍성하게 하거나 과감한 생략을 하는 것도 가능함을 알게 합니다.

- 갈래 바꾸어 쓰기 활동이 주가 되기는 하지만 자칫 쓰기 중심의 수업이 되지 않도록 합니다. 여기에서의 쓰기 활동은 문학 창작 활동으로서 갈래 바꾸기를 하는 것입니다.

아이들의 발표회

6학년 1반 10번　이름: 윤정빈

<희곡의 특성>

희곡이란 인간의 의지와 대립을 대화식으로 표현한 산문 문학으로 무대 상연을 목적으로 쓰인 글이다.	
희곡의 특성	①무대 상연을 목적으로 한다, ②인간 행위를 모방한다, ③대화를 표현 방법으로 한다, ④항상 현재의 시점으로 서술한다, ⑤지문과 대사로 표현한다, ⑥막과 장으로 구분한다, ⑦작품 첫머리에 때, 곳, 나오는 인물을 미리 소개한다
희곡의 3요소	•대사 : 인물의 성격 제시, 사건, 진행, 분위기 형성 •지문(동작 지시문) : 인물의 동작, 표정, 심리 지시 •해설(무대 지시문) : 등장인물, 장소, 무대 설명
대본으로서 희곡이 가지는 제약	①시간적·공간적 제약이 따른다, ②직접적인 묘사나 해설을 할 수 없다, ③등장인물의 수에 제한을 받는다, ④작품 길이에 제약을 받는다, ⑤ 정신적·심리적 인간 내면의 행위를 표출시키기 어렵다.

박완서 선생님의 <자전거 도둑>중 한편을 골라서 희곡으로 바꾸어 써 보세요. 연극 상연시 촬영을 하여 다시 영상으로 볼 예정입니다.

<록상의 민들레꽃>	
등장인물: 해별(1인2역), 자살하는 여자 (2번), 남주, 임시회장(아줌마, 똥녀, 엄마, 회의참석자(모두)	
정변: 똥녀, 기자	
민변: 임시회장	
수변: 남주엄마	
혜윤: 해별, 교수	
재훈: 자살하는사람, 2000년에서	
룡재: 남주	
곳: 금전아파트에서	
때: 할머니가 자살한때	
나오는사람: ★위에참고★	

6학년 1반 22번 이름: 황유선

「마지막 임금님」을 희곡을 연극으로 공연하였을 때 준비하였던 사항을 써보세요.

연극의 제목	마지막 임금님
나오는 인물과 역할을 맡을 친구 이름	황유선: 여전사　　김채현: 아내 마정민: 왕　　　　이지은: 딸 촌장: 조여원
필요한 소품	술잔, 끈, 막대기

연극을 하고 나서 느낀 점을 간단히 써 보세요.

자신이 맡은 역할	여전사
연극을 하며 가장 재미있었던 점	협동이 잘 되어서 좋았다
연극을 한 뒤에 아쉬웠던 점	영상을 찍을 때 연극을 다하고 '끝났어요' 라고 말한 점이 조금 아쉬웠다

위에서 쓴 글을 다시 읽어 보고, 스스로 확인하여 보세요.

확인할 내용	확인 결과
● 역할 배정과 소품 준비, 연습에 열심히 참여하였는가?	(예) 아니요
● 연극을 하고 나서 잘한 점과 아쉬운 점을 이야기할 수 있는가?	(예) 아니요

'그 많던 싱아는 누가 다 먹었을까' 희극 원고

그 많던 싱아는 누가 다 먹었을까

때 / 6.25 전쟁 중

곳 / 완서네 집, 시골 학교, 현저동 가짜 피난지

때는 완서가 오빠가 돌아오지 않자 혼자 피난을 가게 되어 떠나기 직전이었다. 오빠가 거지중의 상거지 꼴로 돌아온 것이었다.

오빠 : (두리번 거리며) 정말 어, 여기가 우리 집인 거 맞죠?

엄마 : (소리지르듯이) 참 진짜, 그렇다니까! 얘가 왜 이런대 정말.

오빠 : (덜덜 떨며) 그럼 우리 어서 피난가요. 인민군 들어오면 난 죽는다고요…! 어서 가요. 우리.

완서 : (침착하라는 듯이 손동작을 하며) 엄마, 오빠 진정하고 우리 얼른 피난 갈 준비나 해요.

엄마 : (한숨을 쉬며) 하아, 시민증은 어떡하지. 한강다리를 건너려면 시민증이 필요한데.

오빠 : (덩달아 한숨을 쉬며) 어쩌면 나 시민증 하나 그냥 좀 내다줄 빽도 없냐. 우린.

완서 : (곰곰히 생각하다가) 으음…아. 시골학교가 있잖아요! 거기 머물면서 도민증이라도 받아야줘, 뭐.

엄마 : 정말 그래야겠구나. 어쩌면 니 오빠도 소강상태를 보일지도 모르니.

오빠는 시골학교로 보내졌고 엄마의 예상대로 오빠는 약간의 소강상태를 보였다. 오빠를 시골학교까지 바래다 준 엄마와 완서는 집으로 돌아와 급히 피난갈 채비를 하였다. 그러던 와중에 최악의 소식이 들려왔다.

엄마 : (화들짝 놀라면서) 네? 뭐라구요? 조, 종서가 총에 맞았다고요?

완서 : (덩달아 놀라며) 엄마, 그게 무슨 소리에요! 오빠가 총에 맞았다니, 어쩌다가요?

엄마 : (다급하게) 나 오빠가 어쩌다 학교 숙직실에 장교랑 머물게 되었는데 아침나럴 분해해 점검하던 사변이 잘못해서 총알이 나간게 다리를 관통했다지 뭐니, 어서 병원으로 가봐야겠구나.

오빠는 아직 피난을 못 간 병원에 방치되어 있었고 부대는 이동한 뒤였다. 다량의 출혈로 창백해진 오빠는 되레 평온해 보였다. 손수레로 오빠를 끌고 피난을 가다가 셋은 현저동을 가짜 피난지로 삼고 그곳에 머물렀다.

6학년 1반 9번 이름: 조현준

<시를 이야기로 바꿀 때 주의할점>

■경험과 상상	시에서 말하는이의 생각이나 겪은 일을 독자 자신의 경험과 관련짓거나 상상하여 이야기로 구성한다.
■등장인물 추가	이야기를 구성할 때는 시에 등장하지 않은 인물을 추가로 설정할 수 있다.
■대화 활용	시간에 흐름에 따라 사건을 기술하면서 대화를 활용하면 장면을 더 생생하게 묘사할 수 있다.
■이야기의 말하는이	시를 이야기로 구성할 때 이야기의 말하는이는 매우 중요한 요인 가운데 하나이다. 나의 관점에서 말하거나 다른 사람의 관점에서 말하는 것도 허용된다.

<엄마의 장바구니>

엄기원

엄마 손때 묻는 장바구니
시장 갈 때마다
엄마 생각을 가득 담고 나간다.

시장에서 좁은 골목길
돌고 돌면서
단골 아줌마 김칫거리도 한 단 남기고
시골 할머니 산나물도 한 줌 남기고

바다 내음 비릿한
꽁치 두어 마리도
구석 자리에 얹힌다.

집으로 돌아오는 장바구니는
주섬주섬 주워 먹어 배가 부르고,
엄마 정성 무게만큼
식구들 기쁨을 탐고 돌아온다.

<엄마의 장바구니>의 상황에
자신의 경험과 상상을 더하여 이야기를 구성하여 보기

이야기의 말하는이	엄마의 딸이나 아들
시간, 장소	집, 시장 , 집 시간은 엄마가 시간이 남을 때
사건 전개 과정	엄마가 장바구니를 들고 시장으로 나감 엄마가 시장에서 이것저것 삼 집으로 돌아옴
제목	엄마의 장바구니

<시를 이야기로 바꾸어 써보기>

오늘은 엄마와 함께 시장에 갔다. 여 시장에 갈 때이다
엄마는 장바구니를 꼭 들고 나가신다 그리고 그 장바구니에는
시장에서 돌아올 때쯤에는 야 먹을 거가 잔뜩 담겨져 있다.
장바구니는 저 시장에 갈 때마다 이것저것 주워 먹어 배가 부르다 그리고
엄마의 정성 만큼 식구들 기쁨도 가득 담고 돌아보겠지?
서연 - 시에 내용만 이야기로 바꿔서 그런거 전체 적으로 깔끔한 느낌 이였다. 내용은 전체적으로 나랑 비슷하다.
L 안지민 - 시와 비슷한 내용으로 이야기를 바꿔 감명 깊은 이야기인 것 같다.
+ 나의 감정이 이야기를 읽었을 때 났다.
차예원: 엄마와 같이 간거이 저와 달랑고 시를 이야기로 잘 바꿨셨다

서연: 시가 자전거도둑 의일부
를 생생하게 표현하였다 <자전거 도둑을 시로 바꾸어 써보기 :사고
시의 제목을 나름대로 다시 지어써도 됨.>
차예원: 육이들어간 지야 게임이었다.

낮에 골목에서 사고가 났다	
간판이 아가씨의 정수리를 들이 받았다	
따아난 아가씨를 병원으로 데려다 준 건	
간판의 주인 아저씨였다	
아저씨는 치료비를 물어야 했다	
사람들은 사고가 난 것에 대해 아저씨를	
동정했다 지랄맞은 사고가 나다니	
아저씨, 재수 를 물으셨네	

L Re 안지민 - 자전거 도둑의 전체 내용이 아닌 자전거 도둑 내용 일부에 관해 써서 더욱 좋았던 것 같다.
서연 - 이야기를 잘 바꿔서 (특징부분은 잘 이용해서) 그런지 어색하지 않고
재미있게 읽었다.
11+6

③ 단원 3 - 1. 인물의 삶을 찾아서[12]

가. 주요 학습 내용 및 활동

단원 성취 기준	단원 학습 목표	주요 학습 내용 및 활동	수업 적용 방법
• 문학(7) 자신의 성장과 삶에 영향을 미치는 작품을 즐겨 읽는 태도를 지닌다. • 문학(1) 자신이 좋아하는 문학작품을 들고 그 이유를 말할 수 있다. • 듣기·말하기(7) 매체를 통한 소통의 특성을 알고, 매체 언어 예절에 맞게 대화한다.	이야기에서 인물이 추구하는 삶을 이해하고, 자신의 삶과 관련지어 말할 수 있다.	• 단원 도입 • 이야기에서 인물이 추구하는 삶을 파악하는 방법 알기 • 이야기를 읽고 인물이 추구하는 삶을 파악하기 • 드라마를 보고 인물의 삶과 자신의 삶을 관련지어 말하기 • 좋아하는 문학 작품을 자신의 삶과 관련지어 소개하기	• '왕가리 마타이' 이야기는 EBS 지식채널e를 먼저 보여주고 교과서 내용을 나감. • 〈허준〉 드라마 대신 EBS 어린이들에게 많이 읽히는 현대 동화 〈혼자가 아닌 나〉의 원작을 최대한 살려 만든 드라마를 보여줌. • 교과서 내용을 살핀 후 〈자전거 도둑〉 내용을 적용함.
〈혼자가 아닌 나〉의 줄거리 (서영은 가수가 노래한 주제곡을 드라마로 만든 것)	 EBS TV로 보는 원작동화-혼자가 아닌 나 방송 장면 어린이들에게 많이 읽히는 현대 동화 〈혼자가 아닌 나〉의 원작을 최대한 살려 만든 드라마이다. 초등학생인 6학년생 장미는 이웃의 고등학교 오빠를 매우 좋아한다. 장미 옆에는 유치원 때부터 장미를 좋아하는 현욱이가 있다. 현욱이를 귀찮아하고 못되게 하는 장미에게 현욱이는 매우 헌신적이다. 엄마의 무관심과 방치로 상처를 받은 고등학교 오빠는 현욱이의 모습에 사랑이라는 것을 배우게 되었다는 편지를 남기고 장미를 떠난다. 장미와 현욱이는 다시 단짝 친구가 되어 서로를 지켜준다는 내용을 담고 있다.

---

12) 교육부(2015), 《초등학교 국어 6-2 교사용 지도서》, 교육부, 53-55쪽 인용

단원 성취 기준	단원 학습 목표	주요 학습 내용 및 활동	수업 적용 방법
원작 드라마를 보여준 사이트 주소(EBS 클립뱅크)	http://clipbank.ebs.co.kr/clip/detl/selectClipDetail?subType=50000957&subMenu =50001594&subList=50002400&typeId=1&clipId=VOD_20120110_00124		
원작 드라마를 선택한 이유	6학년 아이들의 이야기로 굉장히 현실성이 있고 쉽게 다가갈 것이라고 판단이 되었기 때문이다.		

나. 지도의 유의점

- 인물은 이야기의 구성 요소 가운데 하나로, 그를 둘러싼 사회·문화적 배경에 영향을 받습니다. 따라서 인물이 처한 사회·문화적 배경을 알고 인물을 이해하도록 지도합니다.

- 사람이 추구하는 삶이 다양하듯 작품의 인물이 추구하는 삶도 다양합니다. 작품의 인물이 추구하는 삶에 대하여 옳거나 그르다는 식의 이분법적인 접근을 지양하고 삶의 다양한 모습을 이해하도록 지도합니다.

- 영상 매체 소통은 문자 매체와 달리 시간 제약이 있습니다. 따라서 영상 매체를 활용할 때에는 시간 분배에 주의하여 지도해야 합니다.

- 인물이 추구하는 삶과 자신의 삶을 비교하는 과정을 통하여 바람직하다고 생각하는 가치를 내면화할 수 있도록 지도합니다.

- 인물이 추구하는 삶과 자신의 삶을 비교하는 과정을 통하여 깨달음이나 배울 점에 주안점을 두기보다는, 자신이 앞으로 비슷한 상황을 겪게 된다면 어떻게 대처할 수 있을지를 예측할 수 있는 안목을 가지는데 주안점을 두도록 합니다.

6학년 1반 2번 이름: 홍유선

※ <자전거 도둑> 인물 가운데에서 인상적인 인물을 골라 그가 추구하는 삶을 파악하여 써 봅니다.

이야기 제목		인물	
마지막 임금님	에서	임금님	의 삶

> 내가 한평생 나라를 위해 살았으니 이제는 나보다 행복한 사람이 있어서는 안된다.

(1) 이야기에서 인물이 처한 상황을 떠올려 그림으로 그려 봅시다.

(2) 인물이 처한 상황에서 한 말과 행동을 바탕으로 하여 인물이 추구하는 삶을 파악하여 봅시다.

인물이 처한 상황		말	행동
헌법을 만들 때	⇨	나보다 행복해선 안된다.	여행 연습 시키기, 마을 순찰
사나이를 봤을 때	⇨	촌장의 자리를 뺏아야 겠다.	촌장의 자리 뺏기
사나이를 죽이려 한 때	⇨	"그대는 이 나라의 신성한 헌법을 한두번"	독배 내리기

아끼고 수없이 모욕한 최로이기 독배를 내리리라!!

인물이 추구하는 삶
백성들은 모두 나보다 행복해서는 안된다.

6학년 1반 1번 이름: 백서영

※ <자전거 도둑> 인물 가운데에서 인상적인 인물을 골라 그가 추구하는 삶을 파악하여 써 봅니다.

이야기 제목		인물	
마지막 임금님	에서	임금님	의 삶

자신이 이 나라를 세웠고 다스리고 있으니
그, 누구도 나보다 행복해서는 안된다

(1) 이야기에서 인물이 처한 상황을 떠올려 그림으로 그려 봅시다.

(2) 인물이 처한 상황에서 한 말과 행동을 바탕으로 하여 인물이 추구하는 삶을 파악하여 봅시다.

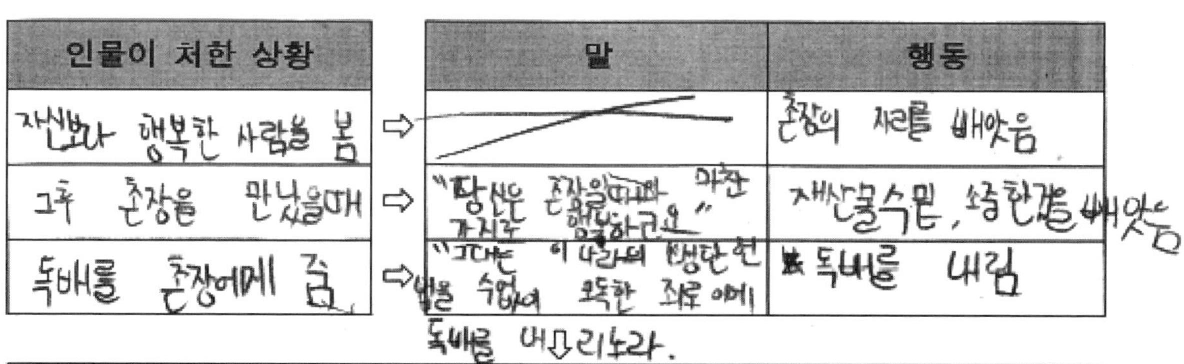

인물이 처한 상황	말	행동
자신보다 행복한 사람을 봄		촌장의 자리를 빼앗음
그후 촌장을 만났을때	"당신은 촌장입니까 마찬가지로 행복하고요"	재산,글씨밭, 소중한것을 빼앗음
독배를 촌장에게 줌	"그대는 이 나라의 행복한 법을 수없이 똑한 죄로에 독배를 마시노라."	독배를 내림

인물이 추구하는 삶
임금님 끝없이 행복을 추구하고 자신보다 행복해서는 않되는 끝없이 추구하는 삶

1. 인물의 삶을 찾아서

(자전거 도둑에서 인물이 추구하는 삶을 파악하여 보기)

6학년 1반 6번 이름: 마정민

※ <자전거 도둑> 인물 가운데에서 인상적인 인물을 골라 그가 추구하는 삶을 파악하여 써 봅니다.

이야기 제목		인물	
레미제라블	에서	장발장	의 삶

장발장이 감옥에서 나와 사회에서 나쁜 도둑이라는 이미지로 찍혔습니다. 큰주인 그 어디 밤도 머물곳도 주지 않았습니다. 그래서 그는 선해지기 위해 착한일과 봉사를 하고 [참새] 다른 이미지로 나기 위해 이름을 바꾸고 착하게 살아 시장이 되는듯 사람들에게 인정을 받고 행복하게 잠시 지낼수 있었습니다

(1) 이야기에서 인물이 처한 상황을 떠올려 그림으로 그려 봅시다.

(2) 인물이 처한 상황에서 한 말과 행동을 바탕으로 하여 인물이 추구하는 삶을 파악하여 봅시다.

인물이 처한 상황		말	행동
쓰러져 있는 환인을 봄	⇒	"아씨! 그 무거운 것이 깔려 있다-니!"	그는 모든 사람들을 보아 노인을 구해주었다.
선하게 행동함	⇒	"돕겠습니다!"	직접 봉사하고 나서서 도와주었다
	⇒		

⇩

인물이 추구하는 삶
아무리 안좋은 상황이라도 노력하고 친하게 행동하면 언젠가 인정받고 좋은 생활을 받수 있다.

④ 단원 4 - 5. 이야기 바꾸어 쓰기[13]

가. 주요 학습 내용 및 활동

단원 성취 기준	단원 학습 목표	주요 학습 내용 및 활동	수업 적용 방법
• 문학(4) 작품 속 인물, 사건, 배경의 관계를 파악한다. • 문학(6) 작품의 일부를 바꾸어 쓰거나 다른 갈래로 바꾸어 쓴다.	이야기의 구성 요소를 고려하여 이야기를 바꾸어 쓸 수 있다.	• 단원 도입 • 이야기에서 사건과 배경 사이의 관계를 파악하는 방법 알기 • 이야기의 구성 요소를 고려하여 이야기를 바꾸어 쓰는 방법 알기 • 이야기의 구성 요소를 고려하여 이야기를 바꾸어 쓰기 • 바꾸어 쓴 이야기를 책으로 만들기	• 교과서에 있는〈방구 아저씨〉를 먼저 바꾸어 쓰게 한 후 〈자전거 도둑〉 내용 중 한 편을 골라 바꾸어 쓰게 함. • 이야기를 바꾸어 쓴 후에는 서로 글을 읽어보고 내용의 차이점을 써주게 하였음.

나. 지도의 유의점

• 이야기에서 배경을 시간적 배경과 공간적 배경으로 나누어 지도합니다. 시간적 배경은 사건이 일어난 때이고, 공간적 배경은 사건이 일어난 장소를 말합니다.

• 이야기에서 배경은 사건 전개에 중요한 영향을 주는 요인이라는 점에 중점을 두고 지도합니다.

• 이야기를 바꾸어 쓰는 데에만 초점을 두어 작품에 대한 전반적인 내용 이해가 소홀히 다루어지지 않도록 주의합니다.

• 이야기를 새롭게 바꾸어 쓰는 방법에 대한 예시자료로 학생들에게 원작을 바꾸어 쓴 이야기를 제시합니다.

• 사건 전개 과정을 정리할 때에는 이야기 내용을 그대로 옮겨 쓰는 것보다는 자신의 생각을 중심으로 재구성하여 정리할 수 있도록 합니다.

• 이야기를 바꾸어 쓸 때에는 이야기의 바뀐 구성요소에 따라 사건과 사건 사이의 관계가 개연성 있게 연결될 수 있도록 지도합니다.

---

13) 교육부(2015), 《초등학교 국어 6-2 교사용 지도서》, 교육부, 169-171쪽 인용

- 이야기를 바꾸어 쓰고 난 뒤에는 이야기에 대한 감상을 친구들과 나눌 수 있도록 합니다.

이야기 바꾸어 쓰기 활동은 일반 교과서 작품을 바꾸어 쓰기를 한 다음에 박완서의 〈자전거 도둑〉 중 〈옥상 위의 민들레꽃〉을 바꾸어 쓰게 하였습니다. 교과서의 작품으로 연습한 후 일반 작품으로 확대시켜 수업을 한 것입니다.

5. 이야기 바꾸어 쓰기
(이야기의 구성 요소를 고려하여 이야기를 바꾸어 쓰기)

6학년 1반 6번 이름: 마정민

※ <방구 아저씨> 이야기의 줄거리를 간단하게 써 보세요.

깁본

방구아저씨는 정롱이 있었습니다. 방구아저씨는 밝고 황당한 면이 있었다. 아이들만 보면 방구는 귀여되 있습니다. 그렸던 어느날 관리자는 조선 물건을 몸기를 좋아하여서 장롱이 당았습니다. 그러나 그는 아내를 기리기 위한 선물이여 줄 수 없다고 실랑이를 벌여고 있었습니다. 그러다가 이토가 소란을 듣고 정롱을 내놓라고 했더니 그는 무슨 소리나고, 그당시 조선인이 버릇없는 행동을
(이 하면 안되는)
죽여 그가 괴씸하비진 이토가 조선인이라는 이유로 더욱 심한 구타로 죽였다.

※ 이야기의 어떤 구성 요소를 바꾸어 쓰려고 간단하게 써보세요.

이야기의 구성 요소		원래 이야기	바꾸어 쓰려고 하는 이야기
인물의 성격	이토	괴씸하다	괴씸하고 더욱 나쁘다
	방구아저씨	웃기지만 의견이 명확하다	굽실거린다.
인물의 행동	방구아저씨	죽게 됨	더 부유하게 살게됨
	이토	막말을 한다	조심스럽게 막말한다.
시간적 배경		일제강점기	
공간적 배경		마을, 집	마을, 집

5-14

※ <방구 아저씨> 이야기를 구성 요소를 고려하여 바꾸어 써보세요.

<똑똑한 방구아저씨>   마정민

어느 옛 마을에 방구아저씨가 살고 있었다. 그의 직업은 집을 짓는 사람이였다. 아니면
높은 꾼에 선물할 목재품을 만들기도 하는 일도 있었다. 하지만 높은 사람이더곤 일전광절기였으니
일본인 이였다. 그러니 전연인 목수는 일값이 많겠는가... 고작 해야 몇푼 밖이 못된다.
그런 돈을 모으고 모으고 모아서 한양에 있는 궁녀(딸)에게 다과거리를 거금 들어 챙겨
주곤 하였고, 전죽쪽 애가가 웃방에서 기생들 웃을 지어는 일을 하는데도 도와 서녕의 식구를
뿔뿔이 흩어져 있었기 때문에, 서로 번 돈은 작은 돈이라도 빌리고 정해주지 않아 되는 어려움도
있었다. 또 사이 안나는 날이면 각 지방에 소포를 전달해야되었다. 그리하여 기억에게
남는 돈은 꼭 얼마가 되지 않았던 것이 아니였다. 어머니... 뭐 부유한가...그렇게
나날을 지내던 어날 옆집 회수아주머니가 일본인 이토가 우리집역에 일을 보러
온다고 - 각집에서 무산 음식을 만들고 하였다. 남자가 혼자 음식을 만들거니!라고
혹고 궁시렁거리거늘 어.. 쩌면 이일을 계기로 좋게 요리사가 되게 부운해질수
있다고도 생각하였다. 그 시대에는 궁요리사는 딱 15년 벌을 끝마치면 상당의
돈으로 노후를 책임져주는 후한 정책이 있었기 때문이다. 그런 정책에 맞게
방구 아저씨는 요리를 정말 잘하였다. 어릴때 부터 가난한지라 교육을 받지도
못하였고 어머니 또한 아프셨기에 집안 요리는 그가 맡았던 것이다. 그리하여
그는 주방에 있는 모든 음식들을 쏙이 모아 요리를 하였다. 그 맛있는 전고나
고고한고기 시원한 탕과 회등 온갖 음식을 준비하였다. 그리고 며칠 후
일본인 이토가 그 집에 방문하는 낙이 왔다. 철요일 점심은 방구아저씨버티
차례여서 그집에 들어갔다. 이토는 흑한 성을 받고 맛나게 음식을
먹었다. 그러던 중 그는 .. 집 뒤쪽에 있는 큰 장롱을 보았다. 그순간 그는
장롱이 갖고싶었는지 제발 장롱을 줄 수 있냐고 방구아저씨에게 요구
하였다."어서! 내게 그 장롱을 주시오" 그러자 아저씨는 자신이 이토의 죄를
선용인데도 불구하고 그 장롱을 굽실거리며 전해주었다. 그렇게 행동하는
모습기 이토는 비굴함을 느겼다. 반항을 해야 나의 권위로 누르며 감탄
하는 재미가 있는데... 그는 그가 잘못한 걸 깨닫고 문득 자신이 하는
행동이 조건인의 동경대상이 아닌 위험인물이라는 것을 알게 되었다.
그래서 그는 진심으로 사과를 하고 지금껏 강탈했한 이 나라의 돈과
재물중 일부를 그에게 주고 이토는 행을 그만두고 자신의 나라로.
돌아가 평생 자신의 나라를 질책하며 반성 하며 놓았다. 반대로
방구아저씨는 받은 재물을 나눠주며 행복히 놓게 되었다. 바로 모득의 행복 놓아

<table>
<tr><td>6-2 국어 가</td><td colspan="2" align="center">5. 이야기 바꾸어 쓰기
(이야기의 구성 요소를 고려하여 이야기를 바꾸어 쓰기)</td></tr>
</table>

6학년 1반 1번 이름: 마정민

※ <자전거 도둑> 중 <옥상의 민들레꽃>이야기의 줄거리를 간단하게 써 보세요.

궁전아파트에 사는 사람들 중 한 할머니 한분이 자살을 하였습니다. 그 이유는 자신의 고향이 그리웠고 하고 싶은 일를 , 취미를 성치하지 못한 슬픔이 잠겼기 때문입니다. 그래서 아파트값는 두려움이 쌓인 똥값이 될 뻔하여서 그들은 긴급회의를 열었습니다. 여러 방안을 내었지만 괜찮은 방안이 없어 고민하던 중 나는 의견을 내었습니다. "바로 옥상에 민들레 꽃을 심는것이 없습니다. 꽃 나는 사실 막둥이라는 이유로 차별을 당한 이유로 자살을 결심하였을때 민들레꽃 덕에 살아야겠다는 의지가 생겼습니다. 그리하여 정황에 밭떼의 의견을 내였으나 무시당하였습니다. 군자 어린이라는 이유로 ...

※ 이야기의 어떤 구성 요소를 바꾸어 쓰려고 간단하게 써보세요.

이야기의 구성 요소		원래 이야기	바구어 쓰려고 하는 이야기
인물의 성격	나	순하고 착함.	못됬고 주장이 강하는
	엄마	막둥이를 차별함	파파밀의 줌
	~~마을 사람들~~	의견 존중 X	\\
인물의 행동	나	차별에 조용히 응함	불같은 열정
	엄마	막둥이 선물을 버림	선물을 소중히 간직함
	마을 사람들	'너는 어린이잖아'	'너는 왜 그러니!'
시간적 배경		현재	현재
공간적 배경		집, 회의석	집, 회의널

※ <자전거 도둑> 중 < 옥상의 민들레꽃>이야기를 구성 요소를 고려하여 바꾸어 써보세요.

< 현재의 대통령 >   마정민

햇살이 쨍쨍쬐는 어느 오후였습니다. 주민들은 삥 둘러 앉아 삼겹살을 구운 마늘이 곁들여 맛있게 먹고 있었습니다. 거기엔 상도와 상도의 어머님이 계셨습니다. 상도의 누나 다영이는 집에서 공부를 하고 있느라 '삼겹살' 파티에 참석하지 못하여 혼자 집에 있죠. 상도네 엄마는 상도를 엄청 아껴 삼겹살에서 맛있는 통통한 부위만 주었습니다. 그러던 중 308동에 사는 아줌마가 소주를 들고 오면서 소식을 전했습니다. "어구머나~ 아런 우리 앞동에 사랑이 죽었어요! 자살을 하였다고요? 그러지~ 마을 회장이 먹던 숟가락을 떨어뜨리며 긴급회의를 시작하였다. 사람들은 똑바로 앉고 의견을 내었다. "저는 화장밭을 덮면 좋겠네요!" "아니! 어제 그사람들은 깨끗하셨지요?" "무슨소리! 그럼 사람들은 깨끗할까 봐 마음편히 어떻게 살아요?" 그러자 수군을 틈타 상도는 목소리를 가듬고 발표하였다. "저.. 저는 사실 친구들이 없어서 자살시도를 한적이 있습니다. 집에서나 밖에서나 부족하고 집안 사랑을 변변하게 전혀 슬프지 않았지만 왕따를 당하여 .., 그만 시도를 하여 만든데 옥상에 민들레꽃이 있어서 살게되는 의지를 다짐하게 되었습니다. 따라서 저는 __ __ "그만! 네가 뭘 알아!" 그러자 상도 어머님은 쏘리질렀습니다. "지금 우리 슬픔 같은 아늑한데 소리를 질렀어요! 아니! 갑히!" "에야, 나가자" 하고 그후 상도기 어머님은 상도기 아빠께 그일을 얘기하자 화를 참지 못하고 그 가족은 강압으로 이사를 하였습니다. 그렇게 하루하루를 보다가 생각해도 과씸한 그 아파트를 생각하며 화마나 궁금 아파트에 대한 자살 소문을 내어 그 아파트 값을 10억에서 3억으로 떡의 떨었습니다. 그제야 높이 들게 는지 편안히 살았습니다. 그래도 나쁜 수단으로가득 바로 상도의 마음을 회작을 상도기 가족은 즐겁게 살았고 상도는 현재의 대통령이 되었습니다

김민변 : 308동 앞동이면 309동인가? ㅋㅋ 실대이네요. ─ 우리동에 사랑이 묵대...
          그래도 좀 고민 했어요 ㅋㅋ.

이ㅇㅇ : 공부노ㅇㅇㅇ 정말 생각지도 못할정도로 기억에 남아졌네요, 우리 동네도 하다니 ... 정말 소름까지
양승도 : 석는 것의 대한 표현이 너무 디테일해서 읽을때 너무 배고 있습니다.

⑤ 단원 5 - 9. 생각과 논리[14]

가. 주요 학습 내용 및 활동

단원 성취 기준	단원 학습 목표	주요 학습 내용 및 활동	수업 적용 방법
• 문법(4) 절을 연결하는 다양한 방식을 알고 표현 의도에 맞게 문장을 구성한다. • 읽기(6) 주장의 타당성을 판단하며 주장하는 글을 읽는다.	이어주는 말의 쓰임을 생각하며 주장하는 말의 타당성을 판단할 수 있다.	• 단원 도입 • 글을 읽고 이어주는 말에 대하여 알기 • 이어주는 말의 쓰임을 생각하며 글읽기 • 글을 읽고 주장과 근거의 연결 관계 알기 • 주장에 대한 자신의 생각 말하기 • 이어주는 말을 사용하여 문장 연결하기 놀이하기	• 교과서에 있는 이어주는 말의 쓰임에 대해 먼저 살펴봄. • 교과서 예시 글을 통해 하나의 사실에 대해 서로 다른 생각이 있음을 알아봄 • 자전거 도둑에서 주장하는 요소를 뽑아 글쓰기를 하고 발표를 시킴.

나. 지도의 유의점

• 이어주는 말의 의미와 이어주는 말이 글에서 하는 역할을 이해합니다.

• 이 단원에서 이어주는 말은 흔히 말하는 접속부사와 연결어미를 일컫습니다. '그리고', '그래서' 등과 같은 보편적 수준의 접속부사와 '-고', '-(으)니', '-아/어', '-(으)나' 등과 같은 연결어미를 제시하였습니다.

• 이 단원에서 다루는 '주장과 근거의 연결 관계'는 주장에 대한 근거를 설명하는 방식을 말하며, '상세화, 예시, 인용' 등의 방법을 학습자의 수준에 맞추어 '자세히 설명하기, 예를 들기, 인용하기' 등으로 구현하였습니다.

• 이야기를 새롭게 바꾸어 쓰는 방법에 대한 예시자료로 학생들에게 원작을 바꾸어 쓴 이야기를 제시합니다.

• 설득하는 글을 읽을 때에는 글쓴이가 주장을 펴는 상황을 명확하게 이해할 수 있도록 합니다.

• 글쓴이의 주장(견해나 처지)이 올바른지, 주장이 문제의 상황을 해결하는데 도움이 되는지를 따져보며 읽는 활동이 필요합니다.

---

14) 교육부(2015), 《초등학교 국어 6-2 교사용 지도서》, 교육부, 301-303쪽 인용

- 근거로 제시한 사항(도표나 통계 자료, 인용한 내용 등)이 정확하고 올바른지 살펴보며 글을 읽도록 지도합니다.
- 6학년 2학기 3단원에서 학습한 '주장에 대한 근거의 적절성을 판단하는 방법'과 6단원에서 학습한 '주장의 타당성을 판단하는 방법'과 관련하여 지도합니다.
- 글쓴이가 내세운 주장에 대하여 자신의 생각과 같은 점과 다른 점은 무엇인지 생각하고, 다른 주장과 그 근거 자료에 대하여 비판적으로 생각하는 습관을 기르도록 지도합니다.
- 주장과 근거의 연결 관계를 생각하며 설득력 있게 토론하도록 지도합니다. '9. 생각과 논리'에서는 〈자전거 도둑〉 중 대립되는 내용을 뽑아 주장하는 글쓰기를 하되 이어주는 말을 꼭 쓰도록 하였습니다.

6학년 1반 2번 이름: 황유선

※ <자전거 도둑> 중 대립되는 내용을 뽑아 주장하는 글쓰기를 하기전에 어떤 내용을 쓸 것인지 간략하게 써보세요.

< 옥상의 민들레꽃 >
아이라고 무시하면 안된다.

※ <자전거 도둑>중 대립되는 내용을 뽑아 주장하는 글쓰기를 해보세요. 글을 쓰는 도중에 이어주는 말을 쓰도록 해야 합니다.

제목 : 아이라고 무시하면 안된다.
옥상의 민들레꽃에서 아이인 주인공은 반상회에 따라
가서 의견을 내놓으려고 한다 하지만 주민들은 어린
아이라며 무시를 하고 나무라기까지 한다. 이것은 잘
못된 행동이다. 물론 아이라 생각의 깊이가 얕다
고 생각할 순 있지만 그건 현실이 아니라 어디
까지나 어른들의 생각일 뿐이다.
어린이들은 창의적인 생각을 많이 한다. 심지어,
어떤 경우에는 어린이들이 좋은 방안을 내어서 문제를
해결하기도 한다.
따라서, 나는 어린이의 생각을 단지 어린이라는 이유
로 무시하면 안된다고 생각한다.

6학년   반   번   이름: 양승도

※ <자전거 도둑> 중 대립되는 내용을 뽑아 주장하는 글쓰기를 하기전에 어떤 내용을 쓸 것인지 간략하게 써보세요.

<자전거 도둑>에서 신사가 잘못돼지 않았다.

※ <자전거 도둑>중 대립되는 내용을 뽑아 주장하는 글쓰기를 해보세요. 글을 쓰는 도중에 이어주는 말을 쓰도록 해야 합니다.

제목 : <자전거 도둑> 에서 신사의 행동은 옳다.
내생각에는 신사가 잘못되지 않은것 같다 우선, 이 이야기를 하려면
신사가 차를 사기전으로 돌아가서 이야기 해야 한다
신사는 직장을 구하려고 노력했을 것이다.(금수저 물고 태어 났을 수도 있지만
차에 대한 애착으로 모아서 부자는 아닌것같다) 그리고 원하던 직장을 구해서
열심히 일하여 돈을 모았을 것이다 그래서 결국 차를
사서 타고다니다가 길가에 잠시 차를 세우고 볼일을 보러 다녀왔다.
그런데 도대체 이게 무슨일인가! 차는 쭉 긁혀 있고
어떤 꼬마애가 무언가에 홀려 도망치듯 빠른 걸음으로 걸어가고있었다
그리고 꼬마의 손에는 고운자전거 한대가 들려있었다 그 고물에의손장이
에는 흰색 페인트가 묻어있었다 신사는 뒤쫓아가면서 꼬마를 잡았다
꼬마의 표정을 보자 의심은 확신으로 변했다 그 꼬마의 표정은 딱봐도

⑥ 단원 6 - 3. 적절한 근거, 6. 타당한 주장

'3. 적절한 근거'에서 이 단원은 주장하는 글을 읽을 때에 그 주장에 대한 근거가 적절한지 판단하며 읽고, 적절한 근거를 들어 주장하는 글을 쓰는 데 목적이 있습니다[15]. 또 '6. 타당한 주장'에서 이 단원은 연설을 듣고 주장의 타당성을 판단하는 능력을 기르는 데 목적이 있습니다.

연설은 여러 사람을 대상으로 자신의 주장이나 의견을 진술하는 공식적인 말하기입니다. 3단원과 6단원에서 공통점은 주장하는 글쓰기로 상대방을 설득하는데 목적이 있고 다른 점은 글쓰기나 연설을 통해 상대방을 설득한다는 점이었습니다.

논설문은 어떤 주제에 관하여 자기의 생각이나 주장을 체계적으로 밝혀 쓴 글[16]이고, 연설문은 연설할 내용을 적은 글로, 연설이란 여러 사람 앞에서 자기의 주의나 주장 또는 의견을 진술하는 글[17]입니다. 따라서 3단원과 6단원은 형식면에서만 다른 것이라고 판단하여 주장하는 글쓰기를 한 다음에 시청각실에 모여 모두 발표를 하고 평가받는 식으로 수업을 진행하였습니다. 발표 형식은 파워포인트를 이용하기도 하였습니다.

패스트푸드 발표문

패스트푸드

자기 잎에 달콤한 것은 몸에 쓰다라는 말을 아시나요? 요즘 들어서 우리가 흔히 자주 간편하고 손쉽게 찾는 음식에 내해 오늘 제가 말할까 합니다. 아마 이 음식을 먹기 싫어하고 꺼려하는 사람들은 많이 없을 것입니다. 피자, 햄버거, 치킨, 라면, 감자튀김, 삼각김밥, 핫바, 소시지, 콜라, 사이다 이런 음식들이 여러분이 좋아하는 대부분의 음식들이

---

15) 교육부(2015), 《초등학교 국어 6-2 교사용 지도서》, 교육부, 106쪽 인용
16) 국립국어원 표준국어대사전 인용 http://stdweb2.korean.go.kr/search/View.jsp
17) 국립국어원 표준국어대사전 인용 http://stdweb2.korean.go.kr/search/View.jsp

맞나요? 아마 그럴 것입니다. 이런 음식들이 빠른 시간 내에 만들어지는 맛있는 음식! 바로 패스트푸드입니다. 여러분들은 생활 속에서 또 식습관 속에서 패스트푸드와 친한 것 같습니다. 그럼 이런 음식들은 어떤가요? 샐러드, 단호박, 꿀, 콩, 김치찌개, 청국장, 브로콜리, 당근 또는 오이로 만든 요리 중에는 여러분들이 좋아하는 음식은

'패스트푸드' 발표

몇 가지나 있을까요? 이 경우엔 한두가지 안될 것입니다. 설사 좋아한다고 해도 막 찾아서 먹거나 자주 먹는 편은 아니겠지요. 이 음식들이 바로 몸에 좋은 음식물 등입니다. 하지만 제 생각에 여러분들은 앞에서 말했듯이 이런 좋은 음식물과는 원수 사이인 반면 생활과 패스트푸드와는 엄청 친한 사이같습니다.

그런데 여러분들은 아시나요? 우리가 즐겨먹는 이런 패스트푸드들은 나쁜 성분들이 많아 여러분들에게 안 좋다는 점을 말입니다. 그것이 여러분의 입 속에 들어가서 몸에 들어가게 된다면 여러분들의 몸에 얼마나 안좋을까요? 그럼 지금부터 패스트푸드의 문제점을 알아봅시다.

첫째—많은 지방의 양

일반적으로 영양학자들이 권하기는 전체 영양분 섭취에서 지방으로 오는 영양분이 20%를 넘지 않도록 권하고 있습니다. 그런데 패스트푸드의 경우 40% 이상의 영양분이 지방에서 온다고 합니다. 이렇게 지방에서 오는 영양분이 많기 때문에 가끔 먹으면 모를까 자주 먹는다면 다른 끼니에 지방을 적게 섭취하더라도 지방으로부터 오는 영양분 비율이 너무 높게 됩니다. 이렇게 지방에서 오는 영양분 비율이 높은 경우 심장병, 당뇨병과 같은 만성퇴행성 질환의 위험이 높아진다는 것은 잘 알려진 사실이며, 비만의 원인이 되기도 합니다.

둘째—주요 영양소의 부족

칼슘, 철분, 비타민A와 같이 중요한 영양소의 함량이 낮다는 것입니다. 칼슘이나 철분의 경우, 우리나라 전체적으로 문제가 되는 영양소인데 패스트푸드의 경우 유제품이 들어 있는 피자를 제외하고는 칼슘이 낮고 전반적으로 철분도 많이 높지 않은 것으로 나타나고 있습니다. 이것이 바로 대표적인 두가지의 문제점이지요.

이렇게 우리는 많은 결점들이 눈에 보이는 음식을 알면서도 계속 먹고 있습니다. 앞으로 우리는 이런 방향으로 식습관을 길러서는 안됩니다. 그럼 어떤 식습관이 필요할까요? 슬로우푸드라고 들어보셨죠? 천천히 만들지만 건강에 이로운 음식을 만들어낸 것

입니다. 여러분들이 슬로우푸드를 먹고 그 영향분을 섭취하게 되면 훨씬 몸이 건강해 지기도 하겠지요. 또 몸에 좋고 맛있는 음식도 먹을 수 있습니다. 예를 들면 구운당근이 나 양념조림한 시금치, 반숙달걀에 얹은 나물볶음, 채소밥 등 좋고 든든한 음식들을 자 기만의 것으로 바꿔서 섭취하는 것도 바람직한 식습관이 되겠지요?

우리가 이렇게 조금 참고 맛이 없어도 건강한 음식들을 찾아서 먹는 습관을 들인다면 병에 걸릴 확률도 낮아 건강히 지낼 수 있습니다. 지금은 큰 변화가 없더라도 건강한 미 래를 위하여 노력하는 것이 좋겠지요.

여러분! 여러분들은 앞으로 우리나라와 세계 여러나라의 빛이나 보배입니다. 이런 소중 한 우리를 위해 패스트푸드 대신 건강한 음식을 먹읍시다!

감사합니다.

⑦ 단원 7 - 7. 다양한 생각

가. 주요 학습 내용 및 활동

단원 성취 기준	단원 학습 목표	주요 학습 내용 및 활동	수업 적용 방법
• 읽기(5) 글에 나타난 글쓴이의 관점이나 의도를 파악한다. • 문법(3) 고유어, 한자어, 외래어의 개념과 특성을 알고 국어 어휘의 특징을 이해한다. • 읽기(7) 다양한 읽을거리를 스스로 찾아 읽고, 자신의 독서습관을 점검한다.	글쓴이의 생각을 파악하며 다양한 읽을거리를 찾아 읽을 수 있다.	• 단원 도입 • 글쓴이의 생각을 파악하며 글을 읽어야 하는 까닭을 알기 • 다양한 읽을거리를 찾아 읽고 글쓴이의 생각을 파악하기 • 글을 읽고 글쓴이의 생각과 자신의 생각을 비교하기 • 자신의 독서습관을 점검하고 독서계획 세우기	• 교과서에 있는 내용을 대부분 살펴봄. • 글을 읽고 글쓴이의 생각과 자신의 생각을 비교하기 활동에서는 〈자전거 도둑〉에서 예시글을 뽑아 수업을 함. • 정리활동으로 칠판에 화이트보드를 이용하여 자신의 생각을 써서 붙이도록 함.

나. 지도의 유의점

• 같은 대상에 대하여 쓴 글이라 할지라도 글쓴이의 생각에 따라 그 내용이 달라질 수 있다는 점을 강조하여 지도합니다.

• 글을 읽은이가 글쓴이의 생각을 파악하여 읽을 때 글쓴이가 전하고자 하

는 의도를 충분히 파악할 수 있다는 것에 주안점을 두어 지도합니다.

- 글쓴이의 생각을 파악하여 글을 읽을 때 자신이 기존에 가지고 있던 생각을 점검할 수 있고, 글을 비판적으로 읽을 수 있다는 것을 강조하여 지도합니다.
- 고유어, 한자어, 외래어는 탈 맥락적으로 가르치는 것이 아니라 글 속에서 자연스럽게 찾아볼 수 있도록 지도합니다.
- 학생이 스스로 다양한 읽을거리를 찾아 독서활동을 풍부하게 할 수 있도록 지도합니다.

<table>
<tr><td>6-2 국어 나</td><td># 7. 다양한 생각
(자전거 도둑의 동화를 읽고 글쓴이의 생각을 파악하여 보기)</td></tr>
</table>

6학년 1반 20번 이름: 이혜윤

1. <자전거 도둑> 43쪽 셋째줄부터 45쪽까지 읽고 글쓴이의 생각을 써보세요.

> 도둑질은 양심에 어긋나는 나쁜 일이다. 부모님과 주위 어른들의 잔소리는
> 쓰지 만은 않다. 때때로 필요하다. (도덕성에 어긋나지 말자.)

2. <시인의 꿈> 95쪽 밑에서 세 번째줄부터 98쪽까지 읽고 글쓴이의 생각을 써보세요.

> 물건을 갖고 싶다는 욕심과 새로 생긴 물건의 마음만이 전부가
> 아니다. 시와 인생 모두 마음의 슬픔, 기쁨, 바람 등을 알고 자기
> 만의 색을 갖는 것이 무엇보다 중요하다.

3. <옥상의 민들레꽃> 127쪽 둘째줄부터 130쪽까지 읽고 글쓴이의 생각을 써보세요.

> 사람은 사랑하는 사람이 자기를 없어져 줬으면 할 때
> 살고 싶지 않아진다. 사랑의 힘은 위대하다.

4. 여러분이 생각하는 OO는(은) 어떤 것인가요? 구체적으로 생각하여
정리하여 쓴 후 이것을 화이트보드판에 옮겨 적어 보세요.

생각,인 것 같습니다.
모든 것이 생각을 통해서 상황이 이루어지기
때문입니다

2015년 12월 〈행복한 교육, 교육부 발행〉에서 촬영한 사진이다. 〈자전거 도둑〉 중 세 편의 글을 읽고
자신의 생각을 한 낱말로 쓰고 그 이유를 써서 칠판에 붙이도록 한 것이다. 여학생은 자신의 생각을
수정하는 중이다. 마지막 활동은 서로의 생각이 다름을 느끼게 하기 위한 것으로 서로 존중하고 배려
함을 유도하기 위한 의도도 있었다.

3) 학년초에 학생과 학부모님들에게 슬로리딩 교육과정을 설명하면서 이해를 구하기

교과서에 나와 있는 순서대로 진도를 나가지 않으면 학생들이 당황하고 질문을 할 수도 있습니다. 학생들에게 다음과 같이 설명을 하고 이해를 구하면 될 것입니다.

"여러분들, 국어 교과서 차례대로 수업을 하지 않으니까 무척 혼란스럽지요? 걱정하지 마세요. 선생님은 많은 연구를 하여 여러분들이 좀 더 재미있고 알차게 수업에 임할 수 있도록 교육과정을 편성하였습니다. 국어 교과서에 실려 있는 작품 중 동화는 전체 이야기가 실려 있지 않은 경우가 많습니다. 그래서 전체 작품을 읽고 수업을 하는 활동을 할 것입니다. 이것을 슬로리딩 수업이라고 합니다. 이제는 책을 많이 읽기보다는 제대로 읽는 것이 무엇보다 필요합니다. 너무나 많은 정보가 쏟아지고 있어 여러분들이 그것을 판단하고 선택할 수 있는 깊은 사고력을 길러야 합니다. 이것은 온전한 책읽기를 통해서만 기를 수 있어요. 너무 걱정하지 않아도 됩니다."

그리고 학부모님들께 이해를 구하는 가정통신문을 보내면 될 것입니다. 다음은 2016년 슬로리딩 수업을 위한 도서 구입을 안내하는 가정통신문입니다.

<table>
<tr><td rowspan="4"></td><td rowspan="2">제 2016 - 호

성서통신</td><td>일 시</td><td>2016.03.08</td></tr>
<tr><td>발행부</td><td>교육과정부</td></tr>
<tr><td rowspan="2"></td><td>교무실</td><td>896-7243</td></tr>
<tr><td>행정실</td><td>896-7242</td></tr>
</table>

슬로리딩 도서 구입 안내

성서초 학부모님 안녕하세요. 학교 교정에는 아이들의 재잘거림과 속삭임 그리고 봄기운과 함께 활기가 넘칩니다.

성서초에서는 2016학년도를 맞이하여 학교 특색 사업으로 일명 슬로리딩 수업을 학년별로 계획하여 준비하고 있습니다. 슬로리딩 수업은 책을 깊게 읽는 습관을 들여 아이들이 폭넓고 깊게 생각하는 습관을 기르도록 하는데 그 목적이 있습니다. 또 앞으로의 사회는 너무나 복잡해져서 선택하고 집중'하려는 노력이 더욱 요구되기도 하기 때문입니다.

슬로리딩 수업에 필요한 도서구입은 권장사항입니다. 구입 여부는 부모님과 아이가 자유롭게 결정하여 주시고 학교에서는 다음과 같은 도서를 가지고 이 활동을 하게 됨을 안내하여 드립니다. 감사합니다.

학년	도서명, 저자	출판사	출판년도	선정이유
1학년	삼백이의 칠일장 (천효정 저)	문학동네 어린이	2014	삼백이가 삼백 년을 살면서 다양하게 일어난 이야기를 동물귀신들이 서로 들려주고 있다. 각 동물귀신들의 이야기 속 등장인물 중에 삼백이가 누구인지를 추측하게 만들어 집중하며 읽을 수 있다.
2학년	일기도서관 (박효미 저)	사계절	2006	2학년 어린이들의 상상력과 호기심을 이끌어 낼 수 있는 이야기로 인성교육에도 많은 도움이 되는 도서임
	우리 반 스파이 (김대조 저)	주니어 김영사	2012	
3학년	소나기 (황순원 저)	다림	1999	아이들에게 글 읽는 즐거움과 문학의 향기를 전함으로써 정서발달에 도움을 줄 것으로 판단됨.
4학년	랑랑별 때때롱 (권정생 저)	보리	2008	아이들의 성장과정, 자연의 이야기, 과거, 현재, 미래가 공존하는 이야기가 전개되어 아이들의 무한한 상상력을 키워줄 수 있을 것으로 판단됨

학년	도서명, 저자	출판사	출판년도	선정이유
5학년	소나기 (황순원 저) 자전거 도둑 (박완서 저)	다림	1999	서정적 이미지와 시적 감수성이 오롯이 담긴 작품들을 모아 엮은 책으로 아이들에게 글 읽는 즐거움과 문학의 향기를 전함으로써 정서발달에 도움을 줄 것으로 판단됨.
6학년	자전거 도둑 (박완서 저)	다림	1999	소설가 박완서의 단편동화 모음집. 전기용품 도매상의 꼬마 점원인 수남이가 도둑질도 나쁘지만 사람의 마음속에 도사리고 있는 부도덕성이 얼마나 무서운지를 깨닫는 이야기인 표제작 〈자전거 도둑〉을 비롯해 총 6편의 단편동화가 실려 있다. 그 안에는 우리가 살면서 언제나 맞닥뜨리는 선택의 문제, 행복, 진정성 등의 근본적 진리가 있다. 아이들이 학습에만 몰입하는 요즘 시대에 진정한 가치란 무엇인지에 대해 진지하게 고민하게 함으로써 인성교육 뿐만 아니라 아이 스스로 어떤 가치를 중요하게 생각하며 살아갈지에 대한 고민도 할 수 있다.

2016년 3월 8일

성서초등학교장

4장

슬로리딩 수업 실제 사례 소개

초등교사에게 교과서는 성경과 같은 존재입니다. 그래서 교과서에 나오는 내용을 빠짐없이 가르치고 평가하려는 경향이 강합니다. (교과서의 권위에 압도되는 분위기라 할 수 있습니다.) 그러나 교과서는 하나의 자료일 뿐입니다. 교과서로만 가르치는 것에서 벗어나 교과서를 통해 가르치는 것이 필요합니다.

다음의 '슬로리딩 수업 실제 사례는' 저희들이 학생들과 함께 수업한 내용입니다. 이 내용은 저희가 EBS 다큐프라임에서 방송했던 슬로리딩 수업방식이기도하며, 방송을 보고 여러 선생님들이 현장에서 현재 실천하고 있습니다. 이외에도 구글 사이트에 검색하면 더 많은 슬로리딩 수업 사례를 접할 수 있습니다.

수업 사례는 크게 주제에 따른 수업 사례, 상황에 따른 수업 사례, 여러 교과를 융합한 주제중심 수업 사례, 2009 개정 교육과정 국어(4학년, 5학년) 수업 사례로 나누어 소개하겠습니다. 다만 이 기준은 저희가 세운 것이어서 절대적인 방법이 아님을 밝혀둡니다.

1. 주제에 따른 수업 사례 Ⅰ

1) 〈그 많던 싱아는 누가 다 먹었을까〉 132-133쪽 할아버지 장례식 내용 분석
2) 단원 학습 목표

4. 나눔의 기쁨	7. 이야기와 삶
상대의 마음을 헤아리면서 사과하는 글을 쓸 수 있다.	시나 이야기를 읽고 작품에 대한 생각이나 느낌을 다른 사람과 비교할 수 있다.

3) 〈싱아책〉 132-133쪽 같이 읽기
4) 동기유발 동영상 - 대구 지하철 참사 추모 영상
5) 사과하는 글의 특성 정리하기
6) 재미있는 내용이 담긴 사과하는 시 소개
7) 학습지 배부
8) 친구들이 쓴 시나 글을 보고 서로 다른 점 비교하면서 생각이나 느낌을 써주는 댓글 달기

1) 〈그 많던 싱아는 누가 다 먹었을까〉 할아버지 장례식 장면 내용 분석

아래의 구절은 〈그 많던 싱아는 누가 다 먹었을까〉에서 할아버지 장례식 장면의 일부 내용입니다.[1]

그러나 엄마는 그 경황 중에도 할아버지가 돌아가실 경우 장례를 치르는 동안은 결석 처리를 하지 않는 게 교칙인 줄 아는데 그게 맞지요? 하는 확인까지 통역을 시키고서야 내 손을 잡고 교실을 물러났다.(중략) 사랑엔 불이 환하고 사람들이 웅성웅성했다. 할아버지는 의식은 없지만 아직 생존해 계신다고 했다. 세 번째 동풍이어서 다들 임종을 각오하고 있었다. 사랑에 모인 사람들이 나는 어리다고 들어오지 못하게 했다. 나도 죽음의 그림자가 드리운 할아버지를 뵙는게 무서웠기 때문에 얼른 그 자리를 피했다.안채에도 불을 밝히고 아무도 자는 사람이 없었지만 나는 깊은 잠에 빠졌고 곡하는 소리에 깨어났다. 새벽녘이었다. 할아버지가 돌아가셨다는 소리를 듣고도 나는 눈물이 나오지 않았다. 오일장을 치르는 동안 당시의 풍습에 따라 한시도 곡이 그치지 않았지만 호상답게 집안 분위기가 침울하지는 않았다.

박완서 선생님은 할아버지의 귀여움을 독차지했지만 막상 장례식을 치르는 동안에는 울지 않고 있다가 어머니에게 심하게 꾸지람을 당하기도 했습니다. 이때부터 박완서 선생님은 온몸이 탈진할 때까지 몸부림을 치며 울었고 이것을 본 어른들은 속 모르는 말을 한 어머니를 나무라기도 했습니다. 그러나 박완서 선생님은 이때 운 이유는 슬픔 때문이 아니라 모욕감 때문이었다고 말하고 있습니다.

저는 이런 장례식 장면과 박완서 선생님이 평소에 할아버지에게 담뱃불을 못 붙여드려 미안한 점을 가정하여 수업과 연결시켰습니다. 아래의 구절은 박완서 선생님이 할아버지에게 평소 미안한 마음을 갖게 된 사건을 담담하게 서술한 구절입니다.[2]

---

1) 박완서(2012년), "그 많던 싱아는 누가 다 먹었을까",(주)도서출판 세계사, 132-133쪽 인용
2) 박완서(2012년), "그 많던 싱아는 누가 다 먹었을까",(주)도서출판 세계사, 38쪽 인용

그날 밤 나는 정말 오줌을 쌌다. 그래서 요즘도 나는 아이들이 불장난을 하면 오줌 싼다는 항간의 속설을 믿는다. 거기까지는 기억이 선명한데 그 후에 내가 불을 낼 뻔했다는 사건은 전혀 생각나지 않는다. 어른들한테 들은 얘기대로라면 추수하고 나서 이엉을 엮으려고 헛간에 쌓아 놓은 짚단 사이에서 몰래 화경 장난을 하다가 그만 지푸라기에 불이 붙었다는 것이다.

사랑마루에서 대문을 중심으로 반대쪽은 마당에 널어놓은 곡식이나 고추 따위가 소나기를 만났을 때 얼른 거둬들일 수 있도록 지붕만 있고 문은 없이 바깥으로 열린 헛간이었다. 불을 처음 발견한 이웃집 새댁은 마침 우물에서 물을 길어가던 중이어서 이고 있던 물동이를 곧장 쏟아부어 쉽게 불을 끌 수가 있었다고 한다.

하마터면 집을 태울 뻔한 불상사인데도 왜 기억에서 깨끗이 지워져버렸는지, 내 기억력 중 특히 어릴 적 기억력에 자신이 있다가도 그 대목에선 고개가 갸우뚱해지면서 어른들이 혹시 내 불장난을 막아보려고 꾸미거나 과장한 얘기가 아닐까하는 의심까지 하게 된다. 그래도 불을 낼 뻔한 계집애란 소리는 오랫동안 내 의식을 짓눌렀다.

초등학교를 졸업할 때까지도 성냥불 켜는 걸 두려워해서 불편할 적도 많았지만, 할아버지 담뱃불을 못 붙여드렸을 때가 가장 슬펐다. 할아버지를 위해서 무언가 내 속의 한계 같은 걸 박차보려고 허둥대면서도 그렇게 안 되던 조바심과, 난 왜 이렇게 못 났을까 싶은 자기혐오 등, 복잡한 심리적 갈등까지를 아직까지 기억하고 있다.

① 4단원 나눔의 기쁨

2007 개정 교육과정 국어 5학년 2학기 국어 4단원 '나눔의 기쁨'에서 다루는 내용은 '다리를 걸었다고 오해한 단짝 친구의 사과하는 글', '도서관 개방이 연기되어 푸른초등학교장이 학생들에게 사과하는 글', '가족 시간대에 폭력적인 장면을 방송하여 방송 제작진이 시청자에게 사과하는 글' 등입니다. 그래서 이 내용은 〈그 많던 싱아는 누가 다 먹었을까〉 내용으로 바꾸어 수업해도 되겠다는 판단을 하였습니다. 교과서의 자료는 학습자의 수준이나 지역 여건 등을 고려하여 학급 실정에 맞게 바꿀 수 있기 때문입니다. 이와 같은 사실은 교사용 지도서 등에서도 알 수 있습니다.

교과서는 국어과 교육과정을 구현해 놓은 하나의 자료로, 그 이상도 이하도

아닙니다. 교과서는 전범이 되는 자료는 분명하지만 이른바 성전은 아니기 때문에 열린 교과서관을 가지고 적절히 활용하는 것이 좋습니다. 교과서를 적절히 재구성하여 활용함으로써 학습의 효과를 극대화하는 것이 바람직합니다.[3] 교과서에 실린 제재나 학습활동 등은 학습자의 수준을 고려하여 고안하였지만 모든 학급의 수준을 반영하기는 무리입니다. 이런 이유로 열린 교과서관을 가지고 난이도와 흥미 면에서 우리 반 학생들의 수준에 맞게 적절히 재구성하여 사용할 필요가 있습니다.[4]

초등학교의 경우 대부분의 교과는 국정교과서입니다. 국정교과서는 국가에서 발행하는 단일한 종입니다. 교과서가 단일하다는 것은 이 땅의 모든 학생들이 동일한 내용으로 수업을 하게 된다는 것을 의미합니다. 그러나 교과서는 절대적 가치를 지닌 것이 아닙니다. 한동안 '붕어빵 교육'이라는 말이 회자된 적이 있습니다. 교과서가 다름 아닌 붕어빵틀 역할을 해왔다고 할 수 있습니다.[5]

초등교사에게 교과서는 성경과 같은 존재입니다. 그래서 교과서에 나오는 내용을 빠짐없이 가르치고 평가하려는 경향이 강합니다. 교과서의 권위에 압도되는 분위기라 할 수 있습니다. 그러나 교과서는 하나의 자료일 뿐입니다. 교과서로만 가르치는 것에서 벗어나 교과서를 통해 가르치는 것이 필요합니다.[6] 따라서 교과서를 참고하되 학급별 수준에 맞는 자료를 선택하여 수업에 활용하려는 노력이 필요할 것입니다. 위의 자료도 '장례식 장면'과 '미안한 마음을 가진 장면'을 이용하여 '4단원 나눔의 기쁨, 다른 사람에게 잘못한 일을 사과하는 글'을 쓰기 활동 수업을 준비하였습니다.

---

3) 교육과학기술부(2010년), "초등학교 국어 4-1 교사용 지도서",교육과학기술부, 38쪽 인용
4) 교육과학기술부(2010년), "초등학교 국어 4-1 교사용 지도서",교육과학기술부, 38쪽 인용
5) 윤성한(2016년), "교육과정 재구성과 수업 디자인", 42쪽 인용
6) 이윤미 외 11인 공저(2014년), "주제통합수업", 도서출판 살림터, 25-26쪽 인용

② 다른 단원과의 통합 수업

2007 개정 교육과정 국어 5학년 2학기 국어 '7. 이야기와 삶'의 단원은 문학 작품의 수용은 읽는 이에 따라 다르게 나타날 수 있음을 깨닫게 하고, 작품에 대한 자신의 생각이나 느낌을 표현하게 하는데 목적이 있습니다. 작품의 의미는 고정불변이 아니라 독자의 독서 행위를 통하여 확정되는 가변적인 것입니다. 이를 위해 학생들은 다양한 관점에서 시와 이야기의 세계에 동참하고 자신의 생각이나 느낌을 표현하며, 상호소통을 통하여 조정해 나가는 법을 배우게 될 것입니다.[7]

교사용 지도서 '단원의 개관'에서 위와 같이 밝히고 있어 적용해도 되겠다는 판단으로 수업에 도입하였습니다. 수업에서 적용 방법은, 모둠활동이 끝나면 서로 작품을 읽고 자신의 생각이나 느낌을 댓글로 달게 하였습니다. 서로의 작품을 읽고 내용이나 차이점을 쓰게 하였고 잘하고 못하고는 논하지 않도록 했습니다.

---

7) 교육부(2011년), "초등학교 국어 5-2 교사용 지도서", 교육부, 344쪽 인용

● 박완서 선생님이 할아버지에게 전하고 싶었던 말씀을 시나 글로 표현하여 보세요.

할아버지 죄송해요

배운샘

할아버지 죄송해요
할아버지가 보기 싫어서 사랑방에 가려고 하지 않았어요.

채현: 책의 내용을 잘 인용하여 사실 미안한 마음을 담아 잘 썼다.
써경: 미안한 마음이 잘 나타나있다.

할아버지 죄송해요
할아버지가 돌아가시는데 울음이 나오지 않았어요.

유우: 왜 죄인명이 미안했는지, 또한 박완서 고맙해요! 가 반복적으로 나와있다. 그 쓰에 대한 감동이 "살아있다" (감동)

할아버지 죄송해요
할아버지의 담뱃불을 붙여 드리지 못해서. 죄송해요.

조현준: 할아버지에게 미안한 마음을 시로 잘 나타냈다.
박영은: 왜 미안한지 잘 썼다.

● 여러분이 가족이나 아는 분들에게 미안했던 일이나 고마웠던 일을 생각하면서 전하고 싶은 내용을 시나 글로 표현하여 보세요.

내 마음에 계신 우리 할머니.

배운샘

할머니 죄송해요.
할머니가 음식 먹지 못하고 앉도 잘 못해 무서워 피했어요

할머니 죄송해요
할머니가 제게 주신 과일을 받지 않으려고 해서 죄송해요

할머니 죄송해요
할머니께 죄송하다고 말하려고 다짐했는데
이미 할머니는 하늘로 올라가시고 제 마음에만 없게해서 죄송해요

상단의 시는 〈그 많던 싱아는 누가 다 먹었을까〉 작품 내용을 시로 표현한 것이고, 하단의 시는 가족으로 확대시켜 그 대상을 넓힌 것이다. 위의 학생은 친할머니를 떠올리면서 미안함을 시로 표현하였다. 오른쪽 상단 댓글은 7단원을 모둠별로 적용한 것이다.

2) 단원 학습 목표

2014년 3월 중순부터 'EBS 다큐프라임 생각을 키우는 힘' 방송 촬영이 시작되었습니다. 당시에 힘들었던 점은 슬로리딩 수업에 대한 자료가 거의 없었던 점도 있었지만, 그보다 더 어려웠던 점은 각 단원의 차시별 목표에 맞추어 수업하는 것이었습니다. 그래서 단원 학습 목표를 중심으로 수업을 준비하면 괜찮을 것 같다는 생각이 들어 그렇게 하였더니 별 무리 없이 방송 촬영에 따른 수업준비를 할 수 있었습니다.

2007년 개정 국어과 5학년 2학기 '4단원 나눔의 기쁨, 듣기, 말하기, 쓰기' 예를 들어 보겠습니다.[8]

'4단원 나눔의 기쁨'에서 성취 기준과 단원 학습 목표는 거의 같습니다. 또한 차시별 학습 내용에서 주요 활동 내용은 3차시부터 6차시에 있다고 할 수 있으므로 1차시와 2차시는 주요 활동을 하면서 다루어도 전혀 문제가 없다고 보았습니다. 또한 지도상의 유의점에서도 진실성에 초점을 맞출 것과 글의 종류나 대상에 제한받지 않고 글쓰기를 경험하도록 되어 있습니다. 그래서 저희들은 슬로리딩 수업을 할 때 '차시별 학습 목표' 보다는 '단원 학습 목표'에 기준을 둔 수업을 준비하고 진행하는 것이 낫겠다고 판단하여 지금까지 그렇게 해오고 있습니다. 방송 촬영을 할 때는 차시별 학습 목표에 따라 수업을 하니까 너무 정신이 없고, 나중에는 어디로 가야할지 방향을 잡지 못하는 경우도 많았기 때문입니다. 아래는 '4단원 나눔의 기쁨 교사용 지도서'에 나오는 내용입니다.

---

8) 교육부(2011년), "초등학교 국어 5-2 교사용 지도서", 교육부, 190-191쪽 인용

[글의 수준과 범위] 다른 사람에게 잘못한 일을 사과하는 글	
성취기준	내용 요소의 예
쓰기(3) 상대의 마음을 헤아리면서 사과하는 글을 쓴다.	• 사과하는 글의 특성 이해하기 • 가까운 사람에게 미안했던 일 떠올리기 • 있었던 일과 그 일에 대한 자신의 생각을 중심으로 내용 정리하기 • 내용과 표현의 진실성을 유지하면서 사과하는 글쓰기

단원 학습 목표

상대방의 마음을 헤아리며 사과하는 글을 쓸 수 있다.

주요 학습 내용 및 활동

차시	주요 학습 내용 및 활동
1(67~71쪽)	─ 단원의 개관 및 학습 안내 ─ 사과하는 글의 특성 알기
2(72~75쪽)	─ 사과하는 글 쓰는 방법 알기
3~4(76~79쪽)	─ 웃어른께 사과하고 싶은 내용을 글로 써서 전하기
5~6(80~83쪽)	─ 사과하고 싶은 내용을 시로 쓰기 ─ 단원 학습 내용 정하기

지도의 유의점

• 사과하는 글쓰기는 글의 특성상 형식보다는 내용의 진실성에 초점을 두어 지도합니다.

• 글의 종류나 대상에 제한받지 않고 상대방의 마음을 헤아리며 사과하는 글쓰기를 경험하도록 지도합니다.

3) 싱아책 132-133쪽 같이 읽기

담임교사와 학생들이 번갈아가면서 한 문장씩 읽고 질문을 주고받는 형식으로 내용을 파악합니다.

4) 동기유발 : 대구지하철 참사 추모글

오늘은 한 달 중 제일 기다려지는 날 그러나 오늘이 더욱이 기다려지는 까닭은…. 수학여행 준비로 용돈을 좀 더 넉넉히 주시지 않을까하는 기대 때문이었다. 하지만 나의 예상을 비웃기라도 하듯 내손에 쥐어진 돈은 고작 3만원뿐이었다.

참고서 사랴, 학용품 사랴 정말 3만원 가지고 무얼 하라는 건지…. 그리고 또 모레가 수학여행인데, 나는 용돈을 적게 주는 엄마에게 화풀이를 하고 집을 나섰다. 수학여행인데 평소에 쓰던 가장 가져가기도 민망하고 신발도 새로 사고 싶었는데, 내 기대는 산산조각이 나버렸다. 내가 바보였다.

생각할수록 화가 났다. 교실에 도착했다. 내 속을 긁기라도 하듯 내 짝꿍이 용돈 넉넉히 받았다며 친구들에게 자랑하고 있었다.

"나 오늘 수학여행 때 가져갈 거 사러 가는데 같이 안 갈래?"

한창 신나게 윈도우 쇼핑을 즐기고 있을때쯤 마침 엄마에게서 전화가 왔다. 나는 괜히 화가 나서 전화를 받지 않았다. 한 30분후 다시 벨이 울렸다. 엄마였다. 나는 핸드폰을 꺼버리고 밧데리까지 빼버렸다. 그리고 신나게 돌아다녔다. 화났던 것도 잊은 채 그렇게 한참이 지났다.

집으로 돌아오는데 아침에 있었던 일이 떠올랐다. 생각해보면 신발도 그렇게 낡은 것도 아니었고 가방도 옆집 인니에게 빌릴 수도 있었던 것을 괜히 화를 낸 것 같았다. '집에 도착하면 제일 먼저 엄마에게 미안하다는 말부터 해야지….' 집에 도착했다. 벨을 누르니 아무도 나오지 않았다.

아 참! 엄마가 오늘 일 나가는 날이었지. 집으로 들어가자마자 습관대로 TV를 켰다. 뉴스 속보였다. 이게 웬일인가. 내가 자주 타는 대구 지하철에 불이 난 것이다. 어떤 남자가 지하철에 불을 냈다. 순식간에 불이 붙어 많은 사람들이 불타 죽었다는 내용의 기사가 나오고 있었다.

집에 도착했을 때부터 꽤 오랜 시간이 지났는데도 엄마는 아직 집에 오시질 않았고 TV에서는 지하철 참사에 대한 이야기가 계속해서 이어졌다. 갑자기 불안한 마음이 엄습해 왔다. 엄마에게 전화를 걸었다. 통화 연결음만 이어지고 있었다. 몇 번을 다시 걸어봐도 마찬가지였다. 불안한 마음으로 수화기를 내리고, 꺼버렸던 핸드폰이 문득 떠올랐다. 그리고 핸드폰을 켰다.

다섯 통의 문자가 와 있었다. 엄마가 보낸 문자도 두통이나 있었다. 엄마가 보낸 첫 번째 문자를 열었다.

"우리 딸 어디야? 엄마가 용돈 넉넉히 못줘서 미안해. 쇼핑센터 들렀다가 집으로 가는 중이야. 신발하고 가방샀어." 나는 첫 번째 문자를 들여다보며 눈물을 한없이 흘렸다.

다시 정신을 차려 두려운 마음으로 두 번째 문자를 열었다. "미안하다. 가방이랑 신발 못 전해주겠네. 돈까스도 해주려고 사왔는데…. 미안…. 내딸아…. 사랑한다…."

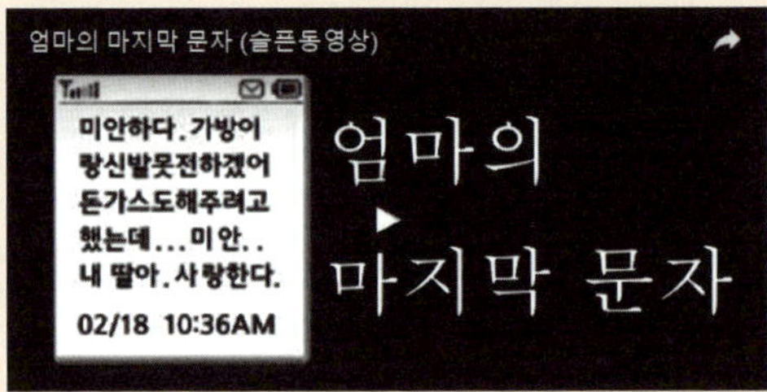

엄마의 마지막 문자(슬픈 동영상)

(영상출처 : https://www.youtube.com/watch?v=9jNwi-GisBU)

－동기유발

대구지하철 참사 추모 동영상을 보여주고 평소에 수업시간에는 거두어서 보관하였던 휴대전화를 나누어 주면서 부모님께 사랑한다는 문자를 보내도록 하였습니다. 여기서 제가 실수한 것은, 사전에 부모님들께 아이들이 '사랑한다'는 문자를 10시쯤 보낼 수 있다고 양해를 미리 구했어야 했는데 그러지 못한 점이었습니다. 평일 10시 정도면 아이들이 수업 받고 있을 시간인데 아이가 뜬금없이 '사랑한다'는 문자를 보내니까 놀란 몇몇 부모님들은 아이에게 무슨 일이 생긴 줄 알고 확인 전화를 해오셨습니다.

5) 사과하는 글의 특성 정리하기

사과하는 글의 특성을 정리할 때는 학생들에게 질문해보고 교사용 지도서
에 있는 아래의 두 가지 내용으로 정리했습니다. 아래의 내용은 교사용 지도
서에 정리된 내용입니다.

- 상대방의 마음을 헤아려 내용을 써야 한다.
- 잘못한 점을 진심으로 사과한다.

6) 재미있는 내용이 담긴 사과하는 시 소개

2007년 개정 교육과정 국어 교사용 지도서 5학년 1학기 203-206쪽에 재미있는
내용이 담긴 시 10편이 있어 그것을 복사하여 소개하여 주었습니다. 그리고 시
를 이용해 살짝 낱말만 바꿔 사과하는 시를 써도 괜찮다고 했더니 아이들 나름
대로 의미 있는 시를 써서 각자 발표하기도 했습니다. 이렇게 하게 된 또 다른
이유는, 아이들에게 글쓰는 부담을 주지 않으려는 의도입니다. 대신 진실한
마음이 담겨야 함을 강조했습니다.

먼저 〈그 많던 싱아는 누가 다 먹었을까〉에서 박완서 선생님의 입장이 되어
사과하는 시를 쓰고 이것을 가족에게까지 확대하도록 했습니다. 교사용 지도
서에 있는 예시 글 두 편을 소개합니다.

닭들에게 미안해[9]

김은영

방문을 열면
닭들이 나란히 서서
나를 지켜본다.

---

9) 교육과학기술부(2010년), "듣기 · 말하기 · 쓰기 5-1", 교육과학기술부, 138쪽 인용

울타리로 다가가면
쪼르르르 몰려나와서

고개를 갸웃거려

혹시 모이 줄까 하고

그런데 모이 안 주고
달걀만 꺼내 올 땐
정말 미안하다.
단지 이 말을 전하고 싶었어요[10]

윌리엄 카를로스

윌리엄스

냉장고에 있던 자두를
제가 먹었어요.

아침에 먹으려고
당신이 넣어 두었나 봐요.

용서해 주세요.
정말로 달콤하고
정말로 시원하고
정말로 맛있었어요.

---

10) 조이스 시드먼(2008년), "미안해······ 괜찮아······", 중앙출판사, 8쪽 인용

국어
듣기 · 말하기 · 쓰기
5-2

4. 나눔의 기쁨
(상대방의 마음을 헤아리면서 사과하는 글을 쓰기

5학년 반 번 이름:___________

• 가족이나 아는 사람에게 미안했던 일이나 고마웠던 일을 써 보세요.

• 상대방의 마음을 헤아려 사과하는 글이나 고마움을 전하는 글를 시 형태로 써보세요.

8) 친구들이 쓴 시나 글을 보고 서로 다른 점 비교하면서 생각이나 느낌을 써 주는 댓글 달기

• 아이들이 쓴 사과하는 시

아이들에게 학습지에 사과하는 시를 쓰고 모둠별로 돌려가면서 시에 대한 생각이나 댓글로 달아주라고 했습니다. 그러면서 '7단원 이야기와 삶' 내용을 정리하였습니다. 물론 이야기를 쓰는 활동은 하지 않아 전체적으로 정리하는 것은 어렵지만 시를 읽고 작품에 대한 생각이나 느낌을 다른 친구들과 비교하게는 하였습니다. 7단원 일부 정리 내용은 다음과 같습니다.

— 시에 대한 생각이나 느낌이 다르다는 것을 알 수 있다.

― 자신이 미처 생각하지 못하였던 것을 알게 되어 시를 더 잘 이해할 수 있다.

● 박완서 선생님이 할아버지 또는 어머니에게 에게 전하고 싶었던 말씀을 <u>시</u>나 글로 표현하여 보세요.

> 죄송한 것.
>
> 조예원.
>
> 죄송한것이 많다.
> 할아버지 담뱃불 못불여 드린것.
> 죄송한것이 많다.
> 할아버지께 효도하지못한 것.
> 죄송한것이 많다.
> 할아버지 돌아가실때 울지못한것.
> 할아버지, 용서해 주세요…
> 할아버지, 다음에 다시 만나요…

● 여러분이 가족이나 아는 분들에게 미안했던 일이나 고마웠던 일을 생각하면서 전하고 싶은 내용을 시나 글로 표현하여 보세요.

> 후회.
>
> 조예원.
>
> 한번 박힌 못은 빼내어도
> 구멍이 남는다.
> 한번 구겨진 종이는 다시펴도
> 자국이 남는다.
> 다시 후회 해봤자 지만 …
> 못을 빼내고, 종이를 펴기라도 하고싶다.
> 사과를 하여
> 못자국 구멍을 채우고
> 구겨진종이를 다림질 해주고싶다.

사랑하고, 미안해. 친구야.

2. 주제에 따른 수업 사례 Ⅱ

1) 〈그 많던 싱아는 누가 다 먹었을까〉 직업 관련 내용 분석

2) 단원의 개관 및 단원 학습 목표

5. 우리가 사는 세상
여러 가지 상황에 알맞은 방법으로 발표할 수 있다.

3) 수업진행 방법

　① 학부모를 대상으로 사전 설문 조사 실시

　② 설문조사 내용

　③ 설문 내용 중 '직업의 장래 전망과 사회적 인식'에 대한 응답 내용

　④ 최근에 일자리를 얻은 후 1년 이내에 쉽게 퇴사를 하는 이유 분석(신문 자료 소개)

　⑤ 전문직 직종에 대한 지위 하향 현상과 아이들이 꿈을 갖기 어려운 이유를 소개함.

　⑥ 부모님이 써준 설문을 일주일에 3편 정도씩 읽음

　⑦ 아이들이 관심 있는 분야 조사과제 부여

4) 부모님들에게 도움을 청하는 편지글 소개

5) 부모님들의 직업에 대한 설문 문항

6) 각자 부모님들의 직업 관련 내용을 발표하기

7) 각자 친구들과 조사한 내용을 발표하기

1) 〈그 많던 싱아는 누가 다 먹었을까〉에 나오는 직업

• 엄마는 그날 물장수를 완전히 상객 취급을 했다. (72쪽)

• 이웃엔 땜장이 집도 있고 아버지는 지게꾼이고 엄마는 체장수인 집도 있
　고 굴뚝장이 집도 있었다. (66쪽)

• 너무 큰 가장귀를 꺾으면 산림 감독이 뛰어나와 아이들 손목을 비틀어 비
　명을 지르게 했다. (81쪽)

• 이발소에 가서 머리도 새로 깎고 시험을 치러 갔다. (57쪽)

• 각설이 떼처럼 너덜너덜하고 더러운 옷을 입은 지게꾼들이 우리 곁으로
　몰려 왔다. (48쪽)

• 시골의 큰숙부가 면서기로 취직했다. (114쪽)

• 돈도 없이 연습삼아 보러 다니는 거니까 복덕방한테 (116쪽)

아이들 스스로 조사하여 파워포인트로 '그 많던 싱아는 누가 다 먹었을까'
에 나오는 직업을 소개하였습니다.

2) 단원의 개관 및 단원 학습 목표

① 단원명 : 5. 우리가 사는 세상

② <단원의 개관>

이 단원은 의사소통 상황에 알맞게 말할 내용을 선정하여 대상의 특성에 알
맞은 표현을 사용하여 발표할 수 있도록 하는데 목적이 있습니다. 정보 전달
의 목적을 위한 말하기를 하도록 하며, 공식적인 상황에서 발표하는데 주안점
을 두고 있습니다. 이 단원에서는 발표할 때에 고려하여야 할 상황 요소에는
어떤 것이 있는지 이해할 수 있도록 하며, 다양한 의사소통 상황에서 알맞은
발표 방법을 중심 활동으로 다룹니다. 발표 주제와 대상을 선정하여 효과적인
발표를 위한 자료를 수집한 뒤, 발표 내용을 조직하고 발표문을 작성하는 것을
중심으로 합니다. 이 단원을 공부하는 과정에서 효과적으로 대상에 대한 정보
를 전달하기 위하여 발표 내용을 조직하는 방법과 공식적인 발표와 함께 매체
를 활용하여 발표하는 방법 등을 학습하게 될 것입니다.

단원 학습 목표	여러 가지 상황에 알맞은 방법으로 발표할 수 있다.
성취 기준	문법(4) 말하는 이, 듣는 이, 상황, 매체 등에 따라 언어 사용 방식이 달라짐을 안다. 말하기(1) 대상의 특성에 맞는 표현을 사용하여 발표한다.

③ 주요 학습 내용 및 활동

차시	주요 학습 내용 및 활동	지도의 유의점
1	• 단원의 개관 및 학습 안내 • 발표할 때에 주의할 점 알기	• 5학년 1학기 5단원의 내용은 대상(사물, 인물)에 따른 발표의 표현 방법과 매체 활용 방법을 주로 다루었고, 2학기에 맞는 다양한 상황 맥락에 따른 발표 방법과 발표 자료 수집에 무게를 두고 지도하도록 한다. 즉, 정보 전달의 목적을 위한 공식적인 상황에서 발표하는데 주안점을 둔다. • 설명할 대상에 따라 적합한 매체를 선정하여 효과적으로 발표하는 방법을 정한다. • 그 내용에 맞게 자료를 수집하는 방법을 학습하도록 한다.
2	• 상황에 발표하는 방법 알기	
3	• 발표 내용에 알맞은 자료를 활용하는 방법 알기	
4~5	• 발표할 내용에 알맞은 자료 수집하기 • 발표문 준비하기	
6	• 발표 상황에 알맞게 발표하기 • 단원 학습 내용 정리하기	• 내용에 적합한 매체를 활용하거나 온라인 글쓰기 등의 발표 방법도 함께 다룰 수 있다. • 발표 자료를 구하는 과정에서 반드시 저작권 보호에 대한 내용이 어우러질 수 있도록 지도하여야 한다.

3) 수업진행 방법

① 학부모를 대상으로 사전 설문조사 실시

• 부모님들께 설문에 응해 주실 것을 요청하는 편지 내용

5학년 1반 부모님께

안녕하세요. 담임교사 최영민입니다. 2014년 가을이 깊어가고 있습니다. 2014년 제 마음속의 단풍은 아쉬움과 풍요로움 그리고 허전함으로 물들고 있습니다. 아쉬움은 2014년 5학년 아이들과 함께 할 날이 하루 이틀 줄어들고 있다는 것이고, 풍요로움은 제가 이제까지 못한 새로운 경험을 통해 교수학습 방법을 익혔다는 점입니다. 허전함은, 작년 10월부터 하나 둘 세상을 떠나는 친구들이 있어 무언가 가슴이 비는 것입니다. 저번 주에 장례를 치룬 친구는 40세에 결혼해 세 살 된 쌍둥이 딸을 두었는데 아기가 태어난 때부터 간암을 앓더니 결국 저세상으로 먼저 갔습니다. 쌍둥이가 너무나 예쁘고 귀여워 이 녀석들을 두고 어떻게 눈을 감았을까 생각하니 눈물이 나고 참 허망하더군요.

거기에다 힘이 더 힘이 빠진 이유는, 장례식장에서 친구들끼리 나눈 이야기입니다. 주된 이야기가 현재의 직장에서 정년까지 버틸 수 있을까 하는 것이었습니다. 그렇게 할 수 있겠다는 사람이 10명 중에 몇 명 안 된다는 겁니다. 모인 친구들 모두 처음 출발은 좋았습니다. 대부분 서울 소재 대학을 나왔고 이름 있는 기업이나 관공서에 취직했으며 결혼도 했습니다. 그러나 직장을 다니는 도중 큰 꿈을 품고 새로 시작한 사업이나 새로 옮긴 직장이 맞지 않아 직업이 없거나 원하지 않은 직업을 갖는 친구들이 생겨났습니다. 그런 친구들은 저를 부러워합니다. 교사는 직장을 오래 다닐 수 있을 거란 생각에서요.

이런 말을 들을 때마다 저는 제가 가르치는 아이들을 생각합니다. 우리 아이들이 나중에 후회하지 않은 선택을 할 수 있도록 어떻게 도와주어야 하나 하는 고민입니다. 물론 교사로서 저는 교육과정 안에서 도와줄 수밖에 없습니다. 그래서 기존 교육과정을 지키면서 도움을 줄 수 있는 방법을 찾다가 약간 변화시킨 교육방법을 찾게 된 것입니다. 그것이 슬로리딩 수업입니다. 아이들이 나중에 나이가 든 후에도 도움이 될 무엇, 그것은 '슬로리딩, 생각을 키우는 힘'이라는 주제와도 밀접하게 연결됩니다.

여기서 제 아들 이야기를 잠깐 하겠습니다. 현재 중2입니다. 역사에 관심이 많아 웬만한 역사 사실은 연도와 구체적인 사건까지 줄줄이 꿰고 있습니다. 그래서인지 3주 정도 공부하더니 한국사능력검정시험 1급을 따기도 했습니다. 꿈은 역사학자입니다. 물론 저도 제 아이가 역사학자의 꿈을 펼쳐가길 바랍니다. 그런데 역사학자의 꿈을 이루는 일이 현실적으로 쉽지 않습니다. 또 부모 입장에서 단지 꿈만 이룬다고 되는 것이 아니라 경제적으로 어느 정도의 생활도 되어야 할 것 같아, 아들에게 어떻게 공부할지를 생각해보라고 이야기해주지만 역사 이외에 다른 과목은 관심이 없습니다. 여러 가지 배경지식이 풍부해야 역사적 사실도 객관적인 입장에서 잘 풀어낼 수 있고, 또 현실적인 자신의 진로도 세울 수 있을 텐데 아버지가 아닌 인생 선배로서 많이 답답합니다.

5학년 1반 부모님들께서는 어떠신지요? 저와 비슷한 고민을 하고 계시는 분들이 있을 겁니다. 옛날 제가 아는 분 중에 서울대 법대를 갈 수 있는 실력을 가지고도 담임선생님 조언과 자신의 적성에 따라 서울대 철학과를 간 분이 있습니다. 지금은 사업을 하고 계시는데 그 당시 장래가 보장되는 서울대 법대 대신 철학과를 선택했고 지금 행복하게 사십니다. 그런데 이 분에게는 지금까지도 아쉬운 점이 하나 있는데, 본인이 진로 문제로 고민할 때 당시 고등학교 교장선생님이던 아버지에게 진로에 대한 조언을 들어본 적이 없다는 것입니다. 인생길을 선택해야 하는 중요한 그 시절에, 어린 그 분은 지푸라기라도 잡고 싶은데 얼마나 답답하고 두려웠겠습니까.

우리 아이들, 사랑하는 우리 5학년 1반 아이들은 주변의 도움을 받을 수 있었으면 좋겠

저는 우리 아이들에게 도움을 주고 싶고, 이를 위해 필요한 것이 있습니다. 앞으로의 환
경이 이렇게 바뀌니까 어떻게 대처해야하는지 알려주고 준비하도록 해주고 싶습니다.
그 중에 하나가 지금 말하고 있는 슬로리딩 수업, 지금 책을 여러 권 읽는 것보다 한 권
을 제대로 읽는 것이 중요하다는 슬로리딩 수업 방법도 매우 도움이 될 거라고 확신합
니다.

저는 10여 년 전부터, 학부모님들에게 동의를 구한 뒤 몇 분을 교실로 초대하곤 했습니
다. 아이들과 함께 부모님들이 현재의 직업과 직장을 갖게 된 동기와 과정 그리고 배경
에 대해 듣는 수업을 했습니다. 아이들의 반응은 폭발적이었습니다. 그런데 모든 일에
완벽함은 없듯이 한계는 있었습니다. 몇 시간 경험을 듣는 것 말고 그 효과를 학년 내내
지속시켜 나갈 방법을 못 찾았던 것입니다. 그 뒤 슬로리딩 수업을 알게 되었고, 제가
생각해오던 방법을 접목하니 좋은 방법이 생각났습니다.

학부모님들이 많이 참여할 수 있는 방법 중 하나로 설문을 통해 우리 아이들에게 더 많
은 간접경험을 시켜주는 것입니다. 자유롭게 참여하여 주시되 마음의 부담이 되면 안
하셔도 괜찮습니다. 대신 참여하실 경우에는 자세하게 써주시고, 이름은 밝히지 말아
주십시오. 아이들에게 선입견을 줄 수도 있고, 어른들은 이해하지 못하지만 아이들 사
이에 위화감이 생길 수도 있기 때문입니다. 아무튼 이 설문을 통해 우리 아이들이 미래
를 준비하는데 조금이라도 도움이 될 수 있도록 해주시기 바랍니다.

이런 수업을 준비하는 근거는, 국어(듣기·말하기·쓰기)에 조사학습 과제가 있고 〈그
많던 싱아는 누가 다 먹었을까〉에는 '면서기, 자작농, 복덕방, 감정인, 생선 도매상, 굴
뚝장수, 체장수, 물장수, 수위, 사서, 선생님' 등 여러 가지 직업이 등장합니다. 특히 복
덕방은 현재의 공인중개사 업무를 했던 직업인데 현재는 사라진 명칭이고 물장수, 체
장수도 마찬가지입니다. 모두가 세월의 흐름과 무관하지 않을 것인데, 이런 사실을 경
제와 역사 등과 연관시켜 아이들에게 알려줄 수 있습니다.

제가 무슨 거창한 수업을 준비하는 것이 아닙니다. 현재의 교육과정 틀에서 우리 아이들
에게 조금이라도 더 다루어보고 더 생각해보도록 하고자 하는 취지입니다. 여기에 현실
감을 살리기 위해서 현재 직접 경험하고 계시는 부모님들의 이야기를 전하는 것이 가장
좋겠다고 생각되어 이렇게 편지로 협조를 구하는 것이니 양해하여 주시기 바랍니다.

모든 부모님들이 참여하여 주시면 고맙겠지만 의무사항은 아니니 편한 마음으로 대해
주십시오. 설문지는 될 수 있으면 보내드리는 정해진 양식에 내용을 쓰고 저에게 메일

로 보내주십시오. 그러면 제가 정리한 뒤 아이들의 수업 자료로 활용하겠습니다. 다시 한 번 부탁드리는데 될 수 있으면 누구 부모님이라는 사실이 나타나지 않도록 해주세요. 양식은 학급홈페이지 공지사항에 올리겠습니다. 내용을 쓰시다가 더 쓰실 내용이 있거나 혹은 굳이 쓸 내용이 없는 경우 본인의 조건에 맞춰 양식을 조금씩 바꾸셔도 괜찮습니다. 저의 전자우편 주소는 다음과 같습니다. (oogmin@hanmail.net)

마지막으로 한 가지 더 부탁드릴 일은, 아이들 학급문집에 넣을 편지를 보내주시면 고맙겠습니다. 보내시는 방법은 '성서예술제(10월 31일)' 때 저에게 직접 주시거나, 우편 방식으로 해주시면 됩니다. 편지 내용은 우리 아이들을 격려하고 칭찬하는 내용으로 써주세요. 감사합니다. 그리고 고맙습니다.

2014년 10월 14일
담임교사 최영민 드림

• 5학년 1반 아버지들께 보낸 휴대전화 장문의 문자

안녕하세요. 5학년 1반 담임입니다. 문자로 너무 길게 보내 죄송하지만 꼭 필요해서 보내니 양해바랍니다.

우리 아이들 참 예쁘고 사랑스러운데 부모님들은 더하시겠지요. 이제 두 달 정도이면 아이들과 함께 했던 5학년을 마무리해야 합니다.

저는 우리 아이들이 꿈을 안고 밝고 건강하게 살아가기를 소망하고 있습니다. 그런데 이것은 무작정 바란다고 되는 것이 아니라 많은 노력과 준비가 필요합니다. 대학을 나와도 취업이 어려운 상황에서 우리 아이들이 미리 대처해 나간다면 좋지 않을까 생각합니다.

부모님들께서는 성공하신 분들입니다. 가정을 이루고 직장을 가지셨고, 또 우리 아이들이 꿈을 안고 나갈 수 있도록 도와주고 계시기 때문입니다, 경험은 무엇과도 바꿀 수 없는 최고의 자산입니다. 부모님들의 그 소중한 경험을 우리 아이들에게 나누어 주십시오. 수업시간에 활용할 것입니다. 양식은 학급홈페이지 공지사항에 있습니다.

저도 94년에 대학을 졸업하고 교사가 되기 위해 3년간 취업 재수를 했습니다. 하지만 계획대로 되질 않아 일반 직장을 다녀야 했는데 도저히 교사의 길을 포기할 수 없어 교대에 재입학해 지금에 이르고 있습니다. 또 오늘 기사에, 어렵게 얻은 직장이 적성에 맞지 않아 고민하는 젊은이들이 많다는 내용이 있었습니다. 이런 상황이 되면 당사자는 생각보다 훨씬 힘듭니다. 저는 그 힘듦을 누구보다 잘 알고 있습니다. 우리 아이들이 이 런 시행착오를 많이 겪지 않고 자신의 꿈을 향해 나갈 수 있도록 부모님들의 경험이 필 요합니다. 우리 반 부모님들은 여러 분야에서 일하고 계셔서 아이들에게는 생생한 정 보를 줄 수 있을 거라고 생각합니다.

개인 정보가 노출되지 않도록 하기 위해 자료를 보내실 때는 학급홈페이지가 아닌 제 이메일로 보내주세요. 메일 주소는 다음과 같습니다. (oogmin@hanmail.net)

장문의 문자를 보내서 죄송합니다. 감사합니다.

2014년 10월 16일
5-1 담임 드림

② 설문조사 내용

<table>
<tr><td></td><td>국어
듣기 · 말하기 · 쓰기
5-2</td><td colspan="1"><h1>5. 우리가 사는 세상</h1>'우리 반 부모님'직업체험하기</td></tr>
</table>

[진로활동]

1. 맡고 계신 구체적인 주업무는 무엇입니까?

2. 이 직장(직업)을 선택하게 된 동기 혹은 목적은 무엇입니까?

3. 하루 근무 시간과 근로조건은 어떻게 됩니까?

4. 이 직업에 필요한 교육성노는 어느 정도입니까?

5. 이 직업을 위한 자격 요건은 무엇입니까? (소질과 적성, 신체적 조건, 필 요한 자격증이나 면허증 등)

6. 다시 직업을 선택하실 경우 이 직업의 선택여부는 어떻습니까? (직업 에 대한 만족도)

7. 이 직장의 작업환경과 직원들의 분위기는 어떻습니까?

8. 이 직업의 장래 전망과 사회적 인식은 어느 정도입니까?

9. 이 직업을 택할 젊은이에게 특별히 해주고 싶은 말씀은 무엇입니까?

10. 일을 하면서 가장 힘들 때나 보람을 느낄 때는 언제입니까?

11. 개인적으로 갖고 있는 포부는 무엇입니까?

12. 가장 기억에 남는 경험담이나 황당했던 일이 있다면 무엇입니까?

13. 이 직업을 가지게 된 계기는 무엇입니까?

14. 이 직업의 장점은 무엇입니까?

15. 이 직업의 하루 일과는 어떻습니까?

(설문에 응하여 주셔서 감사합니다.)

③ 설문 내용 중 '직업의 장래 전망과 사회적 인식'에 대한 응답 내용

- 솔직히 제가 이 직업을 선택했던 1990년대만 해도 전망 좋고 연봉도 높은 직종이었지만 2000년대에 들어서면서 갈수록 일감은 줄어들고 경쟁은 치열해지고 있습니다. (펀드매니저)

- 현재 그래픽디자인은 웹서버를 이용한 웹디자인으로 전환해야 하는 시점에 와 있습니다. (웹디자인)

- 장래전망 사회적 인식 모두 발전적이고 진취적이나 속해 있는 회사의 이익 창출여부가 더 중요합니다. 직업만 개별적으로 생각하면 좋은 직업입니다. (정보통신연구소 휴대전화 개발)

- 장래 전망은 그리 밝지 않습니다. 공부는 경쟁에서 이기기 위한 수단이 아니라 꿈을 발견하고 이루어 나가는데 필요한 수단임을 알려주고 싶습니다. (입시학원 운영)

- 이 직업의 장래 전망은 그리 좋지 않습니다. 평등의료와 양질의 의료 사이에서 갈등하고 있기 때문입니다. (신경과 전문의)

- 마이스(MICE) 산업은 '굴뚝 없는 황금산업'으로 주목받는 분야입니다. (마

- 여러분의 꿈이 변호사가 아닌 정치인, 기업가라고 하더라도 변호사가 된다면 그 꿈을 이룰 수 있는 확률이 높아질 수 있습니다. (교육청 변호사)

④ 최근에 일자리를 얻은 후 1년 이내에 쉽게 퇴사를 하는 이유 분석(신문 자료 소개)[11]

어렵게 일자리를 얻었지만 1년 이내에 퇴사하는 이유를 신문기사 자료를 이용하여 아이들과 살펴보았습니다. 가장 큰 이유 중 하나가 적성에 안 맞아서였습니다. 지금부터 자신의 꿈이 무엇이며 관심 있는 분야와 잘하는 것이 무엇인지 파악하는 것이 중요하다는 것을 강조하였습니다.

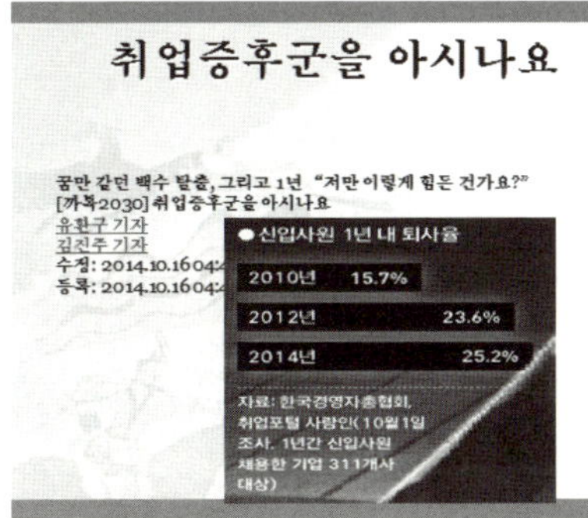

취업증후군을 아시나요

⑤ 전문직 직종에 대한 지위 하향 현상과 아이들이 꿈을 갖기 어려운 이유를 소개함

⑥ 부모님이 작성해준 설문을 일주일에 3편 정도씩 읽음

자신의 부모님이 써준 설문 내용을 1주일에 2~3편 정도 읽고 담임교사가 보충설명을 하는 식으로 수업을 진행하였습니다. 부모님들의 직업은 전문직종

---

11) 한국일보(2014.10.16.) '꿈만 같던 백수 탈출…기쁨은 잠깐이더라' 기사 내용 인용

이 많았고 생각보다 다양해서 아이들의 흥미를 끌었습니다. 15개 항목이 반복되어 지루할 수 있으므로 지루하지 않도록 2개월 정도 장기적으로 계획하여 수업을 진행하였습니다.

⑦ 아이들이 관심있어 하는 분야 조사과제 부여

부모님들이 작성해준 직업 관련 내용 발표가 끝나고 조사 과제를 부여하였습니다. 2명씩 한 모둠이 되게 하였고 반드시 한 권 이상의 책을 본 뒤 보고서를 작성하도록 하였습니다. 그리고 공공도서관을 이용하도록 했습니다. 한 모둠을 2명으로

아이들 발표 모습

만든 이유는 서로 잠깐이라도 대화를 하면서 사귈 수 있는 기회를 갖도록 하는 의도도 있었습니다. 또 한 모둠 2명이 조사를 했더라도 조사 과제는 개별적으로 작성하여 학급홈페이지에 올리도록 했습니다. 다른 아이들은 친구들이 올린 내용을 보고 정보를 공유하도록 하기 위함이었습니다. 물론 살펴보고 칭찬하는 댓글을 달도록 유도했습니다.

나의 장래희망은?

5-1 이다원

■ **웹툰 작가가 되고 싶은 이유**

나의 꿈은 웹툰 작가이다. 처음에는 단지 그림 그리는 것을 좋아해서 패션 디자이너가 되고 싶었다. 옷의 디자인을 창조해서 그것을 그리는 것인 줄 알았는데, 아빠의 회사에서 일하시는 디자이너 분들을 보면서 그게 아니라는 것을 알게 되었다. 그리고 학교에서 슬로리딩 수업을 하면서 내가 글을 쓰는 것에 소질이 있고 내가 글 쓰는 것을 좋아한다는 것을 알게 되었고, 그래서 그림도 그리고 글도 쓰는 웹툰 작가가 되면 좋겠다고 생각했다.

웹투니스트로도 불리는 웹툰 작가와 만화가는 조금 다르다. 웹툰 작가는 말 그대로 인
터넷 만화 작가이다. 만화가는 만화책을 그리는 직업이다. 웹툰이 인기가 많아지면 웹
툰의 내용을 책으로 출판하기도 한다. 웹툰 작가가 될 때 학력은 따로 필요하지 않다.
포털사이트에 도전 만화를 올려서 독자들의 인기를 얻으면 정식으로 웹툰 연재를 할
수 있게 된다. 수입은 원고료, 캐릭터 상품, 광고를 통해 얻을 수 있다. 신인 작가의 경우
중소기업 신입사원 정도의 월급을 받고, 네이버에서 가장 원고료를 많이 받는 작가는
월 7800만원을 번다고 한다. (캐릭터 상품, 광고료 제외) 현재 [다이어터]라는 웹툰을 연
재하고 계신 네온비 작가는 억대의 연 수익을 냈다고 한다.

내가 조사하며 읽게 된 책은 [웹툰 고수들의 실전 작법노트]라는 책인데, 이 책에는 웹
툰을 그리는 방법부터 태블릿, 프로그램, 실제 작가의 작업실 등이 자세히 나와 있다.

책 제목 : 웹툰 고수들의 실전 작법노트
책 저자 : 박윤선
출판사 : 대원씨아이

〈닥터 프로스트〉 이종범 작가, 〈신과 함께〉 주호민 작가, 〈다이어터〉 캐러멜&네온비
작가, 〈어서와〉 고아라 작가 등 총 8명의 인기 웹투니스트들과 기획부터 특수효과까지
웹툰 제작 방법을 배울 수 있는 책이다.

나의 직업은?

5-1 박채은

■ 나의 장래희망은 작가이다.

작가가 되어 사람들을 행복하게 해 주는 사람이 되고 싶다. 내가 조사하며 읽은 책은
〈작가클럽〉이라는 책이다. 이 책은 내가 가장 좋아하는, 그래서 롤모델로 삼고 있는 고

정욱 작가가 쓰신 책이다. 책 내용을 소개하자면, 주인공 보람이는 아무도 모르게 소설을 쓰며 글을 쓰는 능력을 키워가고 있고, 그 와중에 친구 아리가 백일장에서 장원하기 위해 글쓰기 특별반, 그러니까 작가클럽에 참여하자고 조른다. 결국 참여를 하고 필립이, 우석이, 아리, 성운이, 여진이 같은 친구, 동생들을 만나며 글쓰기 능력을 기르게 된다. 그러면서 백일장에 도전하게 되는 이야기이다.

스토리 표

이름	꿈	조언	성격(특징)	결과
보람	소설가	"어렵고 힘든 사람에게는 용기를 줄 것!"	소극적인 성격이지만 할 말은 다 한다.	백일장 은상
아리	드라마 작가	"상상력을 맘껏!"	언제든지 당당하고 뭐든 자신있는 성격이다.	백일장 가작
우석	소설가	"어렵고 힘든 사람에게는 용기를 줄 것!"	공부, 얼굴 등 엄친아라고 불리는 어린이 전교 회장이다.	백일장 가작
필립	문학 번역가	"다양한 언어를 접해보고, 상상력과 어휘력을 길러라!"	엄마가 필리핀 사람이어서 영어, 한국어 둘 다 가능하다. 누구에게나 친근한 성격.	백일장 가작
성운	싱어송라이터 · 시인	"시와 노래 가사는 비슷하기 때문에 좋은 시를 많이 읽고 감성을 키워라!"	가수를 꿈꾸지만 작사 · 작곡도 꿈꾸고 있기 때문에 작가클럽에 들어왔다.	백일장 가작
여진	동화작가	"어린이의 마음을 잃지 말고 우리나라뿐만 아니라 외국의 동화책도 읽을 것. 또 역사나 사회 분야 공부도 열심히!"	고정욱 작가와 같은 다리가 마비된 신체 장애인이지만 글을 쓰고 싶다는 포부를 가지고 있다.	백일장 가작

3. 상황에 따른 수업 사례 Ⅰ

2014년 3월 2일이었습니다. 당시 5학년은 EBS 다큐프라임 슬로리딩 수업 장면 촬영 예정이었습니다. 그런데 학생들이 너무나 많았습니다. 30명이 넘는 학생들을 데리고 방송 촬영을 진행한다는 것은 무리가 있었습니다. 그래서 선생님이나 학생들 모두 3월 2일을 기다렸는데, 이유는 학생 한 명이 전학을 오면 3반으로 분반이 되기 때문입니다. 3월 2일 9시에 여학생이 전학왔고 우리는 반가워 모두 박수를 쳤습니다. 그 여학생은 갑작스럽게 박수를 받으니까 쑥스러워하였는데 저의 설명을 듣고 밝게 웃었습니다.

분반은 2주 뒤에 되었고, 새로운 신규 선생님이 발령을 받았습니다. 새로 오신 선생님은 방송 촬영 사실을 전혀 모르는 상태였는데, 나중에 그 사실을 알고 많이 부담스러워했습니다. 하지만 방송촬영을 마친 뒤에는 앞으로도 슬로리딩 수업을 계속 하고 싶다고 했습니다. 그만큼 슬로리딩 수업의 장점이 많았던 것입니다.

다음에 소개하는 수업 방식은 저도 생각하지 못했는데 신규 선생님이 자신만의 방식을 개발한 것입니다. 새롭게 느껴져 이 수업 방식을 지도안 형식으로 소개하고자 합니다.

〈지도 계획〉

구분	차시	교과서 쪽수 (싱아책 쪽수)	교수·학습 활동
지도 내용	5	듣말쓰138-143쪽	• 시의 일부분을 바꾸어 쓰는 방법 알기
	6	읽기 141-145쪽	• 시에 대한 생각이나 느낌이 서로 다른 까닭 알아 보기
	7-8	듣말쓰144~147쪽 (싱아책 전체)	• 시를 읽고 생각이나 느낌을 이야기하기 • 시의 일부분을 바꾸어 쓰기

7. 상상의 날개(듣기·말하기·쓰기)	7. 상상의 날개(읽기)
〈글의 수준과 범위〉 주제가 분명하게 드러나 작품	〈글의 수준과 범위〉 주제가 분명하게 드러나 작품
대단원 학습 목표	
7. 상상의 날개	7. 상상의 날개
문학작품의 구성 요소들의 관계를 생각하며 작품을 꾸밀 수 있다.	문학 작품을 읽고 생각이나 느낌을 친구들과 비교할 수 있다.

국어과 교수·학습 과정안

교과	국어	지도일시	5월 28일 4교시	대상	5학년 3반	지도교사	엄윤아
단원	7. 상상의 날개	차시	6/6	교과서	(듣말쓰) 144~147쪽	수업모형	문제 해결 모형
학습주제	시의 일부분 바꾸어 쓰기						
학습목표	시의 일부분을 바꾸어 쓸 수 있다.						
준비물	교사 : PPT, 동영상, 미션지, 모둠별 학습지 학생 : 싱아책, 싸인펜, 색연필						

학습 단계	학습 과정	교수 · 학습 활동		시간 (분)	자료(·) 및 유의 점(※)
		교사	학생		
문제 확인 하기	전시 학습 상기	▣ 전시학습 상기하기 －시의 일부분을 바꾸어 쓰 　는 방법에는 어떤 것이 있 　었습니까?	－시에 낱말을 보태거 　나 줄여서 행이나 연 　의 일부분을 바꾸어 　씁니다.	1′	• 동영상 ※학생들이 화면 　보다는 노래 가 　사에 중점을 두 　어 차이점을 발 　견할 수 있도록 　한다.
	동기 유발	▣ 동기 유발하기 －노래 가사에 집중하여 동 　영상을 살펴봅시다. －원래 가사와 어떤 점이 달 　라졌습니까? －오늘 공부할 문제가 무엇 　인 것 같나요?	－내가 겪은 일을 떠올려 　글감을 바꾸어 씁니다. －시 속 주인공을 바꾸 　어 씁니다. －노래 가사를 바꾼 것 　처럼 시를 바꾸어 쓸 　것 같습니다.	4′	
	학습 문제 확인	○학습 문제 확인하기 　　　시의 일부분을 바꾸어 써 봅시다.		1′	
	학습 활동 안내	○학습 활동 안내하기 　〈활동1〉 시 감상하기 　〈활동2〉 나도 시인 　〈활동3〉 시 낭송회			
	문제 해결 방법 탐색	〈활동 1〉 시 감상하기 ▣ 원시 감상하기 －여러분이 '그 많던 싱아는 　누가 다 먹었을까' 책에서 　뽑은 시들을 살펴보겠습 　니다. －느낌을 살려 시를 낭송하 　여 봅시다. 　'북청물장수' 시는 싱아책 　의 어느 부분에서 가져왔 　습니까? －'그 날이 오면' 시는 싱아책 　의 어느 부분에서 가져왔 　습니까?	〈활동 1〉 시 감상하기 －싱아책71-74쪽에 물장 　수가 주인공의 집에 　물을 배달하러 온 부 　분을 보고 물장수와 　관련된 시를 찾아보 　았습니다. －싱아책의 배경이 광 　복 전이며, 광복 운동 　을 하는 부분이 나오	7′	※학생들이 학급 　누리집에 올린 　시 중에 선별해 　서 제시한다.

학습 단계	학습 과정	교수 · 학습 활동		시간 (분)	자료(·) 및 유의 점(※)
		교사	학생		
문제 확인 하기	문제 해결 방법 탐색	－'소나기' 시는 싱아책의 어 느 부분에서 가져왔습니 까? －'저녁노을' 시는 싱아책의 어느 부분에서 가져왔습니 까? －시를 읽은 후 생각이나 느 낌을 이야기해 봅시다.	기 때문에 광복과 관 련된 시를 찾아보았 습니다. －싱아책 30쪽에, 주인 공과 친구들이 소나 기를 맞으며 환희를 느끼는 부분이 있습 니다. －싱아책 31쪽에, 주인 공이 저녁노을을 보 고 비애를 느낀 부분 을 보고 찾아보았습 니다.		※ 전 시간에 4개 의 시를 읽고 생 각이나 느낌을 이야기하는 활 동을 했으므로, 생각이나 느낌 나누기는 간단 하게 하고 넘어 간다.
	문제 해결	〈활동2〉 나도 시인 ▣ 시의 일부분 바꾸어 쓰기 －싱아책에서 뽑은 시를 모 둠별로 한 가지씩 골라, 시 의 일부분을 바꾸어 써 봅 시다. －어떤 방법으로 시를 바꾸 어 쓸 것인지 모둠별로 토 의하여 봅시다. －모둠원이 과제 시를 한 부 분씩 맡아, 돌려가면서 바 꾸어 써 봅시다. －다 바꾼 친구는 그림으로 꾸며도 좋습니다.	〈활동2〉 나도 시인 －(교사 책상에 나와 시 를 뽑아 간다) －(바꾸고 싶은 내용을 서로 이야기 나누고 정리한다.)	14′	• 학습지 • 모둠별 학습지, 사인펜, 색연필
	적용 및 발전	〈활동3〉 시 낭송회 ▣ 바꾸어 쓴 시 발표하기 －지금부터 시 낭송회를 시 작하겠습니다. 모둠별로 완성된 시를 발표하여 봅 시다. －각자 자기가 바꾸어 쓴 부 분을 돌려가면서 발표하여 봅시다. －나머지 모둠은 평가지에 평가를 합니다.	〈활동3〉 시 낭송회	12′	※ 각자 자기가 바 꾸어 쓴 부분을 발표하게 하여, 모둠원 전체가 발표에 참여하 도록 한다.

학습 단계	학습 과정	교수·학습 활동		시간 (분)	자료(·) 및 유의 점(※)
		교사	학생		
문제 해결 하기	적용 및 발전	▣ 바꾸어 쓴 시 평가하기 ─다른 모둠의 시에서 잘된 점을 찾아 칭찬하여 줍시다. ─시를 가장 잘 바꾸어 쓴 모둠에게 '최고의 시인' 상을 주도록 합시다.	─바꾸어 쓴 부분이 전체 시의 내용과 잘 어울립니다.		※ '최고의 시인'을 선발할 때, 평가 관점에 따라 평가할 수 있도록 한다.
일반화 하기	적용 및 정착	▣ 정리 및 느낀 점 발표하기 ─시를 바꾸어 써 보고 느낀 점을 발표하여 봅시다. ▣ 차시예고 ─다음 시간에는 같은 시에 대한 생각이 서로 다른 까닭에 대해 알아보겠습니다.	─다양하게 시를 바꾸어 쓸 수 있어서 즐거웠습니다. ─시의 일부분을 바꾸어 써 보니 시 쓰는 것이 어렵지 않다는 생각이 들었습니다.	1′	

7. 상상의 날개

시의 일부분 바꾸어 쓰기

5학년 3반

_____________ 모둠

★ 바꾸어 쓴 방법에 O표 하세요

1. 시에 낱말을 보태거나 줄여서 행이나 연의 일부분을 바꾸어 쓰기

2. 겪은 일을 떠올려 글감 바꾸어 쓰기

3. 시 속 주인공이나 말하는 이를 바꾸어 쓰기

4. 꾸며주는 말을 넣어 바꾸기

5. 반복하는 말을 넣어 리듬감있게 바꾸기

6. 대화글을 넣어 실감나게 표현하기

(학생들이 직접 써 넣은 공간)

북청물장수

김동환

새벽마다 고요히 꿈길을 밟고 와서
머리맡에 찬물을 쏴아 퍼붓고는
그만 가슴을 디디면서 멀리 사라지는
북청물장수

물에 젖은 꿈이
북청 물장수를 부르면
그는 삐걱삐걱 소리를 치며
온 자취도 없이 다시 사라진다

날마다 아침마다 기다려지는
북청 물장수

'북청물장수' 시를 가져온 부분

〈싱아책 71~72쪽〉

물장수는 밤새도록 일하고 대낮에는 자는지 아무튼 밝은 날 그들을 본 적이 없었다. 그들도 공동수도에서 물을 길으니까, 손수 길어먹는 사람들의 긴 줄을 피해 능률적으로 일을 하기 위해 그렇게 도니 것 같았다. 물장수 물을 대먹는 집에서 의무적으로 해야하는 일이 다달이 품삯 주는 것 말고 또 한 가지가 있었는데, 그건 돌아가면서 저녁밥을 한 끼씩 먹이는 일이었다. 단골이 차례로 먹이는 거니까 대개 한 달에 한 번 꼴로 돌아왔다.

엄마는 그날 물장수를 완전히 상객 취급을 했다. 그전에도 엄마는 물장수한테만은 바닥 상것이라는 소리를 안했지만 상객 취급은 좀 유난스러워보였다. 물장수만은 하대하면 안 된다는 관례가 있는 것도 아니라는 것은 안집에서 물장수 밥 먹이는 걸 봐도 알 수가 있었다. 일부러 잡곡을 많이 둔 밥을 고봉으로 퍼 담고 짠지 쪼가리에다 된장 뚝배기면 다였다. 그것도 마루다 방에 차려주는 법이 없이 마당이나 부엌 바닥에 거적을 깔고 먹었다.

가장 두꺼운 구름
먹구름 안에
큰 물방울 작은 물방울들이
살고 있다

품고 있는
그 무게를
견디지 못해 후드득
떨어진다

소나기도
먹구름이 만들어 진 후 내리는데
바로 내려 버리는
내 안의 말

먹구름을 기다렸다
쏟아지는 소나기가
자꾸 뭐라고 하는 것 같다

'소나기' 시를 가져온 부분

〈싱아책 30쪽〉

뙤약볕이 내리쬐는 한여름에는 실개천이 합쳐져서 냇물이 된 동구 밖까지 원정을 나갈 때도 있었다. 그럴 때 만나는 소나기는 실로 장관이었다. 서울 아이들은 소나기가 하늘에서 오는 줄 알겠지만 우리는 저만치 앞벌에서 소나기가 군대처럼 들어온다는 걸 알고 있었다. 우리가 노는 곳은 햇빛이 쨍쨍하건만 앞벌에 짙은 그림자가 집과 동시에 소나기의 장막이 우리를 향해 쳐들어오는 것을 볼 수가 있었다. 우리는 아무도 이해할 수 없는 기성을 지르며 마을을 향해 도망치기 시작한다. 그 장막이 얼마나 빠르게 이동하나를 알고 있기 때문에 우리는 죽자꾸나 뛴다. 불안인지 환희인지 모를 것으로 터질듯한 마음을 부채질하듯이 벌판의 모든 곡식과 푸성귀와 풀들도 축 늘어졌던 잠에서 깨어나 일제히 웅성대며 소요를 일으킨다. 그러나 소나기의 장막은 언제나 우리가 마을 추녀 끝에 몸을 가리기 전에 우리를 덮치고 만다.

북청물장수 김동환 시

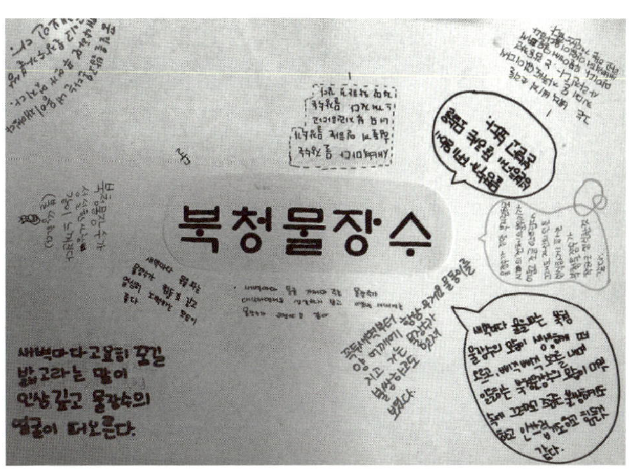

모둠별로 감상을 나눈 학습지(4절지)

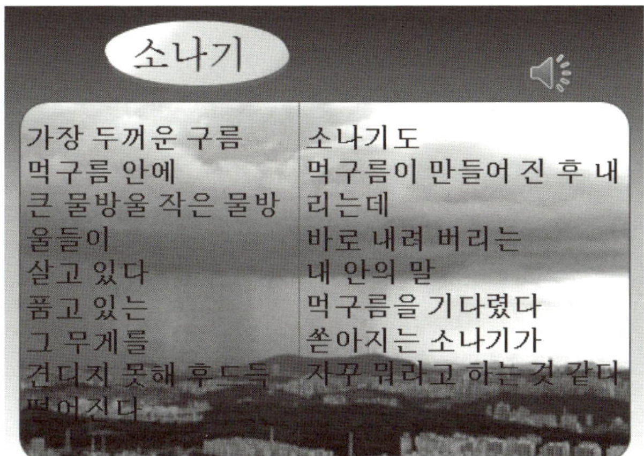

소나기 시

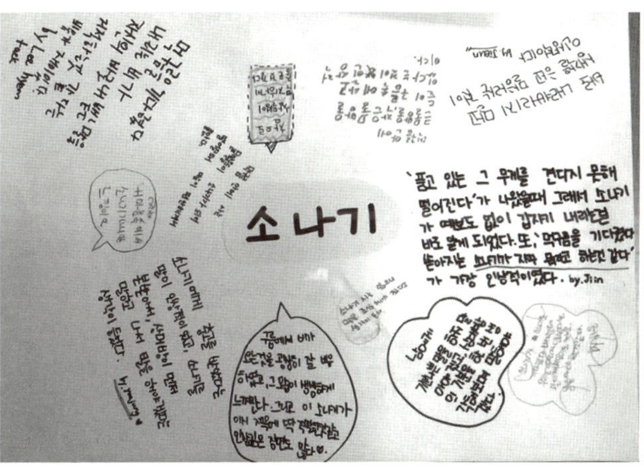

모둠별로 감상을 나눈 학습지(4절지)

<table>
<tr><td colspan="2" align="center">아이들이 바꾸어 쓴 시</td></tr>
<tr>
<td>

북청물장수

김동환

새벽마다 고요히 꿈길을 밟고 와서
머리맡에 찬물을 솨아 퍼붓고는
그만 가슴을 디디면서 멀리 사라지는
북청 물장수

물에 젖은 꿈이
북청 물장수를 부르면
그는 삐걱삐걱 소리를 치며
온 자취도 없이 다시 사라진다

날마다 아침마다 기다려지는
북청 물장수

</td>
<td>

우유 배달부

새벽마다 재빨리 엘리베이터를 타고 와서
현관 앞 주머니에 넣어놓고는
멀리 멀리 사라지는
우유 배달부

몸에 좋은 우유
눈 뜨면 마시라고
그는 띵동띵동 엘리베이터 소리를 내며
큰 자취도 없이 다시 사라진다

날마다 아침마다 날마다 뛰어나디는
우유배달부

</td>
</tr>
</table>

<table>
<tr><td colspan="2" align="center">아이들이 바꾸어 쓴 시</td></tr>
<tr>
<td>

소나기

전선경

가장 두꺼운 구름
먹구름 안에
큰 물방울 작은 물방울들이
살고있다

품고 있는
그 무게를
견디지 못해 후드득
떨어진다

소나기도
먹구름이 만들어 진 후 내리는데
바로 내려 버리는
내 안의 말

먹구름을 기다렸다
쏟아지는 소나기가
자꾸 뭐라고 하는 것 같다

</td>
<td>

꽃비

가장 꺼다란 나무
사이에
큰 꽃잎 작은 꽃잎이
살고 있다.
품고 있던
그 무게를
견디지 못해 살랑살랑
떨어진다.
꽃비가 함박눈처럼 내려서
바로 만들어지는
내 앞의 꽃길
바람을 기다렸다
내려오는 꽃비가
자꾸 나에게 이야기하는 것 같다.

</td>
</tr>
</table>

〈그 많던 싱아는 누가 다 먹었을까〉에서 '북청물장수' 부분을 하면서 시 바꿔쓰기 수업을 하였습니다. 북청물장수는 지금 천천히 음미해 보아도 좋은 시였습니다. 그런데 저는 수업을 준비하면서 두 가지 사실에 놀랐습니다.

첫째, '북청물장수'를 쓴 김동환 시인에 대한 것이었습니다. 중고등학교 시절에 '국경의 밤'과 '산 너머 남촌에는'이라는 작품은 너무나 좋았습니다. 그런데 지원병으로 참전했다가 전사한 '이인석'을 칭송하며 젊은이들에게 일본 천황을 위해 참전할 것을 촉구하는 시 '권군취천명(勸君就天命, 1943. 11. 6)'을 쓰면서 친일행위에 앞장섰다는 점이었습니다. 이런 사실을 아이들에게 어떻게 전해야 할지 굉장히 난감했습니다. 그러나 사실대로 전하는 것이 좋겠다는 생각이 들어 친일행위를 이야기하고 같이 시를 감상하며 바꾸어 쓰는 활동을 하였습니다.

둘째, 아이들의 상상력은 무한하다는 점이었습니다. '북청물장수' 시를 아이들은 현재의 직업에 어울리게 바꾸기도 하였습니다. 우유 배달부 또는 신문 배달부, 맥도날드 햄버거 배달 아저씨를 소재로 하여 시를 쓰기도 하였습니다. 저는 이런 것들을 보며 아주 좋았고 아이들과 함께 하는 것이 너무나 행복하다는 생각이 들었습니다. 그런 의미에서 아이들이 쓴 다음 두 편의 시를 옮겨 봅니다.

신문 배달 아저씨
새벽마다 고요히 자전거를 타고 와
문 앞에 조심스레 신문을 놓고는
다시 자전거를 다고 시리지는
신문 배달 아저씨

아저씨를 부르면
그는 따릉따릉 자전거 소리를 내며
온 자취도 없이 사라진다.
날마다 기다려지는
신문 배달 아저씨

4. 상황에 따른 수업 사례 Ⅱ

싱아책 122쪽 - '우리는 그 집을 괴불마당 집이라고 불렀다. 마당이 괴불처럼
세모였기 때문이다. 우리는 다 같이 그 집에 만족했고 또한 사랑했다.'

• 괴불이 뭔지 찾아보자.

	***괴불주머니** (정의) • 어린이들이 주머니 끈 끝에 차는 노리개. • 여자들이 몸치장으로 한복저고리의 고름이나 치마허리 따위에 다는 물건. • 심심풀이로 가지고 노는 물건. (내용) 비단 조각을 이용하여 삼각모양을 겹으로 만들고 솜을 탄탄히 넣은 다음 둘레를 색실로 휘갑쳐서 만든다. 이 때에 작은 고리를 만들어서 삼각이 된 위의 변에 끼워둔다. 그리고 양쪽 다리 끝부분에는 풀솜에 물감을 들여서 만든 술을 달아서 귀여움을 강조한다.

— 학생 : 괴불마당 집은 이름만 들었을 때는 뭔가 으스스하고 유령이 나올
집 같았는데, 괴불이라는 물건이 무엇인지 알고 나니 왜 이름이 그렇게 되
었는지 알게 되었습니다.

- 괴불마당 집에 다른 이름 붙여보기

─ 학생 : 트라이앵글마당 집, 피자조각마당 집, 삼각자마당 집, 삼각김밥마

 당 집 등이 있습니다.

- 추녀, 대문간, 건넌방 등 한옥과 관련된 용어들 알아보기

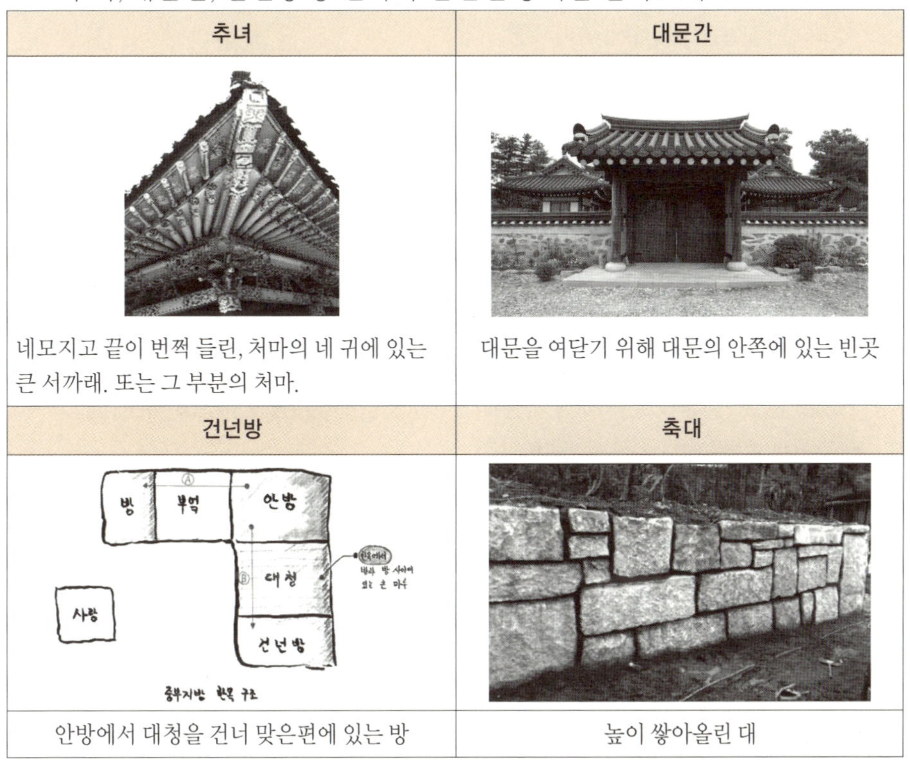

추녀	대문간
네모지고 끝이 번쩍 들린, 처마의 네 귀에 있는 큰 서까래. 또는 그 부분의 처마.	대문을 여닫기 위해 대문의 안쪽에 있는 빈곳
건넌방	축대
안방에서 대청을 건너 맞은편에 있는 방	높이 쌓아올린 대

- 괴불 마당 집 조감도 그려보기(괴불마당 집을 묘사한 부분을 바탕으로 조

 감도를 그려보자.)

(싱아책 122쪽)

'기역자집의 양끝인 건넌방과 대문간을 직선으로 이으면 마당이 삼각형이 된다. 집이 들어앉지 않은 삼각형의 한쪽 변은 높은 축대고 축대 밑은 그 아랫집 뒤꼍이었다. 엄마는 축대 밑에 있는 집의 양해를 구하고는 우리 마당을 추녀처럼 그 뒤란으로 내물렸다. 그리고 늘어난 마당을 꽃밭으로 만들었다. 밑의 집에선 뒤꼍에 지붕이 생겼다고 좋아하고 나는 꽃밭을 가질 수가 있어서 좋았다.'

(싱아책 122쪽)

'나무로 기둥을 세우고 널빤지를 깔고 흙을 부은 꽃밭에서도 분꽃과 금잔화가 어찌나 잘 퍼졌는지 볼만했다. 가을에 고사도 푸짐하게 지내 이웃과 넉넉히 나누어 먹었다. 세 살던 집보다 더 꼭대기였지만 엄마는 이사 간 동네를 마음에 들어 했다. 나가 놀지 말란 소리도 안했다. 엄마가 진저리를 치면서 싫어한 것은 안집사람과 안집의 사는 방법이었지 동네 사람 다는 아니었나 보다.'

(싱아책 123쪽)

'괴불마당 집 바로 앞집은 구장 집이었는데 집도 반듯하고 화초를 많이 길렀다. 특히 옥잠화가 여러 분이어서 꽃이 피어날 어스름 녘이면 감미로운 향기가 우리 집까지 끼쳐 왔다. 골목이 좁고 다들 대문을 열어놓고 살 때였으니까. 우리는 그 집을 구장 집이라 부르지 않고 옥잠화 집이라 불렀다. 그 집엔 나보다 두 살 위인 언니도 있어서 옥잠화 알뿌리를 몇 번씩 우리한테 찢어주었지만 우리 집에선 그게 잘 되지 않았다. 우리 다음 집은 일각대문 집이라고 불렀다. 엄마는 옥잠화 집하고도 일각대문 집하고도 친했다.'

- 우리 아파트에 이름을 붙여보자. (특징을 살려서)
  - 학생 : 미로의 아파트(아파트 단지 구조가 미로처럼 복잡하기 때문이다.)
    어둠의 아파트(입주를 하지 않은 집이 많아 밤에 불이 꺼진 집이 많아
    어둡다.)
    숲속의 아파트(주변이 산으로 둘러싸여 있다.) 등

- 우리 아파트 광고를 만들어보자.
  - 교사 : 밤에 힐스테이트나 자이를 보면 불이 꺼진 집이 많이 있어요. 분
    양이 되지 않은 집, 사람이 살고 있지 않은 집이 많기 때문입니다. 사람
    들이 우리 아파트에 이사를 올 수 있도록 광고를 만들어 봅시다.
    자신이 살고 있는 아파트별로 모여서 모둠별로 만들어 봅시다. (예- 1
    모둠 : 아이파크, 2모둠 : 성복자이2차, 3모둠 : 힐스테이트2차, 4모둠 : 힐
    스테이트3차, 5모둠 : 주택…)

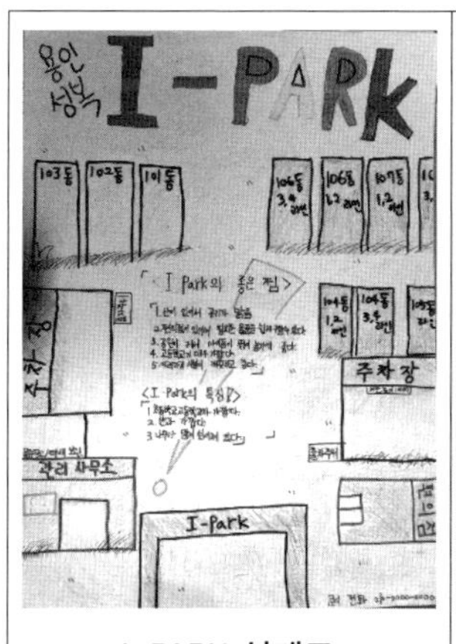		
I-PARK 설계도	아파트 그림	아파트 그림
⇨ 용인 성복 I-PARK 〈I-PARK의 좋은 점〉 산이 있어서 공기가 맑음 편의점이 있어서 필요한 물품을 쉽게 구할 수 있다.	⇨ 힐스테이트 2차 도서관도 있고, 헬스장도 있고, 노인정도 있고 없는 게 없네~? 오~ 멋진 집이야! 얘들아~ 여기 로 이사와!ᐵ	⇨ 자연이 살아숨쉬는 전원주택 으로 오세요. 와!주택이다!!

공원이 커서 아이들이 뛰어놀기에 좋다. 고등학교가 매우 가깝다. 여러 가지 시설이 깨끗하고 좋다. 〈I-PARK의 특징〉 초등학교, 고등학교와 가깝다. 산과 가깝다. 나무가 많이 심어져 있다. * 문의 전화 010-1234-5678	Q. 바닥이 대리석으로 되어있다던데 따뜻한가요? A. 네~! 대리석 바닥도 난방으로 따뜻하게 온도를 높일 수 있어요! 나무 바닥으로 된 집도 있으니 걱정말고 이사하세요! Q. 학교 다니기엔 어떤가요? A. 가까워요~ 3차보단 멀어도 그렇게 멀진 않구요. 횡단보도를 1개 건너야 하지만 녹색 어머니들이 안전하게 등교할 수 있도록 매일 도와주셔요~ Q. 이 아파트, 안전한가요? A. 네~ 물론이죠~ 경비 아저씨들이 인사도 잘하고, 순찰도 많이 하세요~ 무인 택배기에 보안 장치가 잘 되어 있어서 택배를 분실할 일이 없어요~ Q. 우리 아이가 4살인데 놀이터에서 놀 수 있을까요? A. 당연하죠~ 초등 4·5학년이 놀 수 있는 놀이터도 있지만 유아들이 놀 수 있는 쉬운 놀이터도 있어요~ 높은 기구가 없어서 안전하답니다~ 경사가 높지 않아 걸어다니기 편한 길! 연예인도 사는 좋은 집! 이웃 간의 친근함! 안전한 3개의 놀이터가 있다!	〈장점〉 첫째! 층간 소음이 없어서 떠들어도 된다. 둘째! 한적하고 시원해요.

⇨ 세계적인 성복 힐스테이트 2차.
부담없이 1년만 살아보세요!
전세! 2억 5천에서 1억 5천으로!
연예인 정웅인도 거주할 만큼
편하고 좋은 단지!

〈성복 힐스테이트의 좋은점〉
시설이 편리
건강을 유지할 수 있는 시설 마련
경비원의 인성이 좋음
단지내 시속 10km 서행 지정
다른 아파트보다 전세값이 싸다!

⇨ 힐스테이트 3차
우리 아파트의 특징!
가까운 학교
안전한 놀이터
맑은 공기
깨끗한 시설
친절한 안내판
멋있는 경치
시원한 폭포
넓은 주차장
배산임수의 APT!

⇨ 자연과 함께하는 성복자이 2차!
광교산이 둘러싸여 있어 공기
가 맑고 여름엔 시원하고 운동
시설이 잘 갖추어져 있어 편하다.
봄에는 벚꽃이 아름답게 피고
가을에는 단풍잎이 알록달록하
게 핀다.

• 내가 살고 싶은 나만의 집을 그려보자.

나만의 집에 이름을 짓고, 집에 대한 설명도 간단히 적게 하였습니다.

트리하우스

⇨ 집 이름 : 트리하우스
이용 : 호텔
설명 : 엘리베이터로 각 줄기에 있는 방으로 이동한다.
신기한 집(O), 살고 싶은 집(X)

유리로 만든 집

⇨ 집 이름 : 유리로 만든 집
설명 : 유리로 집을 만들어서 햇빛이 잘 들어온다. 비나 눈이 오면 천장으로 보는 경치가 멋있다. 누워서 밤하늘을 보며 잠이 든다.

커피크림이 올려진 커피 집

⇨ 집 이름 : 커피 크림이 올려진 커피집.
설명 : 컵과 크림 각각 1층씩인 2층이고, 보일러를 켜지 않아도 겨울에도 따뜻하며 크림(지붕)은 열린다.

다육하우스

⇨ 집 이름 : 다육하우스
설명 : 물방울무늬는 창문이고 밑쪽 물방울무늬는 입구이다. 집 같지 않도록 만든 식물형 집이다. 나비는 별장이다.

음료수집

⇨ 집 이름 : 음료수 집
종류 : 고층 아파트 겸 호텔
신기한 집(O), 살고 싶은 집(X)

나무 위의 집

⇨ 집 이름 : 나무 위의 집
특징 : 나무 위에는 아파트 같은 집이 있고, 오른쪽 밑에는 사람들이 내려올 수 있는 사다리가 있다. 그냥 신기한 집이다.

5. 수업사례 - 2009년 개정 교육과정, 2015년 5학년 Ⅰ

교과	국어	지도 일시	월 일 교시		대상	5학년3반	지도 교사	
단원	12. 문학에서 찾는 즐거움			차시	6/6		교과서	국어활동244~247쪽
학습 주제	책의 관점을 바꾸어 시를 쓰기					수업 모형		창의성계발학습모형
학습 목표	책의 관점을 바꾸어 시를 쓸 수 있다.					준비물		〈우리들의 일그러진 영웅〉, 〈소나기〉

학습 단계	학습 과정	교수·학습 활동		시간 (분)	자료(·) 및 유의점(※)
		교사	학생		
문제 발견 하기	동기유발	• 매미의 한 살이를 정지동작으로 표현하기 ─매미의 한살이에 대하여 이야기해 봅시다. ─각 단계의 모습을 정지 동작으로 표현하여 봅시다. ─정지 동작에서 알, 애벌레, 허물, 성충의 입장이 되어 자신의 생각을 말하여 봅시다.	─'알→애벌레→허물→성충'의 단계를 거친다. ─네 명이 한 모둠이 되어 각각 알, 애벌레, 허물, 성충의 모습을 몸으로 표현한다. ─알일 때에는 빨리 알에서 깨어 나가고 싶었고, 애벌레일 때에는 기어 다니는 것이 힘들었다. 허물을 벗었을 때에는 새로운 모습이 기대되었고 성충이 되어서는 어른이 된 것 같아서 뿌듯하였다.	5'	※매미는 시기상 주변에서 흔히 볼 수 있는 소재이며 한 살이의 과정이 잘 알려져 있다. 동기 유발이 본 활동과 자연스럽게 이어지도록 유도한다.
	학습 문제 파악	• 학습 문제 확인하기 책의 관점을 바꾸어 시를 써봅시다.			
	학습 활동 안내	• 학습 활동 안내하기 〈활동1〉「우리들의 일그러진 영웅」, 「소나기」 작품 속 말하는 이의 관점 이해하기 〈활동2〉 다른 관점으로 바꾸어 생각하고 표현하기			
	말하는 이의 관점 이해하기	〈활동1〉「우리들의 일그러진 영웅」, 「소나기」 작품 속 말하는 이의 관점 이해하기			※관점은 사물이나 현상에 대하여 그 사람이 생각하는 태도나

학습 단계	학습 과정	교수 · 학습 활동		시간 (분)	자료(·) 및 유의점(※)
		교사	학생		
문제 발견 하기		• 말하는 이의 관점 이해하기 ─우리들의 일그러진 영웅은 누구의 관점인가요? ─이문열 작가님께서 한병태를 말하는 이로 내세운 이유는 무엇인가요? • 소나기는 누구의 관점인가요?	─한병태 ─권력의 형성과 붕괴의 모습을 풍자적으로 그리기 위하여 한병태의 입장에서 그 실상을 보았다. ─한국의 정치상황을 비판하기 위하여 한병태의 입장에서 엄석대 체제를 경험한 것이다. ─소년	10'	입장을 나타내며 작가는 작품을 통하여 전달하고 싶은 이야기에 따라 말하는 이를 다르게 내세울 수 있다.
아이 디어 생성 하기	자신의 관점으로 바꾸어 생각하기	〈활동3〉 관점을 바꾸어 생각하고 표현하기 • 관점을 바꾸어 생각하기 ─「우리들의 일그러진 영웅」, 「소나기」를 누구의 관점으로 바꿀 수 있을까요? ─어떤 장면을 관점을 바꾸어 표현할 수 있을까요?	─엄석대, 대리시험 쳐준 아이들, 김 선생님, 최선생님 등 ─소녀 ─선생님이 석대를 교무실로 보내고 반 아이들에게 사실을 물어보는 장면에서 석대의 관점을 표현하고 싶습니다.	5'	※생각을 표현하는 활동은 간단하고 쉽게 나타내도록 한다.
	짧은 시 쓰기	• 「우리들의 일그러진 영웅」, 「소나기」의 관점을 바꾸어 짧은 시 쓰기 ─발표한 내용을 바탕으로 하여 「우리들의 일그러진 영웅」, 「소나기」를 관점을 바꾸어 짧은 시를 써 봅시다.	─관점을 바꾸어 짧은 시를 써 본다.	15'	※여러 가지 관점이 나올 수 있음을 허용하여야 한다.

학습 단계	학습 과정	교수 · 학습 활동		시간 (분)	자료(·) 및 유의점(※)
		교사	학생		

	정리하기	• 자신이 쓴 시 전시하기
		— 자신의 관점에서 쓴
		  시를 전시하고 친구
		  들과 감상하여 봅시다.
				5'	※관찰평가,
					상호평가를
					실시한다.

다른 관점으로 시 쓰기 〈우리들의 일그러진 영웅〉	
내가 선택한 장면	아이들이 대리시험을 쳐준 장면
다른 관점으로 시 쓰기	• 누구의 관점(입장) : *등장인물 : 엄석대, 5학년 담임선생님(최선생님), 윤병조(석대에게 라이터를 빌려 준(뺏긴)학생), 석대에게 대리시험을 쳐준 학생들, 6학년 담임선생님(김선생님), 병태의 어머니, 아버지, 체육부장과 미화부장, 반 아이들 등등..

엄석대의 이름

대리시험 쳐준 아이들

자연 산수 국어
모든 100점 시험지의 주인은
엄석대

피하고 싶지만 피할 수 없는
그 이름
엄석대

엄석대와 점수를 바꿀 때면
나에게 씨익 웃음을 날리던
엄석대

시험지를 바꿀 때마다
느끼는 음산함
엄석대

<table>
<tr><td colspan="2" align="center">다른 관점으로 시 쓰기 〈소나기〉</td></tr>
<tr><td rowspan="2">다른 관점으로
시 쓰기</td><td>• 소녀의 관점(입장)에서 시 쓰기</td></tr>
<tr><td>

저 바보

윤소녀

내 관심을 뿌리치는 소년
내 마음을 몰라주는 소년
코피나 흘려대는 소년
계집애 같은 놈
소년, 저 바보

</td></tr>
</table>

<table>
<tr><td colspan="2" align="center">다른 관점으로 시 쓰기 〈우리들의 일그러진 영웅〉</td></tr>
<tr><td>내가 선택한
장면</td><td>선생님이 성태를 교무실로 보내고 반 아이들에게 물어볼 때, 앞에서 물어볼 때</td></tr>
<tr><td rowspan="2">다른 관점으로
시 쓰기</td><td>• 물어볼 관점(입장) :
＊등장인물 : 엄석대, 5학년 담임선생님(최선생님), 윤병조(석대에게 라이터를 빌려준(뺏긴)학생), 석대에게 대리시험을 쳐준 학생들, 6학년 담임선생님(김선생님), 병태의 어머니, 아버지, 체육부장과 미화부장, 반 아이들 등등..</td></tr>
<tr><td>

어 쩌 지?

엄석대

한병태가 날 일러바쳤나봐   설마 나 빼고 또 물어보는건
어쩌지?   아니겠지?
어서 빨리 돌려줘야겠다.

       아이들이 말하면
선생님께서 물어보셨어   어쩌지?
들키면 어쩌지?   들키면 어쩌지?
아… 내가 왜 빼앗었지.

       내가 왜 그랬을까?
나 혼자 있는데   지금 가서 멈출 수도 없고…
반에선 무슨 일이….

</td></tr>
</table>

<table>
<tr><th colspan="2" align="center">다른 관점으로 시 쓰기 〈소나기〉</th></tr>
<tr><td rowspan="2">다른 관점으로
시 쓰기</td><td>• 소녀의 관점(입장)에서 시 쓰기</td></tr>
<tr><td>

징검다리

소녀

징검다리에 갈 때 난 설레   징검다리에 갈 때 난 설레
오늘도 소년이 올까?   어? 오늘은 소년이 먼저
                              와 있네?

징검다리에 갈 때 난 설레
오늘은 소년과 친해질 수 있을까?   먼저 말을 걸어야겠다.
                           근데 깜짝 놀라 달려가는 소년
징검다리에 갈 때 난 설레   다음 징검다리에 갈 때 꼭 친해질거야.
오늘은 뭐하며 놀까?

</td></tr>
</table>

<table>
<tr><th colspan="2" align="center">다른 관점으로 시 쓰기 〈소나기〉</th></tr>
<tr><td rowspan="2">다른 관점으로
시 쓰기</td><td>• 소녀의 관점(입장)에서 시 쓰기</td></tr>
<tr><td>

왜 그랬을까?

궁금한 소녀

내가 하는 행동을
왜 따라할까?
왠지 웃기다.

왜 나를 보면
도망칠까?
좀 서운하다.

아직 물어보고
싶은 것도 많은데

소년은 왜 그랬을까?

</td></tr>
</table>

6. 수업사례 - 2009 개정 교육과정, 2015년 5학년 Ⅱ

교과	음악	지도 일시	5월 28일 3교시	대상	5학년 3반	지도 교사	엄윤아
단원	1. 꿈을 키우며	제재	나는 광고 음악 감독	차시	1/1	교과서	교과서 24쪽
학습 주제	광고에 어울리는 음악 찾기						
학습 목표	1. 광고에 어울리는 음악을 찾을 수 있다. 2. 광고에서 음악의 쓰임에 대하여 발표할 수 있다.						
준비물	교사 : 동영상, PPT, 개인별 학습지, 모둠별 학습지 학생 : 교과서, 소나기책						

학습 단계	학습 과정	교수 · 학습 활동		시간 (분)	자료(·) 및 유의점(※)
		교사	학생		
도입	동기 유발	◾ 광고 감상하기 • 광고를 감상하고, 광고 음악의 효과를 경험한다. ー무음으로 광고 영상만 보여 주고 광고의 느낌을 발표 한 후 소리와 함께 다시 광고 영상을 보여 주어 광고의 느낌을 발표 한다.	ー무음의 광고는 광고를 효과적으로 표현하지 못했다. 음악이 들어감으로써 광고의 효과가 높아졌다.	4′	
	학습 문제 확인	○학습 문제 확인하기 광고에 어울리는 음악을 찾아봅시다.			
	학습 활동 안내	○학습 활동 안내하기 〈활동1〉 광고에 어울리는 음악 찾기 〈활동2〉 광고 음악 만들기			
전개	광고에 어울리는 음악을 찾아 이유 발표하기	〈활동1〉 광고에 어울리는 음악 찾기 • 광고하고자 하는 제품이 무엇인지 사진을 살펴본다. ー광고하고자 하는 제품이 무엇인가요? ー음악상자 안에는 8개의 광고음악이 들어있습니다.	ー자동차와 피자입니다.	14′	• 개인별 학습지※ 광고와 음악을 연결하는 것에 정답은 없으므로 광고와 음악을 연결하고, 그 이유

학습 단계	학습 과정	교수 · 학습 활동		시간 (분)	자료(·) 및 유의점(※)
		교사	학생		
전개		• 음악상자의 음악을 감상하며 악곡의 느낌과 특징 등을 간단히 기록해봅시다. • 광고 음악과 어울리는 제품을 연결해봅시다. 음악을 듣고 네 가지 제품 중 어떤 제품의 광고 음악으로 사용하면 좋을지 연결해보세요. • 광고와 해당 음악을 연결한 이유를 발표해봅시다.	−자동차의 빠른 느낌을 연상하게 하듯이 빠른 속도로 달리는 느낌이 난다 −강력한 엔진의 힘처럼 음악에서 힘이 느껴집니다. 손으로 직접 만든 고급스러움이 음악의 특징과 어울린다.		를 이야기해보는 활동에 중점을 두어 지도한다.
	광고 음악 만들기	〈활동2〉 광고 음악 만들기 • 노래 가사를 바꾸어 광고 음악을 만들어봅시다. −만든 광고 노래를 연습해봅시다. −만든 광고 노래를 발표해봅시다. −발표를 듣고 친구들의 광고 노래를 칭찬해봅시다.		18′	• 모둠별 학습지 ※ 국어 수업에서 배우고 있는 '소나기' 책을 광고해보도록 한다.
정리	광고에 서의 음악의 쓰임 이야기 하기	▣ 광고에서 음악의 쓰임 이야기하기 • 광고에서 음악을 사용하는 이유를 알아본다. 광고 음악이 있을 때와 없을 때의 광고 효과를 비교하여 이야기한다.			

학습 단계	학습 과정	교수·학습 활동		시간 (분)	자료(·) 및 유의점(※)
		교사	학생		
정리	광고에 서의 음악의 쓰임 이야기 하기	−광고에서 음악을 사용하 는 이유는 무엇인가요? −다음 시간에는 '바로크와 블루'를 감상해보겠습 니다.	−광고가 더 재미있다, 생동 감이 있다, 음악이 기억에 남기 때문에 그 제품을 기 억하기 쉽다. −광고하려는 상품의 장점이 더 부각된다.	4′	

※ 멘토 교사와 협의 후 수정사항

① 광고 음악 만들기 활동 시 슬로리딩 책 광고를 하면 좋겠다.

  ⇨ 수정) 아이스크림 광고에서 소나기책 광고로 수정함.

② 시간이 부족할 것 같다. 전체적인 활동 과정 시간 분배 조절필요하다.

  ⇨ 수정) 활동 수를 3개에서 2개로 줄임.

생활 속의 음악	나는 광고 음악 감독	5학년 3반　번　이름
	♣ 음악상자 ♣	♣ 음악을 듣고 어떤 제품의 광고 음악으로 사용하면 좋을지 연결해보세요. 연결한 이유도 생각해보세요.

곡명	곡 설명	
비발디의 '사계' 중 '여름 3악장'	매우 빠른 빠르기로 여름에 폭풍우가 쏟아지고 천둥, 번개가 치는 모습을 묘사한 음악이다.	
엘가의 '위풍당당 행진곡'	에드워드 7세의 대관식을 위해 작곡된 곡으로, 가사를 붙여 국가로 불린 정도로 인기가 많았으며 현재까지도 영국 제 2의 국가로 여겨질 정도로 사랑 받고 있다.	강력한 엔진을 자랑하는 자동차
비제의 오페라 '카르멘' 중 '투우사의 노래'	투우사 에스카이요가 등장하며 자신의 용맹함을 자랑하는 노래로 소와 싸우는 투우사의 모습이 묘사된다.	눈길에서도 안전한 자동차
바흐의 무반주 첼로 모음곡 1번'	첼로가 낼 수 있는 모든 기교를 보여주며 서로 대화하는 방식에 대한 풍부한 아이디어로 뛰어난 걸작이라고 평가받는 곡이다.	

<table>
<tr><td rowspan="2">생활 속의
음악</td><td colspan="2">나는 광고 음악 감독</td><td>5학년 3반　　번　이름</td></tr>
</table>

곡명	곡 설명	
차이콥스키의 '호두까기 인형' 중 '꽃의 왈츠'	별사탕 요정의 시녀들이 화려한 춤을 출 때 나오는 음악으로 "호두까기 인형"중 가장 유명한 곡이다.	맛있는 피자
헨델의 '메시아' 중 '할렐루야'	오라토리오 "메시아"중 유명한 부분으로 오늘날 가장 널리 사람의 입에 오르내린다. 초연 당시 국왕은 음악의 장엄함에 자기도 모르게 일어섰다고 한다. 그 후 이곡이 연주될 떼에는 모든 청중이 기립해서 듣는 관습이 생겼다.	손으로 직접 만든 피자
김영재의 '조명곡'	숲 속에서 지저귀는 새소리를 묘사하여 작곡한 작품이다.	
'천년만세' 중 '양청도드리'	거문고, 가야금, 해금, 대금, 세피리 , 장구, 양금의 편성으로 연주된다.	

<table>
<tr><td>생활 속의 음악</td><td>광고 노래 만들기</td><td>5학년 3반
(　　　)모둠</td></tr>
</table>

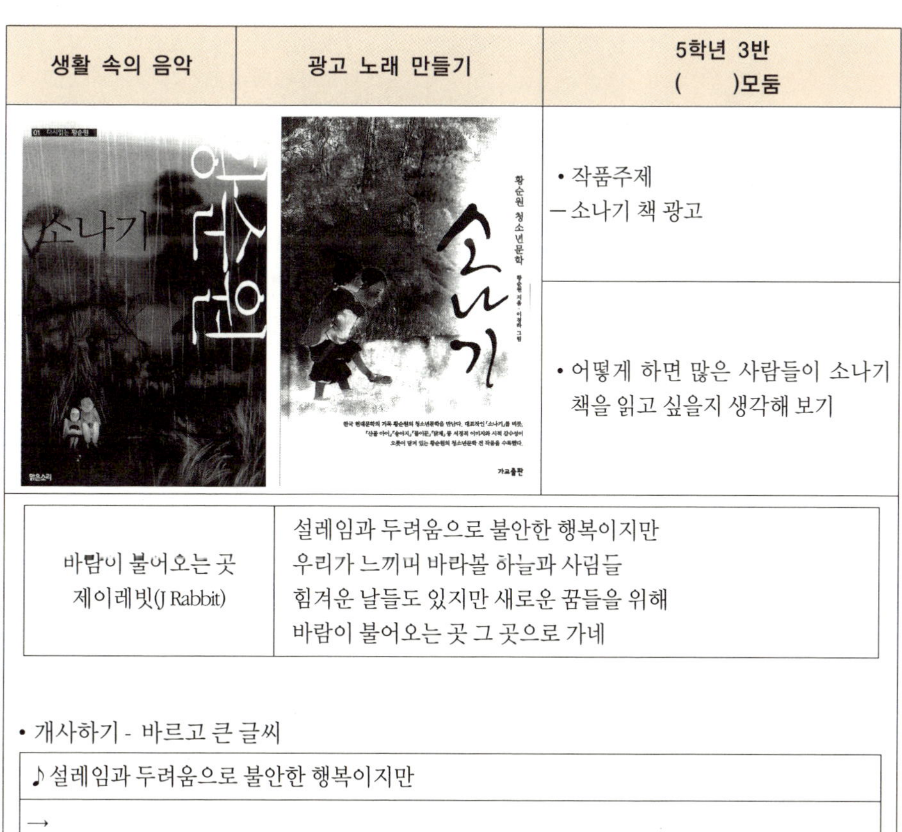

- 작품주제
- 소나기 책 광고

- 어떻게 하면 많은 사람들이 소나기 책을 읽고 싶을지 생각해 보기

바람이 불어오는 곳 제이레빗(J Rabbit)	설레임과 두려움으로 불안한 행복이지만 우리가 느끼며 바라볼 하늘과 사람들 힘겨운 날들도 있지만 새로운 꿈들을 위해 바람이 불어오는 곳 그 곳으로 가네

- 개사하기 - 바르고 큰 글씨

♪ 설레임과 두려움으로 불안한 행복이지만
→

생활 속의 음악	광고 노래 만들기	5학년 3반 ( )모둠
♪우리가 느끼며 바라볼 하늘과 사람들		
→		
♪힘겨운 날들도 있지만 새로운 꿈들을 위해		
→		
♪바람이 불어오는 곳 그 곳으로 가네		
→		

• 연습하기 (연습은 작게, 발표는 크고 신나게 부르기!)

생활 속의 음악	광고 노래 만들기	5학년 3반 (1)모둠
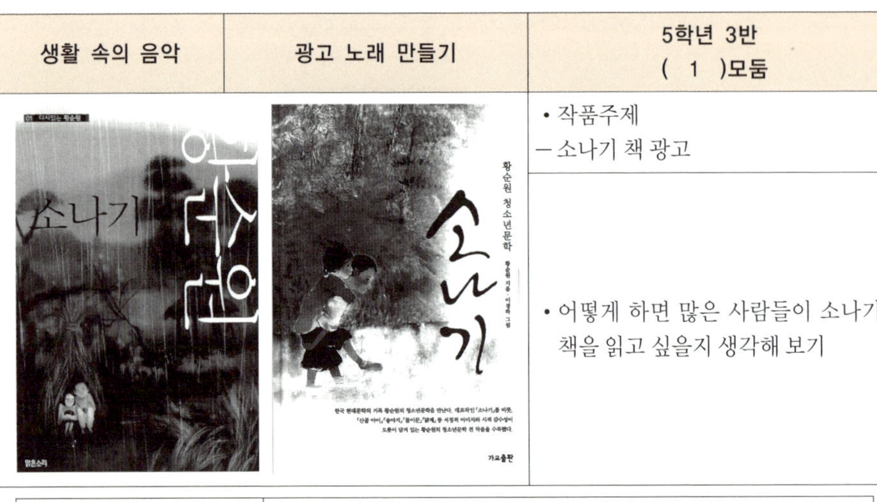		• 작품주제 － 소나기 책 광고 • 어떻게 하면 많은 사람들이 소나기 책을 읽고 싶을지 생각해 보기
바람이 불어오는 곳 제이레빗(J Rabbit)	설레임과 두려움으로 불안한 행복이지만 우리가 느끼며 바라볼 하늘과 사람들 힘겨운 날들도 있지만 새로운 꿈들을 위해 바람이 불어오는 곳 그 곳으로 가네	

• 개사하기 - 바르고 큰 글씨

♪설레임과 두려움으로 불안한 행복이지만
→ 설레임과 두려움으로 행복한 소년이지만
♪우리가 느끼며 바라볼 하늘과 사람들
→ 소녀와 행복한 나날을 보내고 있어요

생활 속의 음악	광고 노래 만들기	5학년 3반 (1)모둠

♪힘겨운 날들도 있지만 새로운 꿈들을 위해
→ 떠나는 소녤보고 싶지만 참으려고 애쓰고 있죠
♪바람이 불어오는 곳 그 곳으로 가네
→ 소년의 마음은 항상 그 강으로 가네

- 연습하기 (연습은 작게, 발표는 크고 신나게 부르기!)
- 친구들의 광고 노래 칭찬하기
  → 우리 모둠: '그 강으로 가네'가 조금 이상했지만 가사 내용도 좋았고 목소리도 컸다.
  　7모둠 : 가사 내용이 좋았다.
  　2모둠 : 무언가 마음에 와 닿았다.

생활 속의 음악	광고 노래 만들기	5학년 3반 (7)모둠

- 작품주제
- 소나기 책 광고

- 어떻게 하면 많은 사람들이 소나기 책을 읽고 싶을지 생각해 보기

바람이 불어오는 곳 제이레빗(J Rabbit)	설렘과 두려움으로 불안한 행복이지만 우리가 느끼며 바라볼 하늘과 사람들 힘겨운 날들도 있지만 새로운 꿈늘을 위해 바람이 불어오는 곳 그 곳으로 가네

- 개사하기 - 바르고 큰 글씨

♪설렘과 두려움으로 불안한 행복이지만
→ 설렘과 즐거움으로 행복한 사랑이지만
♪우리가 느끼며 바라볼 하늘과 사람들
→ 그들이 느끼며 바라볼 사랑과 추억들

생활 속의 음악	광고 노래 만들기	5학년 3반 (7)모둠

♪ 힘겨운 날들도 있지만 새로운 꿈들을 위해
→ 외로운 날들도 있지만 새로운 추억을 위해
♪ 바람이 불어오는 곳 그 곳으로 가네
→ 설렘 불어오는 곳 그 곳으로 가네

- 연습하기 (연습은 작게, 발표는 크고 신나게 부르기!)
- 친구들의 광고 노래 칭찬하기
  → 5모둠: 가사가 좋고 잘 불렀다.

7. 여러 교과를 통합한 주제중심 수업 사례

다음은 총 3주간 운영된 교육과정을 요약하여 보여드리고자 합니다.

'설'이라는 주제를 중심으로 융합수업을 하였으며 중간에 '달력'이라는 샛길로 잠깐 새기도 합니다. 달력과 관련된 단어를 학습하고, 달력의 유래를 알아보고, 달력과 관련된 시를 찾아보는 활동을 합니다. 그런 뒤 다시 책으로 돌아와 돼지 잡는 장면을 본 뒤 돼지를 못 먹게 된 주인공 오빠의 사연을 읽으며 비슷한 경험이 있는지 서로의 경험담을 나눕니다.

한 문단으로 1차시를 수업하기도 하고, 3쪽을 1차시로 운영하기도 합니다. 수업에 활용된 국어과 목표는 다음과 같습니다.

■ 성취 기준, 단원학습 목표

성취 기준	단원 학습 목표
문학(1) 문학 작품에서 인상적인 부분을 찾고 그 까닭을 이해한다.	(읽1-1)시나 이야기를 읽으며 인상적인 부분을 찾을 수 있다. (읽2-1) 인상적인 부분의 효과를 생각하며 시나 이야기를 읽을 수 있다.
문법(2) 단어의 사전적 의미와 문맥적 의미를 구별하고 효과적으로 사용한다.	(읽1-3) 낱말의 가지는 여러 가지 의미를 생각하며 글을 읽을 수 있다.

성취 기준	단원 학습 목표
문학(3) 문학 작품은 읽는 이에 다라 다르게 수용 될 수 있음을 이해한다.	(읽2-7) 시나 이야기를 읽고 작품에 대한 생각이 나 느낌을 다른 사람과 비교할 수 있다.
쓰기(4) 상상한 것을 바탕으로 사건 사이의 관계 가 잘 드러나게 이야기를 쓴다. 분학(4) 문학삭품에서 중요한 부분을 바꾸어 쓰 고 그 의도와 효과를 설명한다.	(듣1-7)문학 작품의 구성 요소들의 관계를 생각 하며 작품을 꾸밀 수 있다.

다음의 내용을 읽고 실제 수업이 어떻게 이루어졌는지 살펴보도록 하겠습니다.

이 부분을 읽고 난 뒤 우선 모르는 단어를 찾아 표시합니다. 대부분의 아이들이 '편수', '무꾸리', '달포'를 모른다고 하였습니다. 문맥상 단어를 추측해본 뒤 사전을 찾도록 합니다. 여기서 특히 '편수'는 뒤에 '빚느라'라는 말에서 어떤 뜻을 지녔을지 추측이 가능합니다. 편수는 추측한 것처럼 개성지방의 만두를 일컫습니다. 물 위에 조각이 떠 있는 모양으로 여름에 차게 해서 먹는 네모난 모양의 만두입니다. 주로 정월 명절에 만들어 먹습니다.

'무꾸리'는 옛날 사람들이 새해에 하던 일이 뭐가 있을까 추측한 뒤 그 뜻을 찾아봅니다. 무꾸리는 무당이나 판수에게 점을 보는 것 혹은 나온 점괘를 일컫습니다.

'달포'는 '준비 기간과, 설날 차례 지내고부터 대보름까지 세배, 성묘, 덕담, 새해 무꾸리, 연령 성별에 맞는 각종 놀이 등 먹고 마시고 즐기고 화합하는 기간'입니다. 설날에서 정월 대보름까지에 준비 기간까지 합치면 적어도 보름을 넘는 기간일 것이라고 추측할 수 있습니다. 달포는 한 달이 조금 넘는 기간을 말합니다.

단어를 이해하는 활동이 끝나면 본격적으로 수업에 들어갑니다. 저는 여기에서 주제를 '설'로 잡았으며 그 시작을 주인공의 '설'풍경과 우리 집의 '설'풍경을 비교하는 것에서부터 하였습니다. 5학년 1학기 단원 학습 목표로 '비언어적, 반언어적 표현을 적절히 사용하여 경험담을 주고받을 수 있다'는 것이 있습니다. 우리 집 설풍경을 설명할 때 비언어적, 반언어적 표현을 적절히 사용하도록 지도합니다.

'설빔 바느질' 부분을 읽으며 1학기에 했던 바느질 체험을 되새겨 봤습니다.

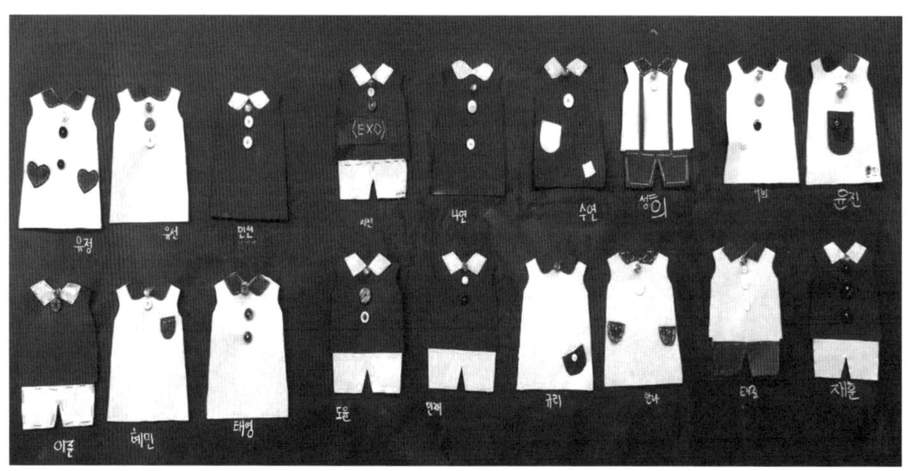

학생들이 만든 바느질 체험

바느질 체험은, 주인공이 예쁜 헝겊을 모아 조각보를 만드는 걸 주인공의 엄마가 만류하는 내용을 읽으며 했습니다. 바느질하는 것이 얼마나 재미있었으면 엄마가 하지 말라고 하는 데도 굳이 했을까? 라는 궁금증이 수업을 구성하게 된 이유였습니다. 직접 옷을 디자인하고 만들어 보는 활동을 통해 바느질의 즐거움을 체험하고 주인공의 마음에 공감해 보았습니다. 이는 미술, 실과, 국어를 통합하여 진행하였습니다. 그 때의 기억을 되살리는 것은 짧게나마 복습을 할 수 있고, 이미 읽었던 부분을 상기하며 책의 내용을 좀 더 잘 이해할 수 있도록 하는데 도움이 됩니다.

다음에는 도서관에 가서 설과 관련된 이야기나 시를 찾아보는 활동을 하였습니다. 이야기나 시를 찾은 아이들도 있었고 명절의 유래, 세계 여러 나라의 명절, 설에 하는 놀이, 설에 먹는 음식, 설에 입는 옷 등 다양한 제재도 허용하여 3차시가 유기적으로 연계되도록 수업을 구성하였습니다. 사실 처음에는 설이나 명절에 관련된 시나 이야기를 찾아 인상 깊은 부분을 찾고 그 까닭을 서로 나누는 활동을 계획했습니다. 하지만 설에 하는 놀이, 세계 여러 나라의 명절 등은 다른 사람에게 대상을 설명해야 하는 것이므로 말하기 성취기준인 '대상의 특성에 맞는 표현을 사용하여 발표한다'를 적용하여 수업의 내용을 새롭게 구성하여 진행하기도 했습니다.

이처럼 학습자의 요구에 따라 활동을 추가하거나 변경할 수 있다는 것은 슬로리딩 수업의 큰 장점입니다. 슬로리딩은 책을 읽으며 샛길로 새는 방식이어서 공부할 거리에 대한 학습자의 생각을 열어줍니다. 그렇기 때문에 학습자가 교육과정 구성에 보다 적극적으로 참여할 수 있도록 유도합니다.

이어서 국어, 실과, 체육 융합수업을 하였습니다.

국어 시간에는 전 차시에 이어 설과 관련된 이야기나 시를 듣고 느낀 점을 나누었습니다. '시나 이야기를 읽고 작품에 대한 생각이나 느낀 점을 나눌 수 있다'는 학습목표에 도달하고자 구상한 수업입니다. 설과 관련된 음식 만들기 및 어떤 민속놀이를 해 볼 것인지 계획을 세워보았습니다. 실과의 조리 실습에 체육의 민속놀이를 더 한 것이지요. 간단한 조리 실습은 이미 몇 차례 해보았기 때문에 보다 심화된 조리 실습을 계획하였습니다. 바로 '설음식 만들기'였습니다. 모둠별로 비빔밥을 만들어보고 다양한 전을 부치면서 조리실습을 해보았고, 조리실습이 끝난 뒤에는 앞서 알아보았던 팽이치기, 윷놀이 등 설과 관련된 민속놀이를 직접 해보았습니다.

다음으로 이어지는 내용을 읽으며 아래와 같은 수업을 진행하였습니다.

할아버지가 일본 설을 쇠면서까지 방학 기간을 일치시키고자 한 것은 손자들이 빠진 설을 무의미하게 여긴 애틋한 손자 사랑 때문이었을 테지만 그 전부터도 할아버지는 양력이 더 옳다는 생각을 갖고 계셨다. 할아버지한테는 누가 부쳐주는 건지 측후소에서 나온 책력이 해마다 왔다. 거기엔 음력, 양력뿐 아니라 24절기, 일진, 월건 등이 나와 있어 달력도 귀한 때라 마을 사람들이 장 담그는 날, 고사 지내는 날, 먼 길 떠나는 날 등을 할아버지한테 물으러 왔다.

심지어 올겨울 추위가 심할까 견딜만 할까, 장마가 질까 가물까 등도 책력을 보고 예언하시곤 했다. 특히 반신불수가 되신 후엔 책력 들추어보는 걸 취미처럼 일삼으시더니 마침내 어떤 깨달음에 이르신 듯했다. 음력을 안 쓰면 농사를 지을 수 없다는 농사꾼들의 일반적인 상식이 옳지 않다고 여기시자 그걸 참지 못하고 기회 있을 때마다 마을 사람들을 계도하려 드셨다.

"아니 입춘이 섣달에 들었나, 정월에 들었나 물으러 올 게 뭐 있나? 양력으로 치면 해마다 같은 날인데. 생각해보게나. 절기가 딱 정해져 있어서 밤낮의 길이가 같거나, 밤이 제일 길거나, 낮이 제일 긴 날이 해마다 같은 날로 정해진 달력이 옳겠나, 그게 해마다 들쭉날쭉하다가 툭하면 윤달이 한 달씩이나 드는 달력이 옳겠나? 아무리 왜놈의 것이라도 옳은 건 옳다고 해야지, 왜놈이 흰 것을 희다고 했다고 해서 우리는 검다고 우겨야 옳겠나?"

이렇게 답답히 여기시고 흥분하셨지만 24절기가 정해져 있는 것보다 해마다 달라지는 데 따라 여러 가지 증후를 예견하는 묘미에 익숙해진 농민들에겐 먹혀 들어가지 않았다. 할아버지로서는 스스로 터득한 유일한 개화사상이었지만 일본 설이라는 뿌리 깊은 고정 관념의 벽을 허물기에는 역부족이었다. 그래서 우리 집 설은 그 후 마을 공동체에서 소외된 독불장군의 설이 되고 말았다.

《그 많던 싱아는 누가 다 먹었을까》 108~109쪽, 세계사)

위에 제시한 내용을 읽어보면 달력에 대한 부분이 나옵니다. 달력과 관련된 단어를 찾아 표시하고 각 단어의 뜻을 살펴보며 달력의 역사에 대해 이야기하는 시간을 가졌습니다. 달력의 역사에 대해 각자 조사해온 것을 바탕으로 교사의 설명이 이루어졌고, 이 과정에서 천동설과 지동설에 대한 이야기가 나왔고, 화성의 시운동을 통해 지동설이 대두되었다는 내용까지 배웠습니다. 자칫 너무 어려운 내용을 함께 공부한 것이 아닌가하는 염려가 되었지만 아이들의 지적호기심을 막을 수는 없었습니다. 사실 가볍게 '이런 것이 있다'는 정도만 소개하고 넘어가려 했는데 화성의 시운동을 접한 아이들은 알 듯 모를 듯한 내용에 대해 서로 질문하고 탐구하며 급기야 그 내용을 먼저 이해한 학생이 다른 아이들에게 강의를 하는 등 열정적인 모습을 보였습니다. 교사가 의도한 수업이 아니었기에 교육과정을 수정해야 했지만 그 어느 때보다 활기차고 집중도 높은 수업이었습니다. 그 뒤로 책에 24절기가 나와 각 절기의 세시풍습에 대해 알아보는 시간을 가졌고, 관련하여 사회(역사)에서 조선시대에 농사와 사람들의 생활에 대해 다음과 같은 내용이 나옵니다.

> 백성들은 때에 맞춰 농사를 짓기 위하여 24절기를 사용하였다. 백성의 생활에 기준이 되는 것은 달의 움직임에 따른 음력이었지만 농사에는 도움을 주지 못하였다. 24절기는 해의 움직임에 따라 만들어져 백성이 농사를 지을 때 언제, 무엇을 해야 할지를 정하는 데 큰 도움을 주었다.
>
> 조선 시대 사람들은 계절이나 명절에 따라 그 계절에 나는 재료를 이용하여 세시 음식을 만들어 먹었다. 이러한 세시 음식은 지방마다 조금씩 차이가 있었지만 다같이 음식을 만들고 나누어 먹으려는 마음은 같았다.
>
> (《초등학교 사회 5-1》, 123쪽)

세시음식의 예로 '입춘'에 먹는 입춘절식을 들 수 있습니다. 입춘절식이란 한국 고유의 절식으로, 입춘일에 만들어 먹는 햇나물 무침입니다. 궁중에서는 움파, 멧갓, 승검초 등 햇나물을 쌓인 눈 아래에서 캐어내 겨자와 함께 무치는 생채 요리인 오신반을 장만하여 수라상에 올리기도 하였습니다. 이것을 본보기로 백성들도 구하기 쉬운 햇나물을 뜯어다가 무쳐 입춘절식으로 먹는 풍습이 생겨났다고 합니다. 그 외에도 사회 교과서에서 소개한 화전, 삼계탕, 송편, 팥죽 등의 세시 음식을 살펴보며 이러한 전통음식을 세계화할 수 있는 방법에 대해 고민해 보기도 하였습니다.

이어서 '윤달'이라는 단어에서 샛길로 새어 윤달과 윤년에 대해 알아보았습니다.

'1삭망월은 29.53059일로 음력 12달이 양력 12달보다 며칠이 짧은 걸까요?'

이처럼 아이들에게 퀴즈를 내면, 계산이 쉽지 않겠지만 이미 소수의 곱셈은 배웠기 때문에 계산을 해 낼 수 있습니다. 수학과 연계하여 수업한 것이지요. 계산해 보면 29.53059×12=354.36708로 약 11일 정도 차이 나는 걸 알 수 있습니다. 따라서 윤달과 윤년이 필요하다는 사실을 배우게 됩니다. 그리고 윤달 혹은 달력과 관련된 시를 제시하여 낭독하는 시간을 가졌습니다. 교사가 제시한 시는 박목월 시인의 〈윤사월〉입니다.

윤사월

박목월

송홧가루 날리는
외딴 봉우리

윤사월 해 길다
꾀꼬리 울면

산지기 외딴 집
눈먼 처녀사

문설주에 귀 대고
엿듣고 있다

함께 낭독해보고 어떤 부분이 가장 인상 깊은지, 인상 깊은 까닭이 무엇인지 자유롭게 생각을 나누어 봅니다. 그리고 교과서에 나온 '논두렁길을 걸을 때면', '병아리 싸움', '콩 한 쪽'을 읽으며 '인상적인 부분의 효과를 생각하며 시를 읽을 수 있다'는 학습 목표에 도달하도록 이끕니다. 인상적인 부분은 사람마다 다르게 느낄 수 있지만 일반적으로 글자 수가 반복되어 운율감이 느껴지거나 재미있는 표현이 들을 때, 반복되는 낱말이 있을 때, 인물의 마음이나 행동이 선명하게 떠오를 수 있도록 하는 표현 등을 독자는 인상적으로 받아들이게 됩니다. 그런 부분의 효과를 생각하며 시를 읽어보는 활동입니다. 그리고 각자 달력과 관련된 시를 찾아 학급게시판에 올리도록 하였습니다.

		제목	작성자	작성일
☐	706	달력과 간련된 시	성희	2014.10.27
☐	705	달력과 관련된 시	주연	2014.10.27
☐	704	달력	우진	2014.10.27
☐	703	달력	이재훈	2014.10.26
☐	702	달력에 관한 시10가지 (최대한 줄인거에요...)	유정	2014.10.26
☐	701	달력에 관한 시	백민재	2014.10.26
☐	700	달력에 관한 시	나연	2014.10.26
☐	697	달력에 관한 시	규리	2014.10.26
☐	695	제가 좀몰라서... [12]	안나	2014.10.26
☐	694	달력 시	태준	2014.10.26
☐	693	달력 시	서호빈	2014.10.26
☐	692	달력시	혜민	2014.10.26
☐	690	달력과 관련된 시	민선	2014.10.25
☐	689	달력에 관한 시	longhorn	2014.10.25
☐	688	달력에 관한 시 [1]	유선	2014.10.25

학급게시판 모니터 화면 캡쳐

아이들이 찾은 시를 인상적인 부분의 효과를 생각하며 읽어봅니다. 그리고 가장 감명 깊게 읽은 시나 재미있게 읽은 시를 서로 발표하고 서로의 생각이나 느낌을 나누는 시간을 갖습니다. 이는 '문학 작품은 읽는 이에 따라 다르게 수용될 수 있음을 이해한다'는 성취 기준에 따라 설계된 수업입니다. 그리고 친구들이 찾은 달력과 관련된 시 중에서 가장 마음에 드는 시를 골라 '시의 일부분 바꾸어 쓰기' 수업을 하였습니다. 이는 '문학 작품에서 중요한 부분을 바꾸어 쓰고, 그 의도와 효과를 설명한다'는 성취기준에 부합하는 수업입니다. 각자 쓴 시를 칠판에 붙여 서로 읽고 댓글을 달아주는 활동을 통해 부족한 부분이나 수정하고 싶은 부분을 수정하고, 다른 사람의 작품을 읽으며 서로의 생각을 나눌 수 있는 시간을 가지도록 합니다.

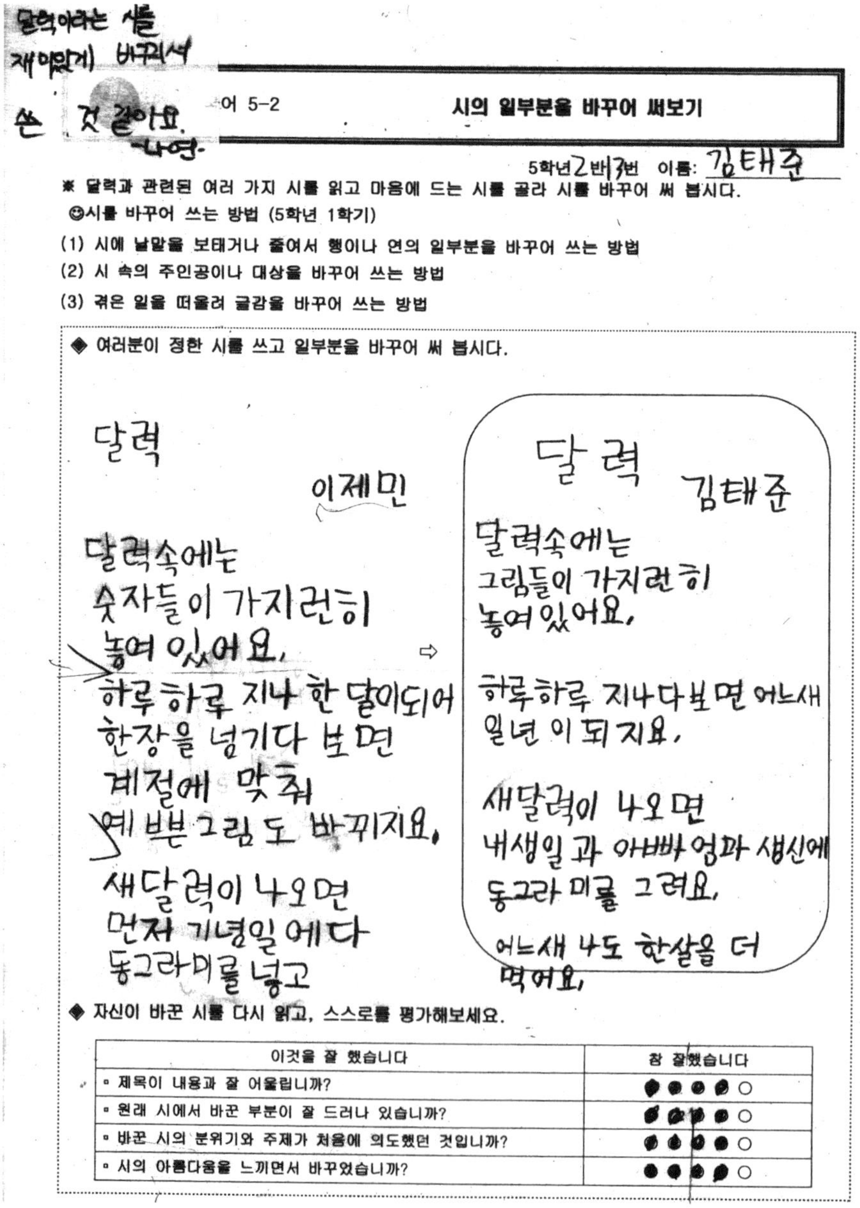

달력이라는 시를 재미있게 바꿔서 쓴 것 같아요. -나연-

어 5-2 시의 일부분을 바꾸어 써보기

5학년 2반 3번 이름: 김태준

※ 달력과 관련된 여러 가지 시를 읽고 마음에 드는 시를 골라 시를 바꾸어 써 봅시다.

☺시를 바꾸어 쓰는 방법 (5학년 1학기)

(1) 시에 낱말을 보태거나 줄여서 행이나 연의 일부분을 바꾸어 쓰는 방법

(2) 시 속의 주인공이나 대상을 바꾸어 쓰는 방법

(3) 겪은 일을 떠올려 글감을 바꾸어 쓰는 방법

◆ 여러분이 정한 시를 쓰고 일부분을 바꾸어 써 봅시다.

달력

이제민

달력속에는
숫자들이 가지런히
놓여 있어요.
하루 하루 지나 한 달이되어
한장을 넘기다 보면
계절에 맞춰
예쁜 그림도 바뀌지요.
새달력이 나오면
먼저 기념일에다
동그라미를 넣고

⇨

달력

김태준

달력속에는
그림들이 가지런히
놓여있어요.

하루하루 지나다보면 어느새
일년이 되지요.

새달력이 나오면
내생일과 아빠엄마 생신에
동그라미를 그려요.

어느새 나도 한살을 더
먹어요.

◆ 자신이 바꾼 시를 다시 읽고, 스스로를 평가해보세요.

이것을 잘 했습니다	참 잘했습니다
▫ 제목이 내용과 잘 어울립니까?	●●●●○
▫ 원래 시에서 바꾼 부분이 잘 드러나 있습니까?	●●●●○
▫ 바꾼 시의 분위기와 주제가 처음에 의도했던 것입니까?	●●●●○
▫ 시의 아름다움을 느끼면서 바꾸었습니까?	●●●●○

5학년 2반 2번　이름: 한성희

※ 달력과 관련된 여러 가지 시를 읽고 마음에 드는 시를 골라 시를 바꾸어 써 봅시다.

☺시를 바꾸어 쓰는 방법 (5학년 1학기)

(1) 시에 낱말을 보태거나 줄여서 행이나 연의 일부분을 바꾸어 쓰는 방법

(2) 시 속의 주인공이나 대상을 바꾸어 쓰는 방법

(3) 겪은 일을 떠올려 글감을 바꾸어 쓰는 방법

◆ 여러분이 정한 시를 쓰고 일부분을 바꾸어 써 봅시다.

달력　　　이문조

올 한 해에는
솟게 하였고 [illegible]
생긴이 어요
결이 둔다
[illegible]거나 한달이 와
죄 책 강도 없이면
길에 맞춰
습 관 적 으로

위 일생생활라
비교해 좋은 것
같아요~
ㅡ종

교과서　　　한성희

헌 책
갖다 놓고

새 책
가 져간다.

두려움과
긴장감과 함께

새책을 살펴본다

◆ 자신이 바꾼 ─종 가해보세요.

이것을 잘 했습니다
▫ 제목이 내용과 잘 어울립니까?
▫ 원래 시에서 바꾼 부분이 잘 드러나 있습니까?
▫ 바꾼 시의 분위기와 주제가 처음에 의도했던 것입니까?
▫ 시의 아름다움을 느끼면서 바꾸었습니까?

공감이 가네요
~ 좋은데요
내용이 좋네요~ 위

그리고 이어지는 내용을 읽고 주인공의 경험과 자신의 경험을 비교하는 수업을 하였습니다.

돼지도 두 박씨 집이 어울려서 한 마리를 잡았는데 직접 잡는 일은 마을에서 사람을 사서 시켰다. 섣달그믐께의 얼어붙은 밤, 안마당에서 뒤란으로 돌아가는 머릿방 모퉁이에 불을 환히 밝히고, 장정들이 웅성거리고, 이어서 돼지 목따는 소리가 처절하게 들렸다. 엿을 고느라 후끈후끈한 안방 이불 속에서 나는 죽어가는 돼지가 불쌍하단 생각보다는 창호지에 너울대는 불빛과 일꾼들의 활기찬 목소리와 어우러진 돼지 목따는 소리에 흥겨운 축제 분위기를 느꼈다.

그러나 돼지 잡는 걸 직접 목격한 오빠는 돼지고기도 순대도 일체 입에 대지 않아 어른들을 당황하게 만들었다. 오빠는 장손이자 유일한 아들 손자였다. 오빠가 입에 대지 않는 음식은 아무리 진수성찬이라도 차린 의의를 잃고 말았다. 할아버진 사내가 그렇게 심약해서 무엇에 쓸거냐고 몹시 언짢아하시다가 억지로라도 먹이라고 역정을 내셨다. 심지어 나를 지목하시면서 손자와 손녀가 바뀌었더라면, 하는 억지 말씀까지 하셨다. 그건 오빠에게뿐 아니라 나에게도 상처가 되는 심한 말씀이었다.

차례 지낼 때 탕에만 겨우 쇠고기를 쓰고 편수나 누름적, 녹두지짐 등 돼지고기 안 들어가는 음식이 거의 없는지라 오빠에겐 따로 게장이 나왔다. 나는 오빠가 숟가락, 젓가락을 다 동원해 깨끗이 파먹은 게딱지를 물려받아 그 안에다 게장 간장을 조금만 치고 밥을 비벼도 그렇게 맛있을 수가 없었다. 나는 전에도 할아버지 상에서 곧잘 그 짓을 했었다. 아무것도 안 남아 있는 게딱지라 해도 그 안에다 비벼 먹으면 밥그릇에다 비벼 먹는 것보다 훨씬 맛있었다.

게는 전국적으로 파주 게가 유명하다지만 우리 고장 게 맛도 그에 못지않았다. 민물게는 씨가 말라 게장 맛을 모르는 요새 사람하고는 안 통하는 얘기지만 내가 이 세상에 나와서 먹어본 음식 중에서 가장 잊을 수 없는 진미를 대라면 서슴지 않고 게장을 대리라. 논에서 벼가 누렇게 익을 무렵이면 암게는 딱지 속에 고약처럼 검은 장이 꽉 찬다. 이때 담아 오래 삭혔다 먹는 게장 맛은 아무리 극찬을 해도 모자라 열이 먹다 아홉이 죽어도 모르는 맛이라는 좀 야만적인 표현을 써야만 성에 찬다.

오빠가 돼지고기를 못 먹게 된 사건은 할아버지 심기를 오래도록 불편하게 했다. 장손으로 못미덥게까지 여기신 듯 했다. 방학이 끝나고 돌아올 때 사내자식은 이러저러해야 된다는 훈계를 길고도 간절하게 하셨다. 할머니는 나에게 담임선생님 갖다 드리라고 깨강정을 한 보따리 싸주셨다.

〈그 많던 싱아는 누가 다 먹었을까〉 세계사, 109-111쪽

위 내용에서는 주인공의 오빠가 돼지고기를 먹지 못하게 된 사연이 나옵니다. 주인공의 오빠의 경험과 나의 경험을 비교하는 활동을 해보았습니다. 자신이 특정한 음식을 먹지 못하게 된 경험을 쓰고 발표하는 시간을 가졌습니다.

1. 싱아책 109쪽의 주인공 오빠처럼 어떤 계기로 특정한 음식을 먹지 못하게 된 경험을 적어보시오.

> 1.유치원 때 급식으로 생선이 나왔었는데 생선먹다가 목에 가시가 걸려가지고 그뒤로 생선을 잘 안먹께 되었어요
>
> 2.1,2학년 쯤에 감기걸려서 가루약 먹다가 살에 걸려서 구역질을 해서 빠른 가루약을 먹지 않게되었어요.

앞서 설과 관련된 한 문단을 읽고 5~6차시 정도로 활동했던 것에 비해 이번 활동은 3쪽을 1차시 동안 활동하였습니다. 이처럼 슬로리딩 수업은 한 문장, 한 문단으로 1시간을 넘게 수업할 수도, 혹은 여러 쪽을 읽고 1시간 만에 수업을 끝낼 수도 있습니다.

그리고 아래의 내용을 읽고 1차시 수업을 진행하였습니다.

> 할머니는 나에게 담임선생님 갖다 드리라고 깨강정을 한 보따리 싸주셨다.
> 우리 고장의 설음식 중 엿을 고아 강정을 만든 것도 빼놓을 수 없다. 튀밥이나 볶은 콩, 땅콩 따위로 만든 강정은 생긴 것도 두루뭉술하고 먹음직스럽게 만들어 주로 아이들 주전부리로 썼지만, 흰깨와 흑임자를 따로따로 볶아 만든 깨강정은 얇고 모양도 긴 마름모로 반듯반듯하고 일정하게 썬 공든 것이어서 주로 손님상에나 올렸다.
> 〈그 많던 싱아는 누가 다 먹었을까〉 세계사, 110-111쪽

위 내용을 읽어보면 강정에 대해 그림을 그리듯 설명한 부분이 나옵니다. 이에 모둠 별로 강정을 가지고 와서 그 모양과 특징에 대해 자세히 쓰고 주인공이 깨강정을 가장 으뜸으로 생각했지만 나는 어떤 강정을 가장 으뜸으로 여

길 것인지 각자 평가를 내리도록 해보았습니다. 그리고 마무리 활동으로 가장 예쁘고 맛있는 강정을 다른 반 선생님께 직접 갖다드렸습니다.

온 강정의 종류를 쓰고 ... 에서 보시오.

강정 종류	모양과 특징(그림이나 글로 설명)	나의 평가(★★★★★)
목춘	납작한 동그란 모양에 박하사탕 안에 강정(?)이 있다.	★★☆☆☆
쌀강정	동그란 모양이 여러가지 재료가 들어있는데, 그중에 쌀이 제일 많다.	★★★★★
수수강정	납작한 정사각형 모양인데 맛없다.	★★★☆☆
깨강정	납작한 정사각형 모양으로 매우 맛있다.	★★★★★
유과	큰 정사각형 모양으로 쫀득쫀득하다.	★★★★★

이렇게 약 3주에 걸쳐 수업을 하였습니다.

위에서 제가 사례로 든 수업 내용에 조금이라도 흥미를 느끼셨거나, 사례를 읽는 동안 스스로 어떤 수업 방식을 구상해보셨다면, 그리고 그 구상이 무엇이든 아이들에게 유의미한 활동으로 구성할 의향이 있다면 선생님께서는 슬로리딩 수업의 첫걸음을 내딛었다고 볼 수 있습니다.

8. 2016년 4학년 국어 수업 활동 사례

국어과 교수 · 학습 지도안

<table>
<tr><td rowspan="2">단　　원</td><td rowspan="2">9. 생각을 나누어요</td><td>대상</td><td colspan="3">4학년 1반 (30명)</td></tr>
<tr><td>일시</td><td colspan="2">2016.04.07.(목요일) 4교시</td><td>장소</td><td>4학년 1반 교실</td></tr>
<tr><td>학습 주제</td><td>글을 읽고 친구들과 생각이나 느낌을 나누기</td><td>차시</td><td colspan="2">3~4/8</td><td>지도교사</td><td>최영민</td></tr>
<tr><td>학습 목표</td><td colspan="3">• 글을 읽고 친구들과 생각이나 느낌 나눌 수 있다.</td><td>쪽수</td><td>국어 270~275쪽</td></tr>
<tr><td rowspan="2">학습 전략</td><td>최적 학습 유형</td><td colspan="4">창의성 계발 학습 모형</td></tr>
<tr><td>학습 집단 조직</td><td colspan="4">모둠</td></tr>
<tr><td rowspan="2">교수 · 학습 자료</td><td>교사</td><td colspan="4">〈랑랑별 때때롱〉을 읽고 쓴 아이들의 글, 〈작은 배려로〉라는 글</td></tr>
<tr><td>학생</td><td colspan="4">"국어" 교과서, 〈랑랑별 때때롱〉, 화이트보드(부착용, 발표용)</td></tr>
</table>

단계	학습 내용	교 수 · 학 습 활 동	시간	자료(*) 및 유의점(O)
문제 발견하기	동기 유발	■ 동기 유발 • 그림을 보고 제목을 달고 그 이유를 말하기 — 짝꿍과 함께 칠판에 그림을 보고 제목을 달고 그 이유를 써보고 다른점을 비교하기	5'	• 모둠별로 그림을 보고 제목과 그 이유를 화이트 보드 판에 쓰게 한 후 칠판에 부착하도록 한다.
아이디어 생성하기	전시 학습 상기하기	■ 전시 학습 상기하기 • 서로 생각이나 느낌을 나누면 좋은점 알아보기 — 사람마다 생각이나 느낌이 다르다는 것을 알 수 있다. — 자신이 알지 못하였던 것을 알 수 있다. — 글에 대한 생각의 폭이 넓어진다. • 서로 생각이나 느낌을 나누는 방법 알아보기 — 돌림쪽지, 주제를 정하여 회의하기, 감상문 비교하기, 독서토론하기, 인터넷에 생각이나 느낌 올리고 댓글 달기, 등장인물에게 편지쓰기, 주인공이 되어 일기 쓰기, 노래 만들기, 그림 그리기, 표어 만들기, 학급 신문 만들기, 서평 쓰기 등	3'	• 아이들이 같이 읽어보도록 한다. • 이름과 제목이 써지지 않은 학습지를 나누어 준다.
	학습 목표 확인	■ 학습 목표 확인하기 • 글을 읽고 친구들과 생각이나 느낌을 나누어 봅시다.	2'	

단계	학습 내용	교 수 · 학 습 활 동	시간	자료(*) 및 유의점(○)
아이디어 선택하기	친구들과 생각 나누기	▣ 〈랑랑별 때때롱〉을 읽고 친구들이 쓴 글을 보고 자신의 생각이나 느낌을 친구들과 나누기 • 모둠별로 나누어준 친구들의 글을 읽기 　ー 모둠별로 친구들이 쓴 글을 읽기. 　ー 친구가 쓴 글을 내가 쓴 글과 읽으면서 내용의 차이점이 무엇인지 알아보기. • 모둠 친구들과 돌려 읽으면서 댓글 달기 　ー 친구들이 쓴 글을 읽으면서 내가 쓴 내용과 차이점을 학습지에 써주기 　ー 모둠별로 댓글을 다 달면 돌려서 읽어보기.	20'	• 학습지에 자신이 쓴 글과 차이점을 쓰게 한다.
아이디어 적용하기	친구들과 생각 나누기	▣ 다른 모둠 친구들과 생각이나 느낌을 나누어 보기 • 하나의 글에 대한 생각이나 느낌을 나누어 보기 　ー〈작은 배려로〉 마쓰시타 고노스케 회장 이야기를 같이 읽어봄. 　ー 이야기를 읽어보고 제목을 달고 생각이나 느낌을 화이트보드 판에 씀. 　ー 담임교사는 화이트보드 판을 들게 하고 빠른 속도로 읽어줌.	7'	• 〈작은 배려로〉라는 글을 한 문장씩 번갈아 가면서 읽는다.
	정리하기	▣ 정리 및 차시예고 • 생각이나 느낌을 나누면 좋은 점 정리하기 　ー 사람마다 생각이나 느낌이 다르다는 것을 알 수 있음. 　ー 자신이 알지 못하였던 것을 알 수 있음. 　ー 글에 대한 생각의 폭이 넓어짐. • 차시예고 　ー 영상매체를 보고 자신의 생각이나 느낌을 다양한 방법으로 표현하기	3'	

※ 판서 계획	9. 생각을 나누어요
▶ 글을 읽고 친구들과 생각이나 느낌 나누기 【활동 1】〈랑랑별 때때롱〉을 읽고 친구들이 쓴 글을 읽고 친구들과 생각을 나누기 【활동 2】하나의 이야기를 읽고 제목을 달고 생각이나 느낌을 써서 친구들과 나누어 보기	〈작은 배려로〉 어느 날 한 대기업의 회장이 단골 식당을 찾았다. 마침 귀한 손님을 접대할 일이 있었기 때문이다. 식당에 들어선 회장은 가장 좋은 품질의 소고기 요리를 주문했다. 그러고는 다함께 맛있게 식사를 했다. 그런데 식사를 마칠 무렵 회장이 주방장을 부러 오라고 비서에게 넌지시 지시했다. 그 말을 들은 비서는 긴장이 되었다. 왜냐하면 회장의 그릇에는 먹다 남은 음식이 많았기 때문이다. 서둘러 주방장을 찾은 비서는 회장의 말을 전했고, 주방장은 걱정스런 마음으로 회장이 있는 방으로 왔다. 주방장이 조심스럽게 물었다. "회장님, 음식에 무슨 문제라도 있었습니까?" 그러자 회장은 인자한 미소를 지으며 대답했다. "아닐세, 자네가 요리한 소고기는 참 맛있었네." 식사를 하던 손님들이 어리둥절한 표정을 지을 즈음 회장이 다시 입을 열었다. "여보게, 난 오늘 이렇게 음식을 절반이나 남겼네. 하지만 좀 전에 말한 것처럼 자네의 소고기 요리는 최고였네. 문제는 내 입맛이지, 이제 여든이 넘으니 식욕이 예전 같지 않아. 그래서 혹시나 이 접시를 보고 자네가 오해할까 봐 불렀네. 내가 음식을 남긴 이유를 알려 주려고 말일세. 사람들은 그제야 회장의 진심을 알아차리고 그의 인품에 감동했다. 바로 '경영의 신"이라 불리며 파나소닉과 내셔널 전기를 이끌었던 마쓰시타 고노스케의 이야기이다. 불우한 어린 시절을 잊지 않으며 늘 겸손하게 작은 배려로 상대의 마음을 헤아릴 줄 알았던 그의 따뜻함 지도력을 엿볼 수 있는 대목이다.(좋은생각 2008년 5월호 109쪽 인용)

※ 평가

성취 수준		평가 수준	평가 방법	평가 시기
글을 읽고 친구들과 생각이나 느낌을 나눌 수 있다.	상	글을 읽고 친구들과 생각이나 느낌을 매우 잘 나눌 수 있다.	관찰 평가	수업 중
	중	글을 읽고 친구들과 생각이나 느낌을 나눌 수 있다.		
	하	글을 읽고 친구들과 생각이나 느낌을 나눌 수 없다.		

9. 생각을 나누어요.

4학년 1반   번 이름: ___________

1. 다음 <작은 배려로>글을 읽고 여러분들이 뒷이야기를 이어서 쓰고 마무리를 하세요.

어느 날 한 대기업 회장이 단골 식당을 찾았다. 마침 귀한 손님을 접대할 일이 있었기 때문이다.
식장에 들어선 회장은 가장 좋은 품질의 소고기 요리를 주문했다. 그러고는 다함께 맛있게 식사를
했다. 그런데 식사를 마칠 무렵 회장이 주방장을 불러 오라고 비서에게 넌지시 지시했다.
그 말을 들은 비서는 긴장이 되었다. 왜냐하면 회장의 그릇에는 먹다 남은 음식이 많았기 때문이
다. 서둘러 주방장을 찾은 비서는 회장의 말을 전했고, 주방장은 걱정스런 마음으로 회장이 있는
방으로 왔다. 주방장이 조심스럽게 물었다.
"회장님, 음식에 무슨 문제라도 있었습니까?"
그러자 회장은 인자한 미소를 지으며 대답했다.
"아닐세, 자네가 요리한 소고기는 참 맛있었네."
식사를 하던 손님들이 어리둥절한 표정을 지을 즈음 회장이 다시 입을 열었다. (이하 생략)

(좋은생각 2008년 5월호 109쪽 인용)

2. 친구의 이야기와 내 이야기의 다른점을 써보세요.

3. 원래의 이야기와 내 이야기의 다른점을 써보세요.

• 4학년 1반 아이가 요약한 줄거리와 느낌

(줄거리 간단 요약)

랑랑별에서는 때때롱과 매매롱이 학교 숙제로 지구인중에서 숙제를 안 해 가는 아이를 조사해야 되었다. 우연히 마달이와 새달이를 보게 되고 그 두 아이들을 조사하게 된다. 그러면서 마달이와 새달이는 때때롱과 매매롱이랑 친해지면서 쪽지도 주고받는다.

어느날 때때롱이 자기들의 집으로 초대를 했는데 때때롱의 할머니가 새달이랑 마달이를 데리고 5백 년 전으로 가서 보탈이라는 아이를 만나게 되었다. 보탈이가 구경을 시켜준다면서 길거리로 갔다. 할머니가 소변이 마렵다해서 길거리에다 소변을 보다가 경찰에게 걸려서 원시인이라는 말을 들었다. 그런데 다행이도 할머니가 가져오신 것을 입으면 그 사람이 보이지 않는 마법의 옷을 입고 경찰서를 떠나 다시 5백년 후로 돌아오게 된다.

그 후로도 때때롱과 매매롱과 여전히 쪽지를 주고받으며 친하게 지내고 있다.

(다 읽고 난 뒤 느낌 내 기분)

‘랑랑별 때때롱’이란 책을 읽고 나서 난 이런 느낌이 들었다. 무슨 느낌이냐면 랑랑별의 500년 전처럼 우리 지구가 많이 발전되지 않고 지구 온난화를 방지하는 과학만 발전시키고 지금 이 상태로 살았으면 한다. 또 다른 나라 또는 미래에 발견될 외계인 등 친구들을 가리지 말고 같이 놀아야 된다는 교훈을 얻었다.

9. 교육과정 성취기준과 단원 학습 목표에 따른 수업 준비

학교에서의 교육은 국가 교육과정을 토대로 하여 각 과목별 교육의 목표가 있고 여기에 따른 단원 학습 목표에 따라 이루어진다고 할 수 있습니다. 여기에서는 국어과를 중심으로 설명하고자 합니다.

국어과 교육의 목표는 국어과 교육의 성격에 따른 실천을 위한 지침입니다. 국어과 교육의 목표는 10학년까지 공통된 것으로 국어과 교육 전체를 위한 기준이 됩니다. 초등학교 국어과 교육도 이 목표를 기준으로 하여 이루어져야 합니다.[12] 이것을 구체적으로 말하면 해당 단원에서 가르쳐야 할 내용의 수준과 범위를 명확히 한 성취기준, 해당 단원의 학습을 통하여 학생들이 도달해야 할 실제적이고 구체적인 도달점을 의미하는 단원 학습 목표라고 할 수 있습니다.[13] 따라서 성취기준을 어떻게 정하느냐에 따라 단원 학습 목표가 달라진다고 할 수 있습니다.

그래서 2015 개정 교육과정에서 강조하고 있는 핵심 성취기준은, 교수·학습 활동을 통해 성취해야 할 지식과 기능, 태도의 능력과 특성들을 보다 합리적으로 (재)구조화함으로써 교사의 교수·학습 활동에 일종의 '선택과 집중의 원리'를 적용할 수 있게 해준다고 할 수 있습니다. 따라서 현장에서 교사가 핵심 성취기준 선정의 고려 사항을 지키면서 성취기준을 정하고 단원 학습 목표를 확인한 후 수업 활동을 정하면 될 것입니다.

* 2015 개정 교육과정에 따른 지도계획

우선은 2015 개정 교육과정에 따른 평가기준에 나오는 의미를 살펴보고 2009 개정 교육과정 과정과 달라진 점을 토대로 교육과정 수립을 위한 설명을

---

12) 교육과학기술부(2011), 초등학교 국어 4-1 교사용 지도서, 교육과학기술부, 14쪽 인용, 원문에서 전체적인 내용을 그대로 인용했으며 맺음말을 전체적인 흐름과 맞추기 위해 다음과 같이 고쳤다. 예를 들어 '이루어져야 한다'를 '이루어져야 합니다'로 고쳤다.

13) 교육과학기술부(2011), 초등학교 국어 4-1 교사용 지도서, 교육과학기술부, 44쪽 인용

해보겠습니다.[14]

1) 성취기준, 평가기준, 성취수준의 의미

가. 교육과정 성취기준

- 국가 교육과정에 진술된 성취기준
- 교과를 통해 학생들이 배워야 할 지식과 기능, 수업 후 학생들이 할 수 있어야 할, 또는 할 수 있기를 기대하는 능력을 나타내는 결과 중심의 도달점, 교과의 내용(지식)을 적용하고 문제해결을 하는 수행 능력
- 학생들이 교과를 통해 배워야 할 내용과 이를 통해 수업 후 할 수 있거나 할 수 있기를 기대하는 능력을 결합하여 나타낸 수업 활동의 기준(2015 개정 교과 교육과정 고시 문서 '일러두기')

나. 평가기준

- 교육과정 성취기준에 도달한 정도를 상/중/하로 나누어 진술한 것
- 평가 활동에서 학생들이 어느 정도의 수준에 도달했는지를 판단하기 위한 실질적인 기준 역할을 할 수 있도록 각 성취기준에 도달한 정도를 상/중/하로 구분하고 각 도달 정도에 속한 학생들이 무엇을 알고 있고, 할 수 있는지를 기술한 것

다. 단원/영역별 성취수준

- 각 단원 또는 영역에 해당하는 교수·학습이 끝났을 때 학생이 성취하기를 기대하는 지식, 기능, 태도에 도달한 정도를 기술한 것(A/B/C/D/E 또는 A/B/C)
- 단원 또는 영역 내 성취기준들을 포괄하는 전반적인 특성에 도달한 정도를 성취수준별로 구분해 진술한 것

---

14) 교육부(2017), 2015 개정 교육과정에 따른 평가기준 초등 1~2학년, 7-10쪽 인용

※ 평가준거 성취기준(필요한 경우에만 적용)

> - 평가 활동에서 판단의 기준이 될 수 있도록 교육과정 성취기준을 재구성한 것
> - '학생들이 학습을 통해 성취해야 할 지식, 기능, 태도의 능력과 특성을 진술한 것'으로서 평가활동의 근거로 활용될 수 있음
> - 학교에서의 구체적인 평가 상황을 고려하여 학생 입장에서는 무엇을 공부하고 성취해야 하는지, 교사 입장에서는 무엇을 가르치고 평가해야 하는지에 관한 보다 구체적인 안내를 제공하기 위해 필요한 경우에 한하여 교육과정 성취기준을 재구성하여 제시함

2) 성취기준 및 평가기준의 활용 방안

2015 개정 교육과정에서는 성취기준 자체에 교과 역량이 반영되어 있고 학습을 통해 학생들에게 기대하는 수행 능력을 제시하고 있기 때문에 선생님들은 수업을 계획하고 전개할 때 꼭 성취기준을 확인해 볼 필요가 있습니다. 2015 개정 교육과정에서는 학생의 역량을 육성하는 수업과 학습을 통해 기대하는 수행능력을 기르는 수업을 지향하고 있습니다. 따라서 2015 개정 교육과정에서 지향하는 학습 경험을 학생들에게 충분히 제공하기 위해서는 교과 교육과정 성취기준과 평가준거 성취기준을 참조하여 수업을 계획하고 전개하는 것이 필요합니다.

그런데 평가시 준거를 교육과정 성취기준에 둘지 또는 평가준거 성취기준에 둘지 헷갈릴 수 있습니다. 2015 개정 교육과정에 따른 평가기준에 따르면 단위 학교에서는 수업 및 평가 상황에서 교과 교육과정 성취기준을 그대로 활용할 수도 있고, 경우에 따라서 '평가준거 성취기준'을 같이 활용할 수도 있다고 명시하고 있습니다. 다만 각 단위학교의 교육과정의 수립 및 전개는 교육과정 성취기준에 근거해서 이루어져야 한다는 점도 강조하고 있습니다.

2015 개정 교육과정에서는 선생님들이 교과서만 가지고 수행하는 강의·전달식 수업을 지양하고 학생들에게 보다 유의미한 학습경험을 제공하기 위한 학생 참여형 수업을 지향하고 있습니다. 교과서를 중심으로 전개되는 강의·전달식 수업에서는 굳이 교육과정의 성취기준을 보지 않고 교과서만 가지고 가르쳐도 큰 문제가 되지 않았습니다. 2015 개정 교육과정에서는 이러한 수업

형태를 개선하고 교육과정의 성취기준을 중심으로 한 다양한 수업 전개 즉 교과 내용 재구성, 교과 간 연계·융합 수업과 같은 활동을 도모하고자 하고 있습니다. 따라서 학교 선생님들은 해당 교과 교육과정 성취기준이 반영되는 수업을 계획하고 전개해야 합니다. 다음은 교육과정 성취기준과 평가기준 예시문입니다.[15]

3) 교육과정 수립을 위한 준비

저는 슬로리딩 수업을 하면서 '차시별 학습목표'보다는 두세 가지 영역이 포함되어 있는 '단원 학습 목표'를 중심으로 수업준비를 하였습니다. 아래의 그림은 2009 개정 국어 3-1 교사용 지도서에 나오는 것입니다.[16]

■ 『국거 3-1 ㉮』의 2단원 학습 목표 및 주요 내용

단원	단원 성취 기준	단원 학습 목표	차시 학습 목표 및 『국어 활동』학습 요소	
2. 문단의 짜임	읽기, 쓰기 성취 기준을 하나의 목표로 통합 읽기(1) 글을 읽고 대강의 내용을 간추린다. 쓰기(3) 알맞은 낱말을 사용하여 설명하는 글을 쓴다.	글을 읽고 문단의 중심 내용을 파악하고 자신의 생각을 글로 쓸 수 있다.	국어	1~2. 중심 낱말이 무엇인지 안다. 3~4. 중심 문장과 뒷받침 문장이 무엇인지 안다. 5~6. 문단의 중심 문장과 뒷받침 문장을 파악하며 글을 읽을 수 있다.(읽기 활동) 7~8. 중심 문장과 뒷받침 문장을 생각하며 글을 쓸 수 있다.(쓰기 활동)
			국어 활동	• 더 찾아 읽기: 기후와 생활 • 우리말 다지기: 한글이 없었을 때

표에 제시된 '국어 3-1 ㉮의 2단원 학습 목표 및 주요 내용'을 살펴보겠습니다.

'국어 3-1 ㉮의 2단원 학습 목표'는 '글을 읽고 문단의 중심 내용을 파악한 뒤

---

15) 교육부(2017), 2015 개정 교육과정에 따른 평가기준 초등 1~2학년, 37쪽 인용
16) 교육부(2014), 초등학교 국어 3-1 교사용 지도서, 교육부, 18~19쪽 인용

자신의 생각을 글로 쓸 수 있다'입니다. 이러한 단원 학습 목표는 읽기와 쓰기의 성취 기준을 하나의 학습 목표로 통합한 것이며, '단원 목표 층위'에서 영역 간 통합을 고려하였음을 확인할 수 있습니다.

앞에서도 언급했지만, 저는 슬로리딩 수업을 진행하면서 단원 학습 목표에 초점을 맞추어 진행하였습니다. 적게는 두 개 영역의 성취 기준이, 많게는 세 개의 성취 기준이 하나의 학습 목표로 통합되어 여러 가지 활동을 준비하는데 많은 도움이 되었습니다. 또한 수업에는 쓰기 또는 읽기 활동이 하나씩 별도로 이루어지는 것이 아니라 동시에 이루어질 수 있다는 점을 감안한다면 단원 학습 목표를 중심으로 수업을 준비하는 것이 무리가 없습니다.

2015 개정 교육과정에서도 성취 기준은 선생님들이 재구성할 수 있음을 강조하고 있으므로 여러 영역이 포함할 수 있도록 학습에 따른 성취기준을 제시하는 것이 좋을 것입니다. 또한 교육과정 성취기준을 중심으로 내용 체계를 재구조화하여 학년군에서 교사의 재량에 따라 성취기준을 더 늘릴 수도 있고 더 줄일 수도 있는 것입니다.

이런 점을 좀 더 자세히 살펴보겠습니다. 2015 개정 교육과정 국어 교사용 지도서와 2009 개정 교육과정 국어 교사용 지도서에 나오는 단원별 학습 목표 체제를 비교하여 보겠습니다.

단원명	단원 성취 기준	단원 학습 목표	차시 학습 목표	학습 성격	쪽	
					국어	국어활동
1. 시를 즐겨요 문화 향유 역량	문학(2) 인물의 모습, 행동, 마음을 상상하며 그림책, 시나 노래, 이야기를 감상한다. 읽기(5) 읽기에 흥미를 가지고 즐겨 읽는 태도를 지닌다.	인물의 마음을 상상하며 시를 읽을 수 있다.	1~2. 시를 여러 가지 방법으로 읽을 수 있다.	준비 학습	6~11쪽	
			3~4. 장면을 떠올리며 시를 읽을 수 있다.	기본 학습	12~15쪽	6쪽
			5~6. 시 속 인물의 마음을 상상할 수 있다.	기본 학습	16~19쪽	7~8쪽
			7~8. 시 속 인물의 마음을 상상할 수 있다.	기본 학습	20~22쪽	9~10쪽
			9~10. 좋아하는 시를 낭송할 수 있다.	실전 학습	23~25쪽	

단원	단원 성취 기준	단원 목표	차시 학습 목표 및 『국어 활동』 학습 요소		학습 성격
1. 느낌을 나누어요	문학(1) 동시를 낭송하거나 노래, 짧은 이야기를 들려준다. 문학(5) 글이나 말을 그림, 동영상 등과 관련지으며 작품을 수용한다.	시나 이야기를 읽고 자기의 생각이나 느낌을 다른 사람과 이야기할 수 있다.	국어	1~2. 시를 읽고 생각이나 느낌을 말하는 방법을 안다.	이해 학습
				3~4. 시를 읽고 생각이나 느낌을 말할 수 있다.	적용 학습
				5~6. 만화 영화를 보고 생각이나 느낌을 말할 수 있다.	적용 학습
				7~9. 그림책을 읽고 생각이나 느낌을 친구들과 이야기할 수 있다.	적용 학습
			국어 활동	10~11. 이야기에 대한 생각이나 느낌을 입술책으로 만들 수 있다.	실천 학습
				더 찾아 읽기: 둘이서 둘이서 우리말 다지기: 'ㅔ'와 'ㅐ' 발음하기	

위의 표는 2015 개정 교육과정 국어과 교사용 지도서 있는 '단원별 학습 목표 체제'와 2009 개정 교육과정 국어과 '단원 학습 목표와 학습 요소 체제'입니다. 이 두 개를 비교하면 달라진 것은 다음과 같습니다.

첫째, 국어과 교육의 성격에서 '국어'의 학습을 통해 '국어'가 추구하는 역량인 비판적·창의적 사고 역량, 자료·정보 활용 역량, 의사소통 역량, 공동체·대인 관계 역량, 문화 향유 역량, 자기 성찰·계발 역량이 추가되었을 뿐입니다.

둘째, '단원 목표'(2009)에서 '단원 학습 목표'(2015)로 바뀌었습니다.

이외에 다른 부분은 거의 비슷합니다. 2015 개정 교육과정은 2009 개정 교육과정을 토대로 이루어졌기 때문입니다. 따라서 선생님들은 교육과정 성취기준(단원 성취 기준)을 꼭 확인하시면서 '단원 학습 목표'로 슬로리딩 수업을 준비하시면 별무리가 없으리라고 생각합니다.

그래서 다음과 같이 2015 개정 교육과정 국어과 단원 지도 계획을 수립해 볼 수 있습니다.

■ 국어 1-1 단원 지도 계획

단원명	성취기준	단원 학습 목표	차시	차시명(주제명) 또는 차시 학습 목표	주요 학습 내용 또는 활동	교과서 쪽수	
						국어	국어 활동
1. 바른 자세로 읽고 쓰기	듣기·말하기[2국01-05] 말하는 이와 말의 내용에 집중하며 듣는다. 쓰기[2국03-01] 글자를 바르게쓴다.	바른 자세로 낱말을 읽고 쓸 수 있다.	1/10	바른 자세를 익힐 수 있다.	• 단원 도입 • 바른 자세 익히기 • 단원 학습 계획하기	6~11 쪽	
			2/10	바르게 읽는 자세를 익힐 수 있다.	• 바르게 읽는 자세 알아보기 • 바르게 읽는 자세 익히기	12~13 쪽	
			5~6/10	바르게 쓰는 자세를 익힐 수 있다.	• 바르게 쓰는 자세 익히기 • 연필을 바르게 잡기 • 연필을 바르게 잡고 선 긋기	18~23 쪽	

단원명	성취기준	단원 학습 목표	차시	차시명(주제명) 또는 차시 학습 목표	주요 학습 내용 또는 활동	교과서 쪽수	
						국어	국어 활동
			7~8/10	낱말을 따라 쓸 수 있다.	• 바른 자세로 낱말 따라 쓰기 • 낱말을 소리 내어 읽고 따라 쓰기	24~27 쪽	8~9 쪽
			9~10/10	선생님과 친구의 이름을 쓸 수 있다.	• 바른 자세로 선생님과 친구의 이름 쓰기 • 단원 정리	28~31 쪽	
2. 재미 있게 ㄱㄴㄷ	문법[2국04-01] 한글 자모의 이름과 소릿값을 알고 정확하게 발음하고 쓴다. 쓰기[2국03-01] 글자를 바르게 쓴다. 문학[2국05-03] 여러 가지 말놀이를 통해 말의 재미를 느낀다.	자음자를 안다.	1~2/10	자음자의 모양을 안다.	• 단원 도입 • 자음자 모양 알기 • 단원 학습 계획하기	32~39 쪽	
			3~4/10	자음자의 이름을 안다.	• 자음자 이름 알기 • 자음자 만들기 • '자음자 카드놀이' 하기	40~43 쪽	10~13 쪽
			5~6/10	자음자의 소리를 안다.	• 자음자 소리 익히기 • 자음자 바르게 읽기	44~49 쪽	
			7~8/10	자음자를 쓸 수 있다.	• 자음자 쓰는 방법 익히기 • 자음자 바르게 쓰기	50~55 쪽	14~27 쪽
			9~10/10	자음자 놀이를 할 수 있다.	• '자음자 놀이' 하기 • 단원 정리	56~61 쪽	

5장

슬로리딩 수업에 대한 질문과 답변

그 동안 각종 강연, 오프라인 및 온라인 상담 등을 통해 슬로리딩 수업에 관심이 있는 교사들의 질문에 대해 답변한 내용입니다. 중복되는 질문은 제외하고도 내용이 많아 실제 슬로리딩 수업을 시작하려는 교사들에게 도움이 될 만한 질문을 선별하여 실었습니다.

슬로리딩 수업에 대한 질문과 답변은 저희들이 여러 학교를 다니면서 받은 질문을, 그 동안 슬로리딩 수업을 해본 경험에 기초하여 답변한 내용입니다. 질문과 답변 내용은 최대한 원내용을 그대로 싣고자 합니다.

번호	질문 내용	해당 쪽수
1	하시모토 다케시 선생님의 슬로리딩 수업과 선생님들의 슬로리딩 수업은 좀 다른 것 같습니다. 진정한 의미의 슬로리딩은 교육과정의 틀에서 벗어나서 좀 더 자유로워야 하는 것 아닐까요?	250
2	2015 개정 국어과 초등학교 3학년(2018년)부터 점차적으로 '한 학기 한권 읽기'를 정규수업에 도입한다고 합니다. 슬로리딩 수업과 같은 점과 다른 점은 무엇인지요?	251
3	수업을 하다가 성취기준 달성과 다른 방향으로 흘러갈 때가 있는지, 그럴 때 어떻게 수업을 보완하는지 궁금합니다.	252
4	슬로리딩 수업 중 쉽게 토론 방법을 익혀서 토론에 임하는 모습이 참 좋았습니다. 그 수업방법을 알려주실 수 있으신지요?	253
5	과학, 영어, 체육 등 슬로리딩 수업을 접목시키기 어려운 과목도 시도하셨는지, 시도하셨다면 어떤 점이 좋고 힘들었는지 궁금합니다.	253
6	한 권을 주교재로 삼고 교과서를 부교재로 할 경우 교과서 수록작품을 소홀히 할 수밖에 없을 텐데 그러면 교육과정에서 요구하는 목표를 달성할 수 없지 않을까요?	254
7	슬로리딩 수업을 그만 두고 싶은 생각은 한 번도 들지 않았나요?	254
8	슬로리딩 수업 연구가 잘 안될 때 돌파구는 무엇인가요?	254
9	슬로리딩 수업 시작이 적절한 학년은?(낱말 이해도 정도, 내용의 통찰적 이해 등 고려할 부분이 있다는 생각이 듭니다. 물론 교재의 내용에 따라 다르긴 하겠지만요.)	255
10	계획을 세울 때 80분(2차시) 수업이 많은가요? 40분(1차시) 수업이 많은가요? 선호하는 수업의 형태는 어떤 것인가요?	255
11	슬로리딩 수업을 통해 하위권 아이들에게 도움이 되는 면은 어떤 점이 있나요?(솔직히 상위권 아이들에게는 슬로리딩이 아니어도 무엇이든 교육적 효과가 있을 것 같아요.)	255
12	1학년에 알맞은 슬로리딩 수업을 위한 도서를 추천하여 주신다면 어떤 책이 있을까요?	256
13	슬로리딩 수업에서 학생들이 스스로 힘을 키우고 적극적으로 참여하기 위한 과제 제시 방법이나 범위를 알고 싶습니다.(저는 가능하면 학교 수업 안에서 해결하려는 생각을 하고 있습니다.)	258

번호	질문 내용	해당 쪽수
14	이번에 독서동아리부를 운영하게 되었습니다. 아이들 활동에 쉬운 교재로 도입을 해보고 싶습니다. 어떻게 해야 할지 지침이나 도움이 되는 자료 부탁드립니다.	258
15	일부 수업만 슬로리딩 수업으로 해도 될 것 같습니다. 그렇게 해도 되지요?	259
16	아이들과 학부모님들의 수업 동의를 어떻게 구하셨나요? 또 수업 중에 적응하지 못하는 아이들을 어떻게 지도하셨나요?	264
17	슬로리딩 수업과 연계하여 학교도서관의 역할은 무엇이 있을까요? 혹시 학교도서관 사서(교사, 담당계약직 등)의 도움을 받으신 적이 있는지요? 도움을 받으면 좋겠다 싶은 부분은 어떤 점인지요?	264
18	슬로리딩 수업은 어느 정도 기간이 지나야 효과가 보이나요? 긴 시간이 필요하면 학교에서 시간을 배정해주어야 하는데 가능한가요?(사서에게)	265
19	전학 온 아이는 중간에 어떻게 지도했는지요? 책을 사는 것(비용)에 대한 학부모님 반응은? 만약 끝까지 사지 않은 아이는 어떻게 합니까?	266
20	선생님 문집 제작 시에 의뢰하신 인쇄소 참고 가능할까요?	267
21	책의 지문을 읽고 아이들의 글쓰기를 이끌어내는 동기유발의 내용이 어떤 게 좋은지요?	267
22	아이들의 경험이 모두 제각각인데 같은 지문을 읽고 좋은 글을 쓰도록 이끌어내는 방법은 어떤 것이 좋은지 발문의 방법을 알고 싶습니다.	268
23	저는 슬로리딩 수업에 관심이 있는데요. 궁금한 것은 그럼 책 한 권을 모두 읽게 되는 것인가요?(수업이 끝나는 차시까지) 그렇다면 대략 어떻게 나누시는지요? 함께 읽기를 하는 것인지요? 각자 읽어오는 것인지요?	270
24	슬로리딩 수업 강의를 들으면서 가장 의문이 드는 점은 왜 한 권의 책인가라는 부분입니다. '한 권의 책 다 읽는다' 라는 것의 장점이 무엇인지 궁금합니다.	270
25	주로 박완서 작품이 많은데 이유나 계기가 있으신지요?	272
26	문학 작품의 선택 분야가 아동 작품이 아닌 성인용 작품이 많은 것 같은데 학생들의 이해 수준에는 적절한가요?	272
27	슬로리딩 수업을 준비하기 위한 책을 추천해 주세요.	272
28	교과 통합시 각 교과에서 요구하는 성취기준을 모두 포괄하여 주제에 맞는 책을 정하고 내용을 추출하기가 쉽지 않을 듯합니다. 전체 교육과정을 짤 때 어려운 점은 어떻게 해결하였는지요? 저는 현재 6학년을 맡고 있는데 교과서를 버리기가 쉽지 않네요.	273
29	저는 '슬로리딩 수업'을 정확하게 알지 못하지만 EBS 다큐프라임을 찾아서 볼 예정입니다. 선생님께서 아이들을 슬로리딩 방법으로 지도하셨을 때 궁극적인 목표가 무엇인가요?	274

번호	질문 내용	해당 쪽수
30	학생들이 개인적으로 독서할 때는 선생님과 하는 활동들을 할 수 없을 텐데, 그때 아이들은 어떻게 읽어야 하나요?	275
31	슬로리딩 수업에 대한 학부모의 만족도는 어떤가요? 학년 및 학급교육과정 작성에 어려움은 없었나요? 그리고 한국에 슬로리딩 관련 단체나 협회 등이 있나요?	276
32	핵심 성취기준을 슬로리딩 수업에 적용한 교육과정 자료를 좀 더 알고 싶습니다.	276
33	슬로리딩 수업을 부담스러워하거나 참여하고 싶지 않아 하는 교사들에게 동기를 부여할 수 있는 방법은 없나요?	280
34	저는 유치원 병설 교사입니다. 이 슬로리딩 수업 방법을 유치원 수준으로 좀 더 쉽게 다가가는 방법을 알고 싶습니다.	280
35	3년 동안 슬로리딩 수업을 하셨다면 그게 어떤 것인지 한 마디로 풀면 무엇이라고 할 수 있을까요? 정확한 개념 정의를 해주세요.	281
36	슬로리딩 수업은 교육과정 재구성이 많이 필요한데 처음 시작하는 초보자로서 많은 시간과 힘이 들것 같습니다. 여러 여건을 고려해 보아 가장 쉽게 할 수 있는 방법은 무엇인가요?	282
37	어떤 목적을 갖지 않고 동화책(문학도서)을 읽었을 때 주는 감동과 느낌이 있다고 생각합니다. 책을 이리저리로 분석하고 깊어지는 것은 좋지만 그 책이 주는 감동과 느낌(이미지로서)이 사라지지 않을까 싶습니다. 역작용도 있지 않을까요?	283
38	아이들과 함께 읽다보면 꼭 먼저 읽은 아이들이 걸립니다. 미리 읽은 아이들은 지루해하면서 자기는 다 안다고 뒷이야기를 말해버리곤 합니다. 그런 경우는 어떻게 할까요?	283
39	책 선정을 하고 실천하는데 아이들이 책을 재미없어 한다면 어떻게 해야 하나요?	283
40	독서교육에서 책을 읽고 난 후 표현하기 글쓰기 학습지를 많이 사용하는데 이런 글쓰기가 아이들에게 부담이 되거나, 식상한 독서수업으로 만들지는 않는지요?	284
41	고전적인 단어 찾기, 문장 만들기, 한자숙어, 속담 찾기 등에 활용해도 괜찮을지요? 조금 어려울까요?	284
42	저학년과 함께 슬로리딩 수업을 진행한다면 선생님께 피드백을 받을 수 있나요? 학부모님들의 반응은 어떠신가요?	285
43	주제통합학습과 슬로리딩의 다른 점이 무엇인가요?	285

번호	질문 내용	해당 쪽수
44	책의 내용과 관련된 자료들을 주로 어떻게 알게 되셨는지요. 원래 아는 것이 많으신지, 저는 아는 게 별로 없어서 자료를 찾는 방법도 궁금합니다. 예를 들어 다양한 시를 말씀해주셨는데 원래 알고 있던 시를 적용하신 것인지, 아니면 의도적으로 찾아내신 것인지 궁금해요.	285
45	책을 읽고, 감상(생각이나 느낌)에 대해 글로 적는 것 자체를 싫어하는 아동들을 어떻게 지도하는지 궁금합니다.	286
46	슬로리딩 수업을 하다보면 학생들이 책을 단지 참고자료로만 여기게 되지 않을까 염려됩니다.	286
47	자료 편집 및 학습지 만드는 것도 매우 시간이 많이 걸렸을 것 같습니다. 손쉽게 하는 방법은 없을까요?	286
48	학부모의 사전 동의를 받았지만 반대하는 학부모님은 어떻게 설득하셨는지요?	287
49	교과서로 슬로리딩 수업을 해도 되는가요?	287
50	온작품 읽기와 슬로리딩 수업은 어떤 차이가 있는지요?	288
51	슬로리딩 수업을 우리 반만 했을 경우 국어 교과서 지문을 직접 공부하지 못했기 때문에 평가할 때 다른 반과 문제가 생길 것 같은데 어떻게 해결하시는지요?	288
52	슬로리딩 수업에서 책을 학생들과 처음부터 같이 읽다가 성취기준을 적용하기에 알맞은(적당한) 부분에서 활동을 하나요? 아니면 책을 전부(끝까지) 읽고 나서 성취기준에 해당하는 부분으로 다시 돌아가서 해당하는 쪽을 읽고 활동을 하나요?	289
53	영어교과에도 슬로리딩 수업을 활용할 수 있습니까?	289
54	해당 학년의 단원별 성취기준 전체를 슬로리딩 수업 주교재로 다 수업하시나요? 단원 성취기준에서 빠지는 것은 없는지요? 혹은 교과서로만 하는 성취기준은 없나요?	290
55	재구성한 교육과정이 끝나면 마무리 활동을 어떻게 해야 하나요? 구체적인 방법이 궁금합니다.	290
56	슬로리딩 수업과 함께 진행하신다고 하신 '하브루타'에 대해서 알고 싶습니다. 예전 어떤 연수에서 잠시 이름만 들었는데 궁금합니다.	292
57	저희 반에 선택적 '함묵증(말을 아예 안하는 아이)'을 가진 아이와 글을 잘 읽지 못하는 장애아동이 있습니다. 그 아이들과도 즐겁게 슬로리딩 수업을 해보고 싶은데, 성독이 안 되는 아이들이라 이럴 경우는 어떻게 하면 좋을까요?	292

번호	질문 내용	해당 쪽수
58	저는 지난 2015년 1년 동안, 1학기 〈그 많던 싱아는 누가 다 먹었을까〉, 2학기 〈모모〉로 수업을 해보고 아이들도 저도 만족도가 높았습니다. 물론 힘들고 굉장한 에너지가 들기는 했지만요. 요즘 걱정은 '성취기준'에 따라 '활동'을 구성할 때, '활동'을 구성할 때, 자꾸 불안이 느껴집니다. 책임일까요? 나 때문에 우리 아이들이 다른 아이들이 배우는 것(교과서)을 못 배우는 것은 아닐까 하는 불안입니다. 혹시 선생님은 불안하지 않으셨나요? 강의를 들으면서 저도 확신이 들기도 하고, 좀 더 자신감이 생기네요. 고생 많으셨어요.	293
59	주교재와 관련된 다양한 활동으로 수업을 하다보면 시간이 부족하지 않을까 걱정이 됩니다. 해결방법은 무엇이 있을까요?	293
60	하고 싶은 활동에 맞는 성취기준을 꼭 찾으시나요?	294
61	샛길로 새기를 할 때 예상했던 것보다 더 많은 차시의 수업을 하게 되면서 진도의 압박이 느껴졌습니다. 슬로리딩대로라면 더 깊이 수업을 할 텐데 하는 아쉬움이 있습니다. 그러나 영원히 활동을 못 끝내면 어떻게 할까요?	295
62	슬로리딩 수업을 통해 파생독서가 가능하다고 생각합니다. 3학년을 맡고 있는데 3학년도 파생독서의 효과가 생길 수 있을까요?	295
63	아이들이 과제를 자발적으로 잘 해오나요?	296
64	모든 아이들이 끝까지 잘 참여하나요?	296
65	6년간 1권을 배우는 것과 1년 혹은 1학기에 1권을 배우는 차이는 무엇인가요?	296
66	1년 후 다음 해에 이어지지 않는다면 어떻게 합니까?	297
67	학기 시작 전에 모든 계획이 세워져야 하는지 아니면 하면서 그때그때 만들어 가는지?	298
68	비문학 장르도 괜찮을런지요?	298
69	선생님의 융합 수업 중 가장 기억에 남는 수업이 있나요?	298
70	작품을 전체를 먼저 읽고 수업을 해야 할까요?	298
71	EBS 다큐프라임 '생각을 키우는 힘, 슬로리딩'을 보았습니다. 그런데 거기서 낭독할 때 활용했던 라디오 프로그램은 무엇인가요?	299
72	동화책을 이용하여 아이들과 토론 수업이나 자신의 삶과 연계하여 이야기 수업을 주로 합니다. 저는 '보건'교과를 가르치고 있는데 짧게 '보건'과 연계해서 슬로리딩 수업을 적용할 수 있는 방법이 있을까요?	299
73	저는 음악전담교사입니다. '슬로리딩'수업이 음악과 같은 예체능교과에 어떻게 적용이 될 수 있을지 머릿속에 물음표가 가득하네요. 급하지 않게 시간을 두고 천천히 꾸준히 배우는 악기 수업과 배움의 취지가 같은 것 같은데 어떤 방식으로 활용할 수 있을지 함께 고민해 주세요.	301
74	아이들이 슬로리딩 수업시 표현했던 작품은 어떻게 처리하시는지요?	303

번호	질문 내용	해당 쪽수
75	전체적으로 책을 구입하는 것이 어려우면 어떻게 하면 좋을까요?	303
76	아이들이 1학기 열심히 참여했는데 여름방학이 끝나고 그 열기가 식었는데 어떻게 해야하나요?	304

1. 하시모토 다케시 선생님의 슬로리딩 수업과 선생님들의 슬로리딩 수업은 좀 다른 것 같습니다. 진정한 의미의 슬로리딩은 교육과정의 틀에서 벗어나서 좀 더 자유로워야 하는 것 아닐까요?

네, 그렇습니다. 진정한 슬로리딩은 틀에 얽매이지 않고 자유롭게 샛길로 새는 활동을 통해 이뤄질 수 있습니다. 다소 작품과 큰 관련이 없어 보이는 샛길로 새는 것도 의미가 있습니다. 예를 들어 '늘 코를 흘리고 다녔다'라는 〈그 많던 싱아는 누가 다 먹었을까〉의 첫 구절을 읽고, 축농증에 걸리는 원인, 치료 방법 등을 찾는 활동도 의미가 있다는 것입니다. 비록 작품의 내용과는 상관없는 자료를 조사했지만 그런 활동을 통해서 이 소설의 첫 구절은 평생토록 잊히지 않을 것이기 때문입니다. 모든 구절을 그렇게 깊게 읽는다면 이 작품 전체를 이해하는데 분명히 도움이 될 것입니다.

하지만 현실적으로 교육과정을 재구성하여 운영하려면 일정한 틀에 맞춰야 합니다. 국가 수준 교육과정을 무시할 수는 없으니까요. 작품을 읽으며 전반적으로 '문학'이라는 국어교과 하위영역을 지도해야하고 '듣기, 말하기, 읽기, 쓰기, 문법'의 다른 하위영역도 지도해야 합니다. 따라서 '슬로리딩'과 다르게 '슬로리딩 수업'은 일정한 틀을 가질 수밖에 없습니다. 하지만 이러한 수업은 아이들을 진정한 슬로리딩을 할 수 있게끔 이끄는 역할을 할 것입니다.

2. 2015 개정 국어과 초등학교 3학년(2018년)부터 점차적으로 '한 학기 한권 읽기'를 정규수업에 도입한다고 합니다. 슬로리딩 수업과 같은점과 다른점은 무엇인지요?

	2015 개정 교육과정	슬로리딩 수업
같은점	온전한 책읽기를 목적으로 합니다.	
다른점	학생들이 책읽기를 다한 후에 활동을 계획하고 있습니다.	학생들이 책을 다 읽기 전에도 활동을 계획하여 책에 관심을 갖도록 유도하고 있습니다. (아침시간, 수업 전에 조금씩 읽어주기, 모둠으로 단원별 과제를 내주어 책의 내용을 접하도록 유도함.)
다른점	다른 단원과 연계성이 부족합니다.	다른 단원과 연계성이 높습니다. 즉 단원 학습 목표에 적합하면 수업자료로 활용하고 있습니다.
	다른 교과와 단절된 느낌입니다.	다른 교과와 연계성이 높다. 예를 들어 작품에 대한 생각이나 느낌을 표현할 경우에 음악과 미술교과와 융합하여 수업을 하곤 합니다.
	'한 학기 한 권 읽기'는 국어 교과서 한 단원으로 집필되어 정규수업시간에 책을 읽고 생각을 나누며 글쓰기를 하는 통합적인 독서활동입니다.	슬로리딩 수업 책읽기는 여러 단원에 걸쳐 읽고 쓰는 활동이 점진적으로 이루어지는 독서활동입니다, 즉 한 학기 내내 독서활동이 이루어진다고 할 수 있습니다.
	'한 학기 한 권 읽기' 활동에서는 선생님과 아이들이 같이 책을 고를 수 있도록 하고 있습니다.	슬로리딩 수업에서 책 고르기는 아이들의 관심을 고려하되 동학년 선생님들이 협의하여 정하도록 하고 있습니다.
	아이들이 각자 다른 책을 읽고 생각을 나눔으로써 다양한 내용을 접할 수 있습니다.	아이들이 똑같이 한 권의 책을 읽고 생각과 느낌을 나눔으로써 서고 비교하면서 생각의 폭을 넓힐 수 있습니다.

3. 수업을 하다가 성취기준 달성과 다른 방향으로 흘러갈 때가 있는지, 그럴 때 어떻게 수업을 보완하는지 궁금합니다.

■ 『국거 3-1 가』의 2단원 학습 목표 및 주요 내용

단원	단원 성취 기준	단원 학습 목표	차시 학습 목표 및 『국어 활동』학습 요소	
2. 문단의 짜임	읽기, 쓰기 성취 기준을 하나의 목표로 통합 읽기(1) 글을 읽고 대강의 내용을 간추린다. 쓰기(3) 알맞은 낱말을 사용하여 설명하는 글을 쓴다.	글을 읽고 문단의 중심 내용을 파악하고 자신의 생각을 글로쓸수있다.	국어	1~2. 중심 낱말이 무엇인지 안다. 3~4. 중심 문장과 뒷받침 문장이 무엇인지 안다. 5~6. 문단의 중심 문장과 뒷받침 문장을 파악하며 글을 읽을 수 있다.(읽기 활동) 7~8. 중심 문장과 뒷받침 문장을 생각하며 글을 쓸 수 있다.(쓰기 활동)
			국어 활동	• 더 찾아 읽기: 기후와 생활 • 우리말 다지기: 한글이 없었을 때

2014년까지는 2007 개정 교육과정을, 2015년부터는 2009 개정 교육과정을 적용하고 있습니다. 2017년부터는 초등학교 1~2학년부터 2015개정교육과정이 시행되고 있는 상황입니다. 자료를 정리하면서 놀란 것은 헷갈리는 용어가 너무 많다는 점입니다. 추구하는 인간상, 초등학교 교육 목표, 국어과 교육 목표, 학년군 성취기준, 학년별 중점 성취기준, 학년군 지속 성취 기준, 영역별 성취 기준, 내용별 성취 기준, 단원 성취 기준 , 단원 학습 목표, 차시별 학습 목표 등 모두 목표(성취 기준) 관련 낱말이 11개이고 여기에 '핵심 성취 기준'까지 더하면 12개입니다. 그래서 저도 헷갈렸는데 위의 표에서 볼 수 있듯이 단원 학습 목표를 기준으로 수업을 준비하신다면 무난할 것 같다는 생각이 듭니다. 핵심 성취 기준도 단원 학습 목표에 포함되는 경우가 대부분이고 단원 학습 목표는 최소한 두 개의 영역을 포함하고 있기 때문입니다.

4. 선생님 강의를 들으니까 아이들이 쉽게 토론방법을 익혀서 토론에 임하는
   모습이 참 좋습니다. 수업방법을 알려 주실 수 있으신지요?

순서	수업내용
토론 준비	① 먼저 토의와 토론 개념을 살펴봅니다. ② 'KBS 1박 2일' 1분 토론 영상으로 그 방법을 익힙니다. ③ 아이들에게 1분 토론 주제가 될 수 있는 것을 받습니다. 그 범위는 제한하지 않았습니다. 예를 들어 '최영민 선생님보다 송중기가 더 잘 생겼다'도 나왔습니다. ④ 1분 토론은 모두가 참여합니다. ⑤ 제비를 뽑아 토론 상대를 정합니다. 단 여자는 여자끼리, 남자는 남자끼리 합니다. 토론은 칠판 앞에서 공개적으로 실시합니다. ⑥ 아이들에게 토론 상대를 모두 쓰게 한 후 결과를 공책에 기록하게 합니다. ⑦ 토론 결과는 공개하지 않습니다.
토론 실시	① 슬로리딩 수업을 위한 책의 내용 중에서 세 가지 주제를 아이들이 정하게 합니다. ② 반 아이들은 세 모둠으로 나눕니다. ③ 아이들을 주제별로 찬성과 반대의 입장을 정합니다.(아이들이 30명이어서 찬성 모둠 5명, 반대 모둠 5명으로 각각 세 모둠을 정해 모두 참여하도록 했음) ④ 주제에 따라 어떻게 주장을 펼칠 것인지 써오게 합니다. 이것은 토론을 잘하기 위한 준비입니다. 자료를 꼼꼼하게 준비할수록 토론은 활기가 넘칩니다. ⑤ 토론의 규칙과 방법을 설명하고 사회자를 정합니다. ⑥ 사회자는 엄격히 규칙과 시간을 적용하는 역할을 합니다. ⑦ 토론에 참여하지 않은 학생들은 배심원이 됩니다. ⑧ 배심원들은 토론 전과 토론 후에 자신의 의견을 표합니다.
토론 실시후	토론을 마치고 같은 주제로 주장하는 글쓰기를 합니다. 아이들은 가벼운 마음으로 참여하는 것을 보았습니다.

5. 과학, 영어, 체육 등 슬로리딩을 접목시키기 어려운 과목도 시도하셨는지,
   시도하셨다면 어떤 점이 좋고 힘들었는지 궁금합니다.

   국어 외에 시도한 과목은 미술, 도덕, 사회 과목을 시도했고 과학은 조사학습을 하게 했습니다. 그리고 영어와 체육은 시도하지 않았습니다. 체육은 책에 나오는 놀이나 내용을 무용으로 표현하는 것으로 시도하면 괜찮지 않을까 하는 생각을 해봅니다.

6. 한 권을 주교재로 삼고 교과서를 부교재로 할 경우 교과서 수록작품을 소
홀히 할 수밖에 없을 텐데 그러면 교육과정에서 요구하는 목표를 달성할
수 없지 않을까요?

교육과정 책에 보면 가장 중요한 것은 교육과정 성취기준이라고 서술하고
있습니다. 교과서도 하나의 자료라고 볼 수 있습니다. 그래서 교과서를 하지
않는다고 불안해하시는 부모님을 보시면 교육과정에서 중시하고 교육과정
성취기준에 적합한 자료를 선정하여 수업에 임하고 있다는 말씀을 드리면 어
떨까요? 물론 교육과정에서 요구하는 목표에 적합한 자료인지 계속 점검하는
노력이 전제가 되지만 수업 상황에 맞게 교과서보다 더 좋은 자료가 얼마든지
있을 거라고 생각합니다. 또한 주교재 내용이 교육과정 성취기준에 적합하지
않다면 교과서에 있는 내용으로 수업을 하면 되면 될 것입니다.

7. 슬로리딩 수업을 그만 두고 싶은 생각은 한 번도 들지 않았나요?

2014년 EBS 방송 촬영을 시작할 때 너무나 막막했습니다. 교육과정에 있는
진도를 나가야 하고 방송국에서 요구하는 촬영을 해야 하므로 처음에는 많이
버거웠습니다. 그런데 방송 촬영을 마치자 슬로리딩 수업을 계속 하고 싶다는
생각을 가졌습니다. 저희들이 방송 촬영을 하면서 얻은 소득은 수업의 중심에
는 아이들이 있어야 한다는 점을 알게 된 것입니다. 그래서 슬로리딩 수업 방
법이 아니더라도 아이들과 즐겁고 유익하게 수업을 할 수 있는 방법을 계속 생
각하게 되었습니다. 그리고 방송 촬영 초기에는 학년별 협의회를 많이 가져
서로 수업방법을 공유하여 어려움을 극복하였습니다.

8. 슬로리딩 수업 연구가 잘 안될 때 돌파구는 무엇인가요?

2014년 1학기에는 수시로 서로의 고충을 나누고 자료를 교환하면서 함께 극
복하려고 했습니다. 그래서 2014년 2학기 이후에는 저희들에게 맞는 방법이라
고 생각하고 여유롭게 준비하고 수업에 임했습니다.

9. 슬로리딩 수업 시작이 적절한 학년은? (낱말 이해도 정도, 내용의 통찰적
   이해… 등 고려할 부분이 있다는 생각이 듭니다. 물론 교재의 내용에 따라
   다르긴 하겠지만요.)

　　슬로리딩 수업은 1학년부터 6학년까지 가능하다고 봅니다. 저희들은 4학년,
5학년, 6학년을 맡아서 슬로리딩 수업을 했고 다른 학교 선생님들이 1학년, 2학
년, 3학년 아이들을 대상으로 즐겁게 수업하는 것을 보았습니다. 실제로 이 선
생님들을 만나서 이야기도 나누었습니다. 그래서 담임선생님이 열정을 가지
고 차분하게 준비한다면 어느 학년이든지 가능하다고 생각합니다.

10. 계획을 세울 때 80분(2차시) 수업이 많은가요? 40분(1차시) 수업이 많은가
   요? 선호하는 수업의 형태는 어떤 것인가요?

　　보통 수업 계획을 세울 때 1차시보다는 2차시 이상으로 계획을 세웁니다. 1차
시 계획은 거의 드뭅니다. 왜냐하면 모두가 참여하는 수업을 계획하는 경우가
많았기 때문입니다. 소수만 발표하는 수업은 하지 않으려고 했습니다. 모두가
참여하는 수업을 하니까 학기말에는 모두가 어느 정도 써서 발표하는 능력이
길러졌습니다. 그래서 조금은 시간을 융통성 있게 적용하는 것이 필요합니다.

11. 슬로리딩 수업을 통해 하위권 아이들에게 도움이 되는 면은 어떤 점이 있
   나요? (솔직히 상위권 아이들에게는 슬로리딩이 아니어도 무엇이든 교육
   적 효과가 있을 것 같아요.)

　　다소 성적이 떨어지는 아이들에게 책에 쉽게 접근할 수 있는 기회를 준다는
생각을 하게 되었습니다. 책 내용을 다 이해하고 하는 활동도 있지만 한 문장
노는 한 개의 낱말을 가지고 수업을 하는 경우도 많았기 때문에 상위권 아이들
중심으로 하는 수업은 별로 없었습니다. 그리고 소수의 아이들을 위한 수업은
깊게 읽고 생각하는 슬로리딩 수업의 취지에 맞지 않기 때문입니다. 더욱이
슬로리딩 수업 1년차에는 1권으로, 3년차에는 3권으로 슬로리딩 수업을 해서
선택의 폭을 넓혀주니까 대부분의 아이들이 자연스럽게 따라왔습니다.

12. 1학년에 알맞은 슬로리딩 수업 도서를 추천하여 주신다면 어떤 책이 있을 까요?

1학년은 그림책으로 시작하여 보면 어떨까요? 제가 2016년 겨울방학 때 연수를 받았는데 많은 선생님들이 좋아했던 책의 목록입니다. 하지만 절대적인 것은 아니니 참고만 하시기 바랍니다.

책이름	저자
아기가 된 아빠	앤서니브라운
아빠는 너를 사랑해	앤드루클루멘치
그림책은 재미있다	다케우치 오사무
그림책 쓰는 법	엘렌 E.M로버츠
그림책	최윤정
그림책의 그림 읽기	현은자 등
돼지책	앤서니브라운
눈 오는 날	에즈라잭키츠
지각대장 존	존버닝햄
선생님 과자	장명용, 김유대
괴물들이 사는 나라	모리스샌닥
시메옹을 찾아주세요	가브리엘뱅상
강아지똥	권정생
로지의 산책	팻 허친스 글,그림
셜리야, 목욕은 이제 그만	존 버닝햄 글,그림
여우누이	김성민 글 그림
호랑이 뱃속잔치	홍영우 글 그림
팥죽할머니와 호랑이	조대인 글/최숙희 그림
구름빵	백희나 글 그림
수호의 하얀 말	오츠카 유우조
눈물바다	서현
커졌다	서현
짧은귀토끼	다원시
위를 봐요	정진호

　　참고로 전 학년 슬로리딩 책 목록은 부산 개금초 김미례 선생님의 보고서 내용을 소개하고 싶습니다. 직접 연구회 활동을 1년 동안 하시면서 작성한 목록이어서 많은 도움이 될 거라고 생각합니다.

(출처 : 2015년 교육연구회 실천사례연구보고서 - 도서관활용수업(개금초 김미례)

책제목	저자	출판사	출판년도	대상학년
한밤에 깨어나는 도서관	보린	문학동네	2011	5-6학년
간송선생님이 다시 찾은 우리 문화유산 이야기	한상남	샘터	2005	
궁녀 학이	문영숙	문학동네	2008	
메이드인차이나	샐린그린들리	봄나무	2013	
벌거벗은 임금님의 도서관	가시와바사치코	북스마니아	2010	
사춘기 가족	오미경	한겨레아이들	2012	
시간가게	이나영	문학동네	2013	
책과 노니는 집	이영서	문학동네	2009	
천상분야열차지도	김재성	파란정원	2015	
토끼전	정길연	주니어김영사	2012	5-6학년
고민 들어주는 선물 가게	임태희	주니어김영사	2009	3-4학년
국경을 넘는 아이들	박현숙	살림어린이	2013	
굿모닝, 굿모닝?	한정영	미래아이	2014	
또 잘못 뽑은 반장	이은재	예림당	2014	
베 짜는 울 엄마	서석영	파랑새	2004	
수상한 아파트	박현숙	북멘토	2014	
양파의 왕따일기	문선이	파랑새어린이	2001	
전교 네명 머시기가 가다	김해동,윤정주 외	창비	2006	
초정리 편지	배유안	창비	2006	
할머니의 레시피	이미애	아이세움	2009	
노란 두더지	김종렬	아이세움	2006	
들키고 싶은 비밀	황선미	창작과비평사	2001	
삼백이의 칠일장	천효정	문학동네어린이	2014	
우리동네 전설은	한윤섭	창비	2012	

책제목	저자	출판사	출판년도	대상학년
우리반 스파이	김대조	주니어김영사	2012	
인사 잘하고 웃기 잘하는 집	윤수천	시공주니어	2001	
일기도서관	박효미	사계절	2006	
지우개 따먹기 법칙	유순희	푸른책들	2014	1-2학년
책 읽거나 먹거나	김주연	학고재	2014	
천원은 너무해	전은지	책읽는곰	2012	

13. 슬로리딩 수업에서 학생들이 스스로 힘을 키우고 적극적으로 참여하기 위한 과제 제시 방법이나 범위를 알고 싶습니다. (저는 가능하면 학교 수업 안에서 해결하려는 생각을 하고 있습니다.)

선생님 의견에 적극적으로 동의합니다. 저희들도 아이들이 과제를 해결할 때 최대한 학교에서 의논하고 준비할 수 있도록 하고 있습니다. 즉 학교에서 어느 정도 협의를 하고 학교에 없는 준비물은 각자 준비를 해서 가져오도록 하고 있습니다. 또한 필요한 과제는 1주일 이상 시간을 주어서 해결하도록 하고 있습니다. 그러나 학교에서 조사하고 해결할 수 있는 과제는 컴퓨터실이나 도서관을 이용하고 있습니다. 무작정 과제를 집에서 해오라고 하지는 않습니다.

14. 이번에 독서동아리부를 운영하게 되었습니다. 아이들 활동에 쉬운 교재로 도입을 해보고 싶습니다. 어떻게 해야 할지 지침이나 도움 되는 자료 부탁드립니다.

저는 도서관 업무를 7년 정도 맡았었고, 개인적으로 독서교실도 5년 정도 운영해 보았습니다. 제 경험상 이번 연수에서 강의하신 인천광역시교육청 이성희 장학관님의 자료를 적극 활용해 보라고 권하고 싶습니다. 이 분은 한문을 전공하셨지만 독서활동 분야에서는 타의추종을 불허할 정도로 풍부한 지식과 노하우를 가지고 계시기 때문입니다. 실제로 연수도 들어보았는데 많은 도움이 되었습니다.

저는 독서교실 때 〈국어 실력이 밥 먹여준다〉를 활용하여 낱말을 맞추고 짧은 글짓기, 〈그 많던 싱아는 누가 다 먹었을까〉 원작과 〈그 많던 싱아는 누가 다 먹었을까〉의 만화본(주니어김영사 출간) 내용을 비교하기, 'TV동화 행복한 세상' 그림과 줄거리를 이용하여 동화쓰기 및 긴 글쓰기 등을 해보았습니다.

작년에 했던 활동 중에 책읽어주기가 있었는데, 전성현 작가님의 〈잃어버린 일기장〉을 20분 정도씩 매일 읽어주었더니 아이들이 아주 좋아했습니다. 그런 식으로 5일만에 한 권을 읽을 수 있었습니다. 6학년 아이들은 지루해할 줄 알았는데 정반대였습니다. 거의 90% 아이들이 귀를 기울였고 더 읽어달라고 요청하기까지 할 정도였습니다.

저의 경험을 참고하시어 선생님께서 자신 있게 할 수 있는 방법과 교재를 선택하시는 것이 최선의 방법이라고 생각됩니다.

15. 일부 수업만 슬로리딩 수업으로 해도 될 것 같습니다. 그렇게 해도 되지요?

저희들은 2014년 5학년을 맡았고 그 아이들과 함께 슬로리딩 수업 방송을 촬영했습니다. 그리고 다시 그 아이들을 그대로 데리고 올라와 2015년에 6학년을 맡았습니다. 같은 아이들과 2년 정도 슬로리딩 수업을 한 셈입니다. 그런데 2016년에 맡은 4학년 아이들은 모두 새롭게 시작해야 했습니다. 그래서 3월 한 달은 제가 조금씩 책을 사서 먼저 읽어주었고 3월말이 되어 아이들이 모두 책을 샀습니다. 그런 뒤 4월 7일 학부모 공개수업 때 본격적으로 슬로리딩 수업을 시작할 수 있었습니다.

선생님 말씀처럼 단 한차시라도 선생님이 하실 수 있는 내용으로 수업을 하시고 점차 확대시켜 나가는 것이 바람직하다고 생각합니다. 수업은 준비하시는 선생님이나 받는 학생들에게 모두 유익해야하기 때문입니다. 참고로 수원 상촌초 3학년 선생님들이 계획을 세워 했던 자료를 첨부하니 참고하시기 바랍니다. 이 수업은 동학년 선생님들이 미리 수업계획을 세우셨고, 아이들이 정말로 기다리는 수업이었다고 합니다. 수원 상촌초교에서 연수할 때 선생님들의 열기가 강하게 느껴졌습니다.

■ 2015년 3학년 슬로리딩 〈랑랑별 때때롱〉

차시 , 쪽수	주제 및 개요	준비물 및 과제
1/25 (4월 7일)	*책 살펴보기 1. 책 겉표지 살펴보기 　— 책 겉표지의 색깔 　— 앞표지의 그림에 대해 이야기하기 　— 책 제목 살펴보기: 발음, 제목이 뜻하는 것 2. 권정생 선생님에 대해 알아보기 (200쪽 읽기) 　— 태어난 해의 역사적 배경, 결핵, 직업, 집, 인세 　— 다른 작품 소개: 강아지 똥	
2/25 (4월 8일)	〈새달이랑 때때롱이랑〉 1. 책읽기 　— 짝끼리 한 문장씩 읽기 　　(성독의 중요성과 재미를 느끼게) 2. 주인공 알아보기 　— 새달이, 마달이 (지구) : 때때롱, 매매롱(랑랑별) 3. 실감나게 읽기: 역할 정하여 읽기(13, 14쪽) 4. 가장 재미있는 부분 찾아보기(이유와 함께) 5. 랑랑별의 위치 알아보기 　— 북두칠성에서 다섯 걸음 떨어진 곳	— 사전 : 북두칠성조사 학습 　(모양, 전설 등) — 사후 : 밤하늘에서 북두칠성 찾아보기
3/25 학부모 공개 수업 (4월 14일)	〈호박죽〉 • 우리가 계속해서 천천히 음미해 볼 '랑랑별 때때롱'의 작가 권정생 선생님에 대한 짧은 영상 감상하기 • 지난 시간에 쓴 새달이와 때때롱에게 하고 싶은 말(새달이랑 때때롱이랑) 돌아가며 말하기 • '호박죽' 돌아가며 한 문장씩 실감나게 읽기 • 실감나게 읽기 위한 방법 알아보기 • 어려운 낱말 사전에서 찾아보고 쓰임을 이해하며 그 낱말이 들어가는 문장 만들어보기 • 호박죽 먹어보기(호박죽 만드는 과정/호박이 자라는 과정 포함 또는 민수와 닮은 때때롱 모습 예상해서 그려보기) • 이야기를 실감나게 읽는 방법 정리해보기 • 새달과 마달, 때때롱이 되어 각 역할을 맡은 친구들이 대화체 실감나게 읽어보기	

차시 , 쪽수	주제 및 개요	준비물 및 과제
4/25 (4월 29인)	〈랑랑별이 진짜 있는 걸까?〉 • 돌아가며 성독하기 • 인물의 마음 생각하며 대화체 실감나게 읽기 • 때때롱이 돌담에 놓아둔 사진에 대해 상상하여 말하기 • 때때롱이 돌담에 놓아둔 사진 배경 다르게 하여 그려보기 　(봄, 여름,가을로) • 새달이처럼 부모님께 비밀을 참지 못하고 말한 경험 이야 　기하기(또는 아직 말씀드리지 못한 일이 있으면 이야기하기) • 내가 만약 랑랑별에 사진을 보낸다면 어떤 사진을 보낼지 　그려보기(가족사진 그리기 활동)	
5/25 (5월 11일)	배운 내용으로 골든벨 퀴즈	
6/25 (5월 14일)	〈종이비행기〉 • 때때롱과 매매롱처럼 나도 친구를 관찰하고 편지 써서 종 　이비행기 접어보기 　(친구를 관심있게 관찰한 후 특징을 살려 편지를 쓴 후 종 　이비행기로 접어 날리면 선생님은 한 개씩 펴서 읽고 모두 　함께 누군지 맞춰 본 다음 그 아이에게 날려주기)	
7/25 (5월 22일)	〈종이비행기〉 • 랑랑별 아이들 모습 상상해서 글이나 그림으로 나타내기 • 등굣길, 하굣길에 본 것, 들은 것, 만진 것, 냄새 맡은 것 　쓰기 • 원인과 결과에 따라 내용 간추리기(국어) • 인물의 특징을 알맞은 낱말로 소개하기(국어)	돌담프로젝트—화가 난 일이 있을 때 종이 에 적어 돌담(우편함) 에 넣기.
8/25 (5월 28일)	〈일기장〉 •44쪽 강아지 두 마리는 석류꽃처럼 빨갛고 세 마리는 망 　개 넝쿨 잎사귀만큼 눈부신 푸른색이었습니다.(다른 것 　넣어 비유해보기) • 때때롱 일기에서 이상한 점, 궁금한 점, 부러운 점 찾기(15 　월, 꽁짓날, 떠들기내기 수업, 까까롱, 햇빛 색 등) • 높임말 찾아 예사말과 짝지어보기(여쭈었디, 히시면시, 　주셨다 등) • 지구별을 내가 소개해보기	51, 58, 60쪽 이어주는 말(그래서, 때문에)
9/25 (5월 29일)	〈일기장〉 • 지구별을 내가 소개해보기(과거 우리나라 환경 떠올리 　기/옛 이야기, 랑랑별과 연관 지어 지구별 이야기 꾸미기)	

차시 , 쪽수	주제 및 개요	준비물 및 과제
10/25 (6월 9일)	〈일기장〉 • 내가 꾸민 지구별 이야기 발표하기(과거 우리나라 환경 떠올리기/옛 이야기, 랑랑별과 연관 지어 지구별 이야기 꾸미기) • 자연에게 고마움을 느껴보고 사과와 다짐의 편지쓰기 • 손가락 나무 한그루씩 심기	수업친구 나누기
11/25 (7월 3일)	〈새달이는 똥싸개 오줌싸개〉 • 돌아가며 실감나게 읽기 • 마달이가 새달이를 일러바치는 것처럼 고자질 한 경험 이야기하기 • 천도복숭아에 얽힌 이야기 들어보고 먹어본 경험 이야기하기	
12/25 (7월 10일)	〈새달이는 똥싸개 오줌싸개〉 • 아빠가 할 줄 아는 요리, 해주셨던 요리 이야기하기 • 나에게 기운이 나는 음식은 무엇인지 말해보기 • 엄마 아프신 날 주제로 시 쓰기.	

13/25
(7월 17일)
	• 말아 말아 하얀 말아
	  어서어서 오너라
	  어서어서 오너라.
	  (노래해 보기-작곡)
	• 메기가 받는 소리 해보기
	  — 앞에 가는 건 양반, 뒤에 오는 건 똥도둑놈!
	  — 앞에 가는 건 멍청이, 뒤에 가는 건 임금님!
	• 소리와 모습을 흉내 내는 말 '출랑출랑', '불불'의 뜻 알기	

14/25 (8월 26일)	〈왕잠자리〉 돌아가며 성독하기 실감나게 읽어보기	
15/25 (9월 2일)	〈왕잠자리〉 왕잠자리가 무섭다고 한 이유 말해보기 때때롱이 랑랑별에는 농약도 안치고 쓰레기도 안 버린다고 한 이유 말해보기 '지구별은 똥통 세상! 랑랑별은 착한 세상!'의 뜻 알아보기	
16/25 (9월 11일)	〈왕잠자리〉 새달이 꿈에 나타난 수백만 마리의 무시무시한 왕잠자리 그려서 오려 게시판에 꾸미기	
17/25 (9월 18일)	〈흰둥이도 이상해졌다〉 흰둥이의 말과 행동이 말해주는 의미 생각해보기 개와 사람의 관계 생각해보기	

차시 , 쪽수	주제 및 개요	준비물 및 과제
18~19/25 (9월 25일)	〈모두 사이좋게 랑랑별로〉 랑랑별로 올라간 동물들의 왜 랑랑별에 올라가고 싶어 했을지 모둠토의해보기(동물별로도 의견 나누어보기)	
20/25 (10월 2일)	랑랑별로 올라간 동물들의 마음 헤아려보고 지구별 인간들에게 부탁하고 싶은 말 한 문장으로 표현하기	
21/25 (10월 8일)	랑랑별로 올라간 동물 중 하나가 되어 사람에게 부탁하고 싶은 글 쓰기(국어-띄어쓰기를 바르게 하여 부탁하는 글 쓰기)	학년군 공개수업
22/25 (10월 26일)	1~2교시 : 랑랑별 때때롱 골든벨하기 3~4교시 : 랑랑별 때때롱에서 인상깊은 장면 연극으로 꾸밀 준비하기 5~6교시 : 모둠별로 연극하고 상호 평가하기	독서페스티벌
23/25 (11월 10일)	〈때때롱네 집에서〉 올바른 식습관 왕관 만들기(우리 몸에 좋은 음식 쓰고 그리기)	
24/25 (12월 23일)	〈할머니 대장〉 *현재 모습을 생각하며 실패한 5백 년 전 모습 떠올려 보고 글쓰기 또는 그림그리기 *도깨비 옷을 입고 해 보고 싶은 것 발표하기	
25/25 (1월 19일)	〈때때롱네 엄마가 울었어요〉 *친구들과 놀 때 가장 행복한 내 모습 그려보기 *사람이 느끼는 감정에 대해 알아보기 *세상에서 가장 중요한 것이 무엇인지 토론해보기 〈때때롱의 마지막 선물〉 *부모님께 엄마 뱃속에서 열 달 동안 있었던 이야기 듣고 적어오기 *아이다움이 무엇인지 시로 표현해보기	
기타활동	낱말이나 어휘 사전에서 찾기 단어 뽑아 문장만들기 등장인물에게 하고 싶은 말 쓰기 그림그리기 직접 가보기 직접 해보기 내용파악 플래쉬카드 활동 퀴즈 플래쉬카드 활동 나라면 어떻게 했을까 생각해보기 소개하기(대상의 특징)	

16. 아이들과 학부모님들의 수업 동의를 어떻게 구하셨나요? 또 수업 중에 적
    응하지 못하는 아이들을 어떻게 지도하셨나요?

학기초에 부모님들의 이해를 구하는 가정통신문을 발송하는 것이 가장 좋다고 생각합니다. 일부 학부모님들은 교과서가 아닌 책으로 수업하는 것을 불안해하시기 때문입니다. 교과서 내용도 하나의 수업 자료이기 때문에 얼마든지 다른 자료로 대체할 수 있음을 강조하여 주세요. 그리고 교장선생님과 교감선생님의 동의도 꼭 필요합니다. 왜냐하면 슬로리딩 수업을 하다보면 학기초에 세운 교육과정을 변경해야 할 경우가 종종 있기 때문입니다. 물론 단원에 맞추어 나가도 되는데 선생님들이 필요하다고 생각될 때 수업을 바꾸어 하는 것이 훨씬 효과적이었습니다.

수업 중 적응하지 못한 아이들도 있기는 했지만 서로의 차이를 인정하고 나가니까 큰 어려움은 없었습니다. 예를 들어 글쓰기를 할 때 한 쪽을 다 쓰든지, 두 줄을 쓰든지 그대로 인정하고 수업을 했습니다. 또한 같은 주제이지만 서로 다르게 쓴 내용을 보며 많이 배운다는 점을 강조하면 아이들의 능력차는 어느 정도 극복되리라고 생각합니다.

또 글쓰기에는 남자와 여자 아이들의 차이가 많습니다. 여자 아이들도 글쓰기를 좋아하는 아이와 그렇지 않은 경우도 있습니다. 그래도 아이들이 가진 특성을 그대로 인정하는 것이 좋다는 생각으로 수업을 했습니다. 그런데 슬로리딩 수업을 진행하고 난 뒤 남학생과 여학생의 글쓰기 차이가 크지 않게 되었습니다.

모든 분야에서 그런 것은 아니지만 학년말이 되자 남학생과 여학생의 글쓰기 내용은 나름대로 논리적인 체계를 갖추고 있었습니다. 그래서 슬로리딩 수업의 효과가 나타나고 있구나하는 생각에 반갑기도 했습니다.

17. 슬로리딩 수업과 연계하여 학교도서관의 역할은 무엇이 있을까요? 혹시
    학교도서관 사서(교사, 담당계약직 등)의 도움을 받으신 적이 있는지요?
    도움을 받으면 좋겠다 싶은 부분은 어떤 점인지요?

저는 7년 정도 도서관업무를 관장했습니다. 그런데 늘 아쉬웠던 점은 도서관 사서선생님과의 연계 수업이었습니다. 슬로리딩 수업을 하는 동안 학교에 사서선생님이 안 계셔서 도움을 받지 못했습니다. 그래서 저는 학교에 사서선생님이 계시면 학년별로 수업에 연계된 도서를 활용할 수 있도록 지정도서를 정해주신다면 많은 도움이 될 거라는 생각을 갖고 있습니다.

18. 슬로리딩 수업은 어느 정도 기간이 지나야 효과가 보이나요? 긴 시간이 필요하면 학교에서 시간을 배정해주어야 하는데 가능한가요? (사서에게)

저희들도 슬로리딩 수업을 하면서 아이들에게 언제 혹은 언제부터 효과가 나타날지 참 궁금합니다. 일부 아이들은 기말고시부터 효과가 나타나지 않을까 하는 기대감도 있는데, 지금 중학교 2학년 아이들이 저희들과 2년 동안 같이 슬로리딩 수업을 해서 이 아이들을 주의 깊게 관찰하고 있습니다.

다음은 2016년 5학년 아이들이 슬로리딩 수업에 대해 쓴 편지 내용 중 일부입니다.

- 처음 시작은 "귀찮게 왜 슬로리딩을 하지?"였는데 하다보니 재밌고 또 하고 싶어졌다. 또 골든벨까지 해서 슬로리딩 시간이 기다려졌다.
- 슬로리딩을 하면서 토론하는 게 특히 재밌었다. 그 등장인물의 입장이 되어서 누구의 행동이 옳은가 의견을 주고받은 것이 재밌었다. 또 집에서는 보통 책을 읽을 때 속으로 읽는데, 슬로리딩을 할 때는 소리내어 읽는다는 점도 좋았다.
- 1년 동안 슬로리딩 수업을 받으면서 좋은 점이 많았나. 책 한 권을 천천히 설명, 체험하면서 읽으니까 내용이 이해가 잘되고 더 오래 내용을 기억했다. 그리고 원래 별로 흥미가 없던 글자책에 관심을 가지게 되고 읽게 되었다. 앞으로도 슬로리딩을 하면서 많은 활동을 했으면 좋겠다.

─ 선생님께

선생님, 안녕하세요? 저 ○○이에요. 선생님이 제 담임선생님이 돼서 정말 기뻐요. 재미가 전혀 없던 공부도 요즘 재미를 느끼고 있고요. 제가 비록 공부는 못하지만 (공부에 대한) 애정은 완전 풍부해졌어요. 선생님을 사랑해요. 선생님! 감사합니다!

다음은 2016년 4학년 아이들이 슬로리딩 수업 후 편지글 일부 내용입니다.

─ 슬로리딩을 하는 책을 더 많이 준비해주었으면 좋겠다. 책의 중요성과 책을 읽는 방법을 알게 되었다.

─ 책을 소리 내어 읽으니까 상대방이 어떤 느낌과 생각으로 말하는지 짐작할 수 있을 것 같다. 그래서 집에서도 책을 소리 내어 읽는 것을 추천하고 싶다.

─ 〈초정리 편지〉나 〈잃어버린 일기장〉 작가님께 편지를 쓰고 받으며 책에 대한 흥미를 느꼈다.

2015년 10월에 충북 사서선생님(참고로 임용고사에 합격하여 정규교사로 발령을 받은 선생님을 말함)들을 대상으로 강의를 한 적이 있습니다. 이분들은 학교에서 많으면 1시간 정도 수업을 배당받았다고 하더군요. 저희들은 개인적으로 더 많은 수업시간을 배당받아야 한다고 생각하는데 현실은 그렇지 못해 안타깝습니다. 그래서 저희들은 여러 선생님들이 도서관 동아리 학생들과 함께 하는 활동을 계획하여 보시는 것이 어떨까합니다.

19. 전학 온 아이는 중간에 어떻게 지도했는지요? 책을 사는 것(비용)에 대한 학부모님 반응은? 만약 끝까지 사지 않은 아이는 어떻게 합니까?

전학 온 아이들에게는 따로 안내를 했습니다. 그리고 당시에 〈그 많던 싱아는 누가 다 먹었을까〉를 가지고 수업을 할 경우에는 주니어김영사 출판사에서 만화로 나온 책을 주어 내용을 이해하도록 하였습니다. 아니면 6학년 2학기 때는 박완서 선생님의 〈자전거 도둑〉은 쉽게 이해할 수 있어 책을 읽어 오도록 안내를 하였습니다. 그리고 책을 사기 전까지는 우선은 저희들의 책을 주고 집에서 읽도록 하고 내용을 설명해 주기도 했습니다. 저 같은 경우엔 학기초에 학부모님들에게 수업 취지를 설명하고 책을 자율적으로 구입하여 달라고 하면 모두 흔쾌히 응해주셨습니다. 만약 끝까지 책을 사지 않는 아이가 있다면 수업시간에는 제가 책을 주면서 수업할 수 있도록 할 것입니다. 강제로 사라고 하면 모두에게 부담이 되기 때문입니다.

20. 선생님 문집 제작시에 의뢰하신 인쇄업소 참고 가능할까요?

제가 학급문집을 만들기 위해 여러 곳을 알아보았는데 각 업체마다 가격 차이가 있었습니다. 그 중에 마감시간을 잘 지켜주고 가격이 저렴한 곳을 선택했습니다. 문집을 만들기 위한 인쇄소는 각 학교에서 가까운 곳 몇 군데를 선택해 가격을 비교해보신 뒤 선택하면 될 듯합니다. 학급문집처럼 간단한 인쇄 작업을 해주는 곳은 대학가 주변에 소규모 업체가 많이 있습니다. 소량 인쇄를 좀 더 전문적으로 하는 업체들은 서울시 을지로 쪽에 많은 것으로 알고 있습니다.

21. 책의 지문을 읽고 아이들의 글쓰기를 이끌어내는 동기유발의 내용이 어떤 게 좋은지요?

아이들은 서로의 생각과 느낌, 배경지식이 다르기 때문에 글의 분량이나 방식, 관점, 주제 등등이 서로 다를 수 있음을 상소하면 어떨까요? 저도 아이들에게 〈랑랑별 때때롱〉 책을 읽고 줄거리, 생각과 느낌을 써내게 하면서 이 점을 강조하였습니다. 서로의 다른 점을 인정하면서 다른 사람의 좋은 점은 배울 필요가 있다는 점을 알려주는게 좋다고 생각합니다.

22. 아이들의 경험이 모두 제각각인데 같은 지문을 읽고 좋은 글을 쓰도록 이
　　끌어내는 방법은 어떤 것이 좋은지 발문의 방법을 알고 싶습니다.

저는 같은 내용을 읽고 생각이나 느낌을 쓴 후 모둠별로 돌려 읽고 댓글을
달게 하는 경우가 많습니다. 그리고 자신이 쓴 내용과 차이점을 낱말로 쓰게
하곤 합니다. 예를 들어 이 친구는 무슨 내용을 썼는데 나는 이런 내용을 썼다
는 식으로 쓰게 하지요. 대신 이 친구는 길게 썼는데 이 친구는 짧게 썼다는 식
으로는 쓰지 못하게 합니다. 혹은 전체 발표를 시키고 이것을 평가하도록 하
고 있습니다. 아래는 6학년 아이들이 관용적 표현을 하고 발표하는 내용을 쓰
고 평가한 예입니다.

조현준 / 관용적표현을 정말 잘사용하여 재치있게 잘만든거같다.

코가 코가 높았는데 코를 낮게만들어버리려는 그런 내용이었다.

박서연 / 정말좋은 한편을 읽은것같고 이야기의흐름도 좋았다

오랜만에 하는 운동회 낮에 있었던 일을 쓰는 그런 내용이었다.

이혜원 / 정말 동생이 하는 것처럼 생생하고 동생이 하고있는 행동들을 정말 잘표현했다

동생이 누나한테 하는 행동을 주제로 이야기를썼다.

황유선 / 친구에게 약간 쌓였던(?) 감정들을 귀엽게 복수하는 글 같았다.

정말 가끔 친재 너무 얄미울때도 많은데, 정말 그 느낌을 이야기로 관용표현을 사용해 쓴거같다

이지은 / 그 사람을 배려하라는 교훈? 같은 좋은 충고이야기 같다.

사람들에게 알지도 못하는 소문을 내거나 뒤에서 험담을 하지말라는 주제의 이야기를 썼다.

김민선 / 자신의 의견을 정말 정리를 잘하여 발표하는것같다.

다른사람들을 고려해 이상한이야기를 퍼트리지 말자는 이야기이다.

이규민 / 성말 역할극처럼 정말 연기를 잘하고, 정말 재미있었다

그 서방님?의 답답한 마음을 잘표현한 글이다.

채새연 / 기존에 있던 내용을 관용적표현을 이용하여 더 재미있게 만든것같다.

재미나 배정아의 겨울친? 이야기였다

아정인 / 처음에 안봤을때도 쉬워서 이해하기 나았었고, 상민날의 특별함을 잘담은 이야기같았다

특별한 방법에 대한 이야기였다.

양승도 / 하멜에 대한 주민들의 복수심을 재미있게 표현한글같다.

하멜에게 복수하는 주인들의 이야기이다

권학연 / 정말 전래동화처럼 재미있고 토끼의 꾀를 본받고싶다.

꾀많은토끼이야기의 주제이다. 위라니... 꾀많은토끼와어리석은 호랑이 이야기이다

안제민 / 아버지의 멋진모습이 나타나는것같다. 어머니도, 멋진모습은 열심히 일하시는 것이다.

눈도 부치시지 않으시고..

안OO / 위기일때의 위태우태한 한가정의 이야기같다.

김나현 / 작명센스가 뛰어나고 정말 너무 재미있었다. 진짜 목소리톤도 장이없다.

동아의 도둑잡이 이야기 같다.

4OO / 동생의 귀여움이 보이고 이야기도 귀엽다.

동생의돈으로 몰래 무언가를 사먹는 이야기이다.

23. 저는 슬로리딩 수업에 관심이 있는데요. 궁금한 것은 그럼 책 한 권을 모두 읽게 되는 것인가요?(수업이 끝나는 차시까지) 그렇다면 대략 어떻게 나누시는지요? 함께 읽기를 하는 것인지요? 각자 읽어오는 것인지요?

새학기를 시작할 때 저희들은 슬로리딩 수업에서 활용할 책을 안내하고 조금씩 읽어주면서 관심을 유도하는 방식을 택합니다. 아침 시간과 국어 수업시간을 이용합니다. 그리고 어느 정도 책을 사면 한 줄씩 나누어서 같이 호흡을 맞추어 읽기도 합니다. 각자 읽도록 하는 경우는 드뭅니다.

24. 슬로리딩 수업 강의를 들으면서 가장 의문이 드는 점은 왜 한 권의 책인가라는 부분입니다. '한 권의 책을 다 읽는다'라는 것의 장점이 무엇인지 궁금합니다.

2014년 EBS 방송 촬영을 할 때 아이들 중에는 한 달에 90권의 책을 읽는 경우도 있었고 대체로 30권 이상 읽는 아이가 많았습니다. 그런데 이것을 가지고 제대로 책을 읽었다고 할 수 있는지 의문이 들었습니다. 〈그 많던 싱아는 누가 다 먹었을까〉 책을 쓴 박완서 선생님은 연계독서를 하셨다고 합니다. 한 권의 책을 읽으면서 관심이 가는 분야의 책을 읽는 방식으로 나가셨다고 합니다. 서울대 국어교육과를 나와서 작가로 활동하고 계시는 호원숙 작가(박완서 선생님 장녀)님도 강연에서 같은 말씀을 하셨습니다. 이런 점에서 볼 때 '한 권의 책 읽기'는 깊이 있는 책읽기를 통해서 제대로 읽는 법을 배운다는 생각이 들었습니다.

다음의 기사들을 보면 깊이 있는 책읽기의 중요성을 짐작해볼 수 있을 겁니다.

> 우리는 지금 4차 산업혁명의 격변기를 살고 있다. 지금까지 산업혁명에서 증기기관, 전기, 컴퓨터가 중심이었다면 4차 산업혁명은 세계가 인터넷 네트워크로 연결되면서 공장과 제품이 지능화하는 시대다. 미래학자 버크민스터 풀러에 따르면 인류의 지식 총량은 100년마다 두 배씩 증가해 오다 그 기간이 1900년대는 25년, 현재는 13개월로 단축됐다고 한다. 2030년이 되면 지식 총량이 3일마다 2배씩 늘어난다고 한다.[1]

---

1) 조병옥(2016.10.29), 원자력 미래 보여준 빌 게이츠의 해법, 한국경제신문, A31면

위의 신문기사 내용은 하루가 다르게 인류 지식의 총량이 급격한 속도로 늘어나고 있음을 보도한 내용입니다. 이제는 우리가 제대로 된 지식을 나름대로 소화하고 재구성하여 활용하는 능력을 길러야 함을 강조하고 있다고 보아야 합니다.

그는 "사람들이 미디어의 뉴스를 그대로 받아들이는 대신 페이스북 등을 통해 주변으로부터 4~5번 이상씩 같은 얘기를 들어야 비로소 믿으려 하는 '불신의 시대'가 왔다"며 "에델만 조사 결과 대중은 '(자신처럼) 평범한 사람'의 주장을 정부나 기업 최고경영자(CEO)의 말보다 약 두 배 더 믿는다"고 말했다.(중략) 에델만 회장은 이런 현상에 대해 "언론은 민주주의 시민 사회의 정수"라며 "신문·잡지 같은 전통적인 매체를 통해 정보를 더 많이 제대로 얻을 필요가 있다"고 역설했습니다.

"어제 이화여대에서 특강을 했는데 아침에 신문을 읽거나 TV 뉴스를 보고 온 학생이 거의 없더군요. 다들 페이스북, 카카오, 네이버 등을 봤다고 했습니다. 그럼 뉴스는 어떻게 보느냐고 했더니 '뉴스에 대해선 안다'고들 했지만 환태평양경제동반자협정(TPP) 같은 이슈를 물어보니 잘 모르더라고요."

그는 "정보가 없는 대중은 문제 발생의 근원"이라며 "전통적인 미디어가 급변하는 디지털 환경 속에서 쇠락하는 것은 한국뿐 아니라 세계적 현상이지만 언론이 포기하지 말고 미래 독자인 대학생들에게 가서 정보를 아는 시민(informed citizen)의 중요성을 계속 알려야 한다"고 지적했습니다.

"예를 들어 '소셜미디어도 좋지만 정보 습득은 더 좋습니다(Social is good, informed is better)' '지식을 얻는 것은 좋은 일이지만 제대로 정보를 아는 것은 훌륭한 일입니다(Having knowledge is good, being informed is excellent)' '앞서가고 싶다면, 성공하고 싶다면 (미디어를 통해) 정보를 얻으세요'. 이런 식으로 접근하는 거지요."
에델만 회장[2]은 "미디어·기업·정부 등이 수많은 대중에게 일방적으로 정보를 전달하는 '일 대 다수(one to many)' 소통의 시대가 끝나고 쏟아지는 정보들이 한 사람에게 도달하기 위해 경쟁하는 '다수 대 일(many to one)' 소통의 시대로 넘어갔다"고 말했습니다. 정보의 홍수 속에 대중이 자기가 원하는 것을 쏙쏙 골라 선택하는 시대라는 것입니다.[3]

---

2) 세계 1위 홍보회사 에델만은 1952년 설립되었고 주요 고객으로 마이크로소프트·스타벅스·유니레버·삼성전자·현대차그룹 등이 있다.

3) 구희령(2016.10.29), 세계 1위 PR회사 '에델만' 이끄는 에델만 회장, 중앙일보, A31면

세계 1위 광고 회사 에델만 회장 리처드에텔만은 신문이나 잡지 등을 통한 정확한 정보의 습득이 중요함을 강조하고 있습니다. 이것은 우리 학생들이 학교를 다닐 때 책을 읽는 것을 통해 충분히 배울 수 있을 것입니다.

25. 주로 박완서 작품이 많은데 이유나 계기가 있으신지요?

2014년 EBS방송 촬영을 시작할 때 슬로리딩 수업에 쓰일 책은 이미 방송국에서 중고등학교 선생님들을 대상으로 정해 놓은 상태였습니다. 그래서 저희들은 선택의 여지없이 〈그 많던 싱아는 누가 다 먹었을까〉로 하였습니다. 그런데 시간이 지난 뒤에 되돌아보니 수업하기에 여러 가지 면에서 참 좋은 책이었습니다. 우리말의 아름다움, 풍부한 감수성, 아이들의 성장과정, 일제강점기와 한국전쟁의 시대상이 잘 나타나 있었기 때문입니다.

26. 문학 작품의 선택 분야가 아동 작품이 아닌 성인용 작품이 많은 것 같은데 학생들의 이해 수준에는 적절한가요?

아이들과 함께 수업을 하기 위해 택한 작품은 박완서 선생님의 〈그 많던 싱아는 누가 다 먹었을까〉와 〈자전거 도둑〉 그리고 권정생 선생님의 〈랑랑별 때때롱〉입니다. 〈그 많던 싱아는 누가 다 먹었을까〉는 박완서 선생님이 태어나서 대학에 입학할 때까지의 성장과정을 그린 자전적 소설로 중학교 교과서에 나오기도 합니다. 물론 초등학교 5~6학년들이 읽기에는 약간 어려울 수도 있지만 선생님들의 안내가 있으면 충분히 가능합니다.

27. 슬로리딩 수업을 준비하기 위한 책을 추천해 주세요.

책제목	지은이	출판사	내용	출판년도
슬로리딩 생각을 키우는 힘	하시모토 다케시	조선북스	실제 수업을 하셨던 선생님이 쓰신 책	2012
천천히 깊게 읽는 즐거움	이토우지다카	21세기북스	하시모토 다케시 선생님의 제자가 받았던 수업경험을 쓴 내용	2012

책제목	지은이	출판사	내용	출판년도
EBS큐프라임 슬로리딩 생각을 키우는 힘	정영미	경향미디어	2014년 방송 내용을 풀어서 썼고 부모님이 실천할 수 있는 사례를 소개함	2015
이제는 깊이 읽기	양효준	맘에드림	슬로리딩 수업 방법 및 사례를 소개함	2016
이야기 넘치는 교실 온작품읽기	전국초등국어교과모임, 신수경, 이유진, 조연수, 진현 지음	북멘토	'온작품읽기' 수업을 꾸준히 펼쳐 온 4명의 교사가 아이들과의 경험을 엮어낸 결과물임	2016
삶의 이야기판을 펼치는 온작품읽기	이오덕김수업교육연구소 지음	삶말출판사	온작품읽기 운동은 교사들의 온삶, 학생들의 온삶을 회복하는 지름길이 될 것임	20`6

28. 교과 통합시 각 교과에서 요구하는 성취기준을 모두 포괄하여 주제에 맞는 책을 정하고 내용을 추출하기가 쉽지 않을 듯합니다. 전체 교육과정을 짤 때 어려운 점은 어떻게 해결하였는지요? 저는 현재 6학년을 맡고 있는데 교과서를 버리기가 쉽지 않네요.

슬로리딩 수업을 한다고 교과서를 버리는 것은 아닙니다. 수업할 성취기준에 맞는지 여부를 보고 교과서에 있는 자료로 할지, 슬로리딩 수업에 활용할 작품으로 할지를 판단하면 됩니다. 저희들은 교과서에 있는 기본개념을 다루고 슬로리딩 수업에 활용하는 작품으로 확대하는 수업 방법을 택하고 있습니다. 교과서는 여러 아이들이 공부를 할 수 있도록 체계적으로 만들어진 좋은 교재이기 때문입니다.

저희는 교육과정을 짤 때 국어를 중심으로 하고 있습니다. 그리고 다른 교과에 적용할 수 있겠다고 판단이 들면 하고 있습니다. 우선 무리하게 통합하여 적용하는 것은 얻는 것보다 잃는 것이 더 많을 수도 있을 듯합니다. 그래서 전체 교육과정을 짤 때는 선정된 책을 서너 번 읽고 할 수 있는 활동을 생각한 다음에 적용할 수 있는 교과에 넣는 식으로 하고 있습니다.

2016년에도 일단은 국어 교과에 10차시를 적용하였고 진도를 나가다가 필요하다고 생각하면 중간에 진도를 바꾸는 것을 성서초 교장선생님께서 허락

하셨습니다. 물론 전체적인 교육과정 틀을 훼손하지 않는 범위 내에서 말이지요. 그래서 중요한 것은 선생님께서 하실 수 있는 범위 내에서 시작하고 점차 확대하시는 것이 좋다고 생각합니다.

저희들도 수업을 준비할 때는 성취기준 또는 단원 학습 목표에 수업내용이 맞는지 확인하고 작품을 적용할지, 교과서 내용을 적용할지 고민한 후 수업에 임하고 있습니다. 2015년과는 달리 2016년에는 교과서 내용을 더 많이 다루고 있습니다. 아직은 적용하기에 맞는 단원이 아니라고 판단하기 때문입니다만 점차 확대시켜 나갈 예정입니다.

29. 저는 '슬로리딩'을 정확하게 알지 못하지만 EBS 다큐프라임을 찾아서 볼 예정입니다. 선생님께서 아이들을 슬로리딩 방법으로 지도하셨을 때 궁극적인 목표가 무엇인가요?

저희들도 방송 촬영을 준비하면서 슬로리딩 수업에 대해 알게 되었습니다. 그전에는 같은 책을 한두 번만 읽는 방식이었는데, 방송 촬영을 하면서 〈그 많던 싱아는 누가 다 먹었을까〉는 거의 10번 정도 읽었습니다. 그런데 이 책을 매번 읽을수록 깊이가 달랐습니다. 그러면서 책을 깊이 읽는 것이 어떤 의미인지 조금은 알게 되었습니다. 이 수업의 목적은 아이들에게 '깊이 생각하는 방법'을 알게 하여 자신의 삶을 보다 즐겁고 유익하게 누리도록 하는데 있다고 봅니다. 저희들도 살아오면서 순간적으로 판단해야 할 일이 아주 많았습니다. 이것은 누구나 마찬가지일 겁니다. 중요한 순간에 어떻게 판단하고 결정하느냐에 따라 인생이 달라지는 경우도 여러 번 보았습니다. 판단을 할 때 가장 중요한 점이 슬로리딩 수업에서 지향하는 '깊게 생각하는 것'입니다. 그래서 저희들은 슬로리딩 수업의 궁극적인 목적은 아이들이 스스로 삶을 윤택하게 살아가기 위한 방법을 알려주는데 있다고 봅니다.

30. 학생들이 개인적으로 독서할 때는 선생님과 하는 활동들을 할 수 없을 텐
데, 그때 아이들은 어떻게 읽어야 하나요?

　슬로리딩 수업이 아이들에게 끼친 파급효과는 다양할 것으로 생각됩니다. 우리는 한 권의 책을 읽을 때 다양한 활동을 통해 책의 내용을 여러 가지 방면에서 생각하는 활동을 했습니다. 그리고 그것을 반 친구들과 비교하여 보는 활동도 많이 했습니다. 이를 통해서 아이들은 하나의 내용이지만 사람에 따라서 다르게 받아들일 수 있다는 생각을 가졌을 겁니다. 그리고 서로를 존중하고 배려함을 느꼈을 것입니다. 결과적으로 저희들이 생각하는 파급효과는, 한 권의 책을 어떻게 읽을 것인가를 생각하게 되었고 여러 사람의 의견을 어떻게 받아들이고 조정할 것인가의 필요성을 느낀 것이라고 생각합니다. 그리고 나름대로 자신의 생각을 표현하고 정리하는 능력을 조금이나마 익혔을 것입니다.

　아이들 각자의 변화를 모두 측정할 수는 없지만 한 권의 책을 읽더라도 천천히 읽으면서 그 의미를 되새겨한다는 점은 분명히 알게 하였다고 생각합니다.

　다음 자료는 2015년 12월에 실시한 설문조사 그래프이고, 대상은 슬로리딩 수업을 함께 한 성서초 6학년 1반 아이들이었습니다. 그래프를 보면 알겠지만 같은 책을 여러 친구들과 읽으면서 나타난 변화를 보고 각자 느낀 바가 크지 않았을까 생각합니다.

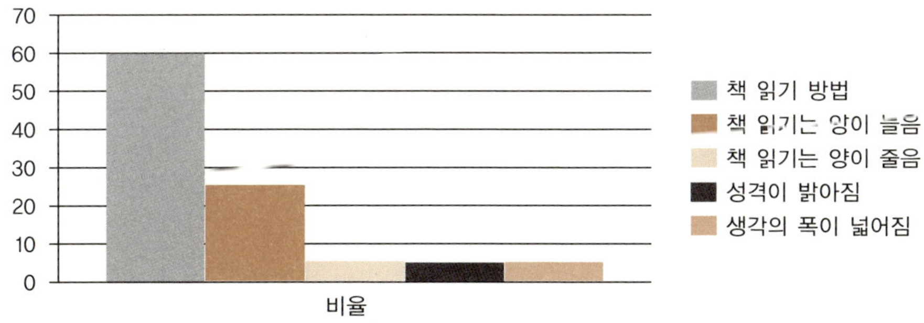

31. 슬로리딩 수업에 대한 학부모의 만족도는 어떤가요? 학년 및 학급교육과정 작성에 어려움은 없었나요? 그리고 한국에 슬로리딩 관련 단체나 협회 등이 있나요?

저희들의 경험상 슬로리딩 수업에 대한 학부모님들의 만족도는 높은 편입니다. 실례로 70% 정도의 학부모님들이 교육과정에 반영하기를 원했습니다.

학년 및 학급교육과정을 작성하는데 어려움은 없습니다. 일단은 책을 선정하고 책의 내용 중 활동요소를 뽑아 부분적으로 교육과정에 적용하기 때문입니다. 무리하게 적용하고 있지는 않습니다. 슬로리딩 수업을 한다고 해서 교과서를 완전히 배제한 상태에서 수업을 한다는 것은 불가능하기 때문입니다. 아이들에게 어느 자료가 더 유용할 것인지를 성취기준에 맞추어 판단한 후 수업에 활용하고 있습니다. 아직 학회 등은 없습니다.

32. 핵심 성취기준을 슬로리딩에 적용한 교육과정 자료를 좀 더 알고 싶습니다.

저희들은 수업을 준비할 때 핵심 성취기준보다는 단원 학습 목표를 중심으로 준비하고 있습니다. 그래도 별무리가 없다고 판단하고 있기 때문입니다. 단원 학습 목표도 단계별로 되어 있고 최소한 두 개 이상의 영역을 통합하였기 때문에 매우 적합하다고 할 수 있습니다. 참고로 제가 짠 2016학년도 4학년 교육과정 일부 내용을 알려드리겠습니다.

7. 핵심성취기준 중심 교육과정 재구성 운영계획

가. 목적

1) 핵심 성취기준을 중심으로 수업을 함으로써 교수·학습 부담을 적정화한다. 교과별 학습량을 합리적으로 조정, 감축하여 학습 부담을 적정화하는 방안과 근거를 제공한다.
2) 핵심 성취기준은 교과 교육과정 재구성의 근거를 제공한다. 학교의 특성, 학생과 교사, 학부모의 요구 및 필요에 따라 단위 학교가 자율적으로 교과(군)별 수업 시수를 증감 운영하여 핵심 성취기준을 중심으로 교과 교육과정을 재구성함으로써 보다 현

장 밀착적인 교육과정을 편성·운영할 수 있는 근거가 될 수 있다.

3) 향후 교과서 완결학습 체제, 중학교 자유학기제와 같은 새로운 교육 정책을 지원하고 현하는 토대로서 핵심 역량 중심 교과서 모형 개발의 근거 자료를 제공한다.

4) 교과 교육에서의 평가 방법을 개선한다. 교육 목표 달성 과정과 달성 여부를 평가하는 목표 지향적 평가 기준으로 기능한다.

나. 재구성 관점

[관점1] 단원 내 차시 감축을 하지 않되, 학습 내용을 줄여 수업 시간동안 교사—학생, 학생—학생 간 상호작용을 촉진하는 방향

[관점2] 단원 내 차시 간 증·감축을 통해 핵심 성취기준 중심의 문제해결 등 학생 참여 협력 중심의 수업을 강화하는 방향

[관점3] 단원 내 차시 감축을 통하여 감축한 시간을 활용하여 타 교과, 혹은 창의적 체험 활동과 연계한 프로젝트 수업으로 운영하는 방향으로 주로 심화학습이나 증배한 시수에 활용

다. 재구성의 실제

학습주제	함께 만드는 도시		수업모형	반응중심학습
핵심 성취기준	사회	핵 〈4062〉다양한 자료를 활용하여 우리 지역의 도시 분포를 살펴보고, 도시의 발달 과정과 그 특징을 설명할 수 있다. 핵 〈4063〉신도시 개발의 사례를 소개하고, 신도시가 개발된 이유와 문제점을 설명할 수 있다. 핵 〈4064〉도시 문제의 특징을 설명하고, 그 해결 방법을 제시할 수 있다.		
	미술	다양한 방법으로 대상을 관찰하고 색다른 방법으로 표현한다.		
학습목표	생활 속에서 활용되는 미술을 찾고 다양한 방법으로 표현할 수 있다.			
교수·학습 자료	신도시 개발 사진, 환경을 되살린 도시 소개 자료, 재활용으로 만든 작품 사진			
지도시기	5월		차시	1~6/6
지도내용	ー 경기도 신도시 개발 사례 소개하기 ー 경기도 신도시 개발로 인한 환경 파괴 사례 알아보기 ー 환경을 되살린 도시 사례 알아보기 ー 재활용품을 이용하여 환경을 되살릴 수 있는 작품 만들기 ー 서로 만든 작품을 발표하고 감상하기			

학습주제	나의 꿈		수업모형	반응중심학습
핵심 성취기준	사회	핵 〈4081-2〉 경제 활동에서 합리적인 선택을 하기 위해 고려해야 하는 기준(예, 비용, 만족감, 사회적 영향 등)을 제시할 수 있다.		
	국어	핵 〈1456-1〉 작품을 감상하고 느낀 점을 다양한 방법으로 표현할 수 있다.		
학습목표	미래에 내가 하고 싶은 일을 계획하여 발표할 수 있다.			
교수·학습 자료	내가 읽었던 책, 발표 자료			
지도시기	10월		차시	1~3/3
지도내용	— 나의 꿈과 관련 된 책을 읽고 정리하기 — 정리한 내용을 친구들과 같이 나누기 — 정리한 내용을 친구들 앞에서 발표하기			

학습주제	컴퓨터와 함께		수업모형	반응중심학습
핵심 성취기준	국어	핵 〈1436-1〉 다양한 매체를 활용하여 생각과 느낌을 표현할 수 있다.		
	국어	핵 〈1456-1〉 작품을 감상하고 느낀 점을 다양한 방법으로 표현할 수 있다.		
	미술	핵 그림판 프로그램의 다양한 기능을 이용하여 그림을 그릴 수 있다.		
학습목표	다양한 매체를 이용하여 생각과 느낌을 표현할 수 있다.			
교수·학습 자료	우리 집 사진, 다양한 집 사진			
지도시기	11월		차시	1~14/14
지도내용	— 컴퓨터로 글쓰기 특징 및 글쓰기 방법 알기 — 작품을 읽고 컴퓨터를 사용하여 감상문 쓰기 — 그림판 도구를 사용하여 그림 그리기 — 만든 작품 전시회 열기			

월	주	교과	단원	학습 내용	통합주제	차시	차시 누계	비고
5	11-13	사회	2. 도시의 발달과 주민 생활	단원의 도입 및 지도 계획	◆주제 통합 Ⅰ 1. 함께 만드는 도시	1/15	20	
				도시에는 인구가 많으며 2·3차 산업이 발달했음을 이해하기		2/15		
				도시에는 다양한 편의 시설과 문화 시설이 있음을 이해하기		3/15		
				여러 가지 지도와 인터넷을 이용하여 우리 지역의 도시 찾기		4/15		
				위치하는 곳의 특징 탐구하기		5/15		
				도시 분포의 특징 알기		6/15		
				지역 또는 주변 지역의 도시 형성과 발달 과정 파악하기		7-8/15		
				도시 문제 조사하기		9/15		
				도시 문제의 종류와 발생 원인 파악하기		10/15		
				에너지가 낭비되는 곳의 해결 방법		11/15		
				신도시를 만드는 까닭과 우리나라 신도시의 특징 이해하기		12/15		
				살기 좋은 신도시 만들어 보기		13-14/15		
				학습 내용 정리하기		15/15		

월	주	교과	단원	학습 내용	통합주제	차시	차시 누계	비고
		미술	6-2. 환경을 생각하는 미술	되살아나는 자연 생각하기		1/5		
				재활용을 통한 에너지 절약 방법		2/5		
				재활용 재료로 표현하기		3/5		
				환경 보호를 주제로 표현하기		4/5		
				감상하기		5/5		
10	9	국어	4. 글 속의 생각을 찾아	국어 활동】 주제가 잘 드러나게 그림책을 만들기		10-11 /11	2	
		사회	1. 경제생활과 바람직한 선택	미래에 내가 하고 싶은 일을 계획하여 발표하기		14-16 /16	3	

33. 슬로리딩 수업을 부담스러워하거나 참여하고 싶지 않아 하는 교사들에게 동기를 부여할 수 있는 방법은 없나요?

될 수 있으면 같은 학년 선생님들끼리 독서동아리를 구성하시는 것이 좋습니다. 처음에는 막막하기 때문에 서로 자료를 공유하고 격려하는 방식을 꼭 권해드리고 싶습니다. 하지만 반대하시는 동료들이 있거나 여건이 되지 않으면 처음에 시작할 수 있는 단원부터 조금씩 개별적으로 적용하여 나가시면 될 것입니다.

34. 저는 유치원 병설 교사입니다. 이 슬로리딩 수업 방법을 유치원 수준으로 좀 더 쉽게 다가가는 방법을 알고 싶습니다.

유치원생을 대상으로 슬로리딩 수업을 진행할 경우 그림책으로 하면 좋습니다. 어른이나 큰 아이들은 그림책을 읽을 때 글에 집중해서 그림을 놓치는 경우가 많지만 어린 아이들은 이야기를 들으며 그림에 집중합니다. 처음부터 끝까지 읽어주며 이야기를 이해한 후에 한 단어, 한 문장에 집중하는 것처럼 그림에 집중하여 함께 읽으면 좋습니다. 그림책의 그림은 글에서 설명하지 않는 많은 내용이 담겨 있습니다.

다음 이야기는 가상의 그림책을 예로 든 것입니다.

예를 들어, 고양이 세 마리가 소풍을 가는 그림책이 있다고 가정합니다. 먼저 고양이가 소풍을 가며 겪는 이야기들을 함께 읽으며 전체적인 줄거리를 이해합니다. 고양이가 소풍을 갈 때의 옷차림을 살펴봅니다. 한 고양이는 노란색 원피스를 입고 풍선을 들고 가고, 다른 한 고양이는 파란 모자를 쓰고 가방을 매고 갑니다. 나머지 한 고양이는 인형을 들고 갑니다. 이 장면을 보고 '노란색 원피스를 입은 고양이는 평소에 어떤 색을 좋아할까? 왜 원피스를 입었을까? 풍선을 들고 가는 이유는 무엇일까?' 등의 발문을 할 수 있습니다. 아이들의 상상력을 동원한 대답으로 고양이의 성격, 좋아하는 음식 등도 추측해 봅니다. '모자를 쓰고 가는 이유는 무엇일까? 왜 파란색 모자를 썼을까? 가방 안에는 무엇이 들었을까?' 등의 발문으로 두 번째 고양이에 대해 이야기 나눕니다. 세 번째 고양이를 보고 '인형을 들고 가는 이유는 무엇일까? 내가 가장 좋아하는 인형은 무엇인가? 내가 만약 소풍을 간다면 어떤 물건을 들고 갈 것인지 2가지를 이야기해보자' 등의 발문을 할 수 있습니다. 이렇게 한 장면 한 장면 차근차근 그림을 읽어나가면 그 그림책에 대해 훨씬 더 많은 것을 이해할 수 있습니다.

35. 3년 동안 슬로리딩 수업을 하셨다면 그게 어떤 것인지 한 마디로 풀면 무엇이라고 할 수 있을까요? 정확한 개념 정의를 해주세요.

선생님의 질문에 많은 생각을 했습니다. 저희들은 슬로리딩 수업을 '깊게 읽고 함께 하는 수업'이라고 정의하고 싶습니다. 슬로리딩 수업은 책 한 권을 가지고 6개월 이상 수업하고 다양한 활동을 합니다. 또한 아이들과 그 수업 내용을 서로 공유하고 때로는 아이들과 의논하여 수업의 방향을 정하기도 하기 때문입니다.

36. 슬로리딩 수업은 교육과정 재구성이 많이 필요한데 처음 시작하는 초보자로서 많은 시간과 힘이 들것 같습니다. 여러 여건을 고려해 보아 가장 쉽게 할 수 있는 방법은 무엇인가요?

저희들의 경험을 토대로 말씀드리겠습니다.

첫째, 학기초에 교육과정을 재구성하는 것입니다. 이를 위해서는 선정한 도서를 서너 번 읽고 어느 정도 내용을 알고 있어야 합니다. 그래야 진도표에 적절한 활동주제를 넣을 수 있습니다.

다음은 제가 6학년 2학기 때 큰틀로 만든 교육과정 재구성표입니다.

■ **국어교과를 중심으로 교육과정 재구성하기(6학년 2학기)**

단원	단원의 재구성 이유
4. 효과적인 관용 표현 11. 문학의 향기 1. 인물의 삶을 찾아서 5. 이야기 바꾸어 쓰기	문학 관련 단원이이서 묶어서 수업을 하여도 되겠다는 판단을 함.
9. 생각과 논리 3. 적절한 근거 6. 타당한 주장 7. 다양한 생각	다른 사람을 설득하는 목적을 가지고 쓴 글이어서 묶어서 수업을 할 경우 더 깊이 있는 수업을 할 수 있을것으로 판단함.
2. 자료를 활용한 발표 10. 뉴스와 생활 8. 정보를 활용한 기사문	사실적인 글로 2단원은 사회교과 내용을 바탕으로 발표수업을, 8단원도 사회 교과 내용을 바탕으로 신문만들기 수업을 계획하고 두 과목을 연계시켜 수업을 하고 있음.

둘째, 주간학습안내를 꼼꼼하게 짜는 것입니다. 1주일 수업 내용을 미리 알고 있으면 전날에 수업 준비하는데 도움이 되었습니다. 갈 길이 보이니까 자료 준비하는데 수월했습니다.

셋째, 지도서 내용을 꼼꼼하게 살펴봅니다. 아이들에게 필요한 활동이나 안내자료, 참고자료가 실려 있는 경우가 많기 때문입니다.

넷째, 같은 학년 다른 반 선생님들과 자료를 공유합니다. 혼자보다는 여럿이 하는 것이 훨씬 수월하고 힘이 났습니다.

37. 어떤 목적을 갖지 않고 동화책(문학도서)을 읽었을 때 주는 감동과 느낌이
    있다고 생각합니다. 책을 이리저리로 분석하고 깊어지는 것은 좋지만 그
    책이 주는 감동과 느낌(이미지로서)이 사라지지 않을까 싶습니다. 역작용
    도 있지 않을까요?

좋은 질문입니다. 저희들 역시 작품에서 느껴지는 감동과 느낌을 먼저 맛
보게 해야 한다고 생각합니다. 그래서 처음에 저희들이 책을 읽어주고 있습니
다. 하루에 조금씩 시간을 내 읽어주고 느낌이 어떤지 물어봅니다. 그리고 학
생이 구체적인 내용을 이야기하지 않아도 그대로 수용합니다. 왜냐하면, 아
이들과 깊게 읽으며 함께 하는 수업 방법이 오히려 좋은 작품을 하나의 수업도
구로 전락시킬 수 있다는 우려 때문입니다. 또한 여러 가지 방법으로 책읽기
를 시도하여 작가가 말하고자 하는 바가 무엇인지 알게 하려고 노력합니다.

38. 아이들과 함께 읽다보면 꼭 먼저 읽은 아이들이 걸립니다. 미리 읽은 아이
    들은 지루해하면서 자기는 다 안다고 뒷이야기를 말해버리곤 합니다. 그
    런 경우는 어떻게 할까요?

저 같은 경우, 수업을 하다 먼저 읽은 아이와 나중에 읽은 아이 사이에 발생
한 문제는 별로 없었습니다. 대부분 수업이 한 장면이나 한 낱말 또는 주제 중
심으로 이루어지기 때문입니다. 또 문학 단원에서 전체적인 내용을 먼저 살펴
본 다음에 수업을 해서 대부분 원만하게 진행되었습니다.

미리 읽은 아이가 있을 경우 이렇게 대처하였습니다. 그 활동에 필요한 내
용을 읽지 못했거나 다소 이해를 못하는 친구에게 내용을 설명하도록 하였습
니다. 이를 위해서 저희들은 활동에 필요한 내용을 아이들이 어느 정도 알고
있는지 사전에 파악하는 노력을 먼저 했습니다.

39. 책 선정을 하고 실천하는데 아이들이 책을 재미없어 한다면 어떻게 해야
    하나요?

책을 선정하실 때 아이들에게 취지를 설명하고 의견을 구하는 것도 하나의
방법입니다. 즉 책 선정 과정에 아이들을 참여시키는 겁니다. 아니면 동 학년

선생님들이 책을 읽어 보신 후 몇 명의 아이들에게 의견을 물어보시는 것도 괜찮습니다. 보통 동학년 선생님들이 먼저 읽어본 뒤 재미있고 괜찮다는 생각이 들면 아이들도 빠져들곤 했습니다.

설령 수업 진행 도중 책을 잘못 선정했다는 생각이 들 경우에도 전체적인 내용을 살펴보는 활동을 한 후 다른 단원은 교과서로 수업을 하면 되니까 크게 문제 될 것은 없다고 생각합니다.

40. 독서교육에서 책을 읽고 난 후 표현하기 글쓰기 학습지를 많이 사용하는데 이런 글쓰기가 아이들에게 부담이 되거나, 식상한 독서수업으로 만들지는 않는지요?

많은 생각을 하게 한 질문입니다. 아이들이 중심이 되는 수업은 살아있어야 합니다. 저희들의 경우를 보아도 2014년에는 학습지를 많이 만들었습니다. 그런데 2015년과 2016년에도 만들기는 했지만 많지 않았습니다. 작품을 읽은 뒤 꼭 학습지가 아닌 다른 형태로 수업해도 되었기 때문입니다. 그리고 저희들 역시 글쓰기를 강조하지만 몇 줄을 쓰든지 아이들이 쓰는 대로 존중해주었습니다. 특히 남자아이들은 여자아이들이 한쪽을 다 쓸 때 겨우 두 줄 정도만 써서 마무리해도 인정해주었습니다. 그랬더니 2학기 중간쯤부터는 글을 쓰는 양이 여학생이나 남학생 모두 거의 비슷하게 되는 경우도 있었습니다.

41. 고전적인 단어 찾기, 문장 만들기, 한자숙어, 속담 찾기 등에 활용해도 괜찮을지요? 조금 어려울까요?

깊게 읽고 아이들과 함께 하는 수업에서도 권장하는 수업 방법입니다. 꼭 작품 내용으로 모든 수업을 할 수는 없기 때문입니다. 실제로 저희들도 단어 찾기, 고사성어, 속담 찾기 등을 하기도 했습니다. 여기에 다른 작품을 도입하여 더 확대시키기도 했습니다. 이것은 '샛길로 새기' 방법과 일치하는 것으로 적극 권장하고 싶습니다. 아이들은 어느 정도 활발해지면 더욱 잘합니다.

**42. 저학년과 함께 슬로리딩 수업을 진행한다면 선생님께 피드백을 받을 수
있나요? 학부모님들의 반응은 어떠신가요?**

저희들은 저학년을 맡지 않았습니다. 하지만 여러 학교 선생님들과 만나면
서 충분히 가능하다는 생각을 하였습니다. 그리고 슬로리딩 수업은 선생님이
얼마나 관심을 가지고 준비하느냐에 따라 달라진다는 것을 알 수 있었습니다.
참고로 성서초 학부모님들은 70% 이상 슬로리딩 수업 확대를 원하셨습니다.

43. 주제통합학습과 슬로리딩 수업의 다른 점이 무엇인가요?

주제통합학습은 핵심성취기준을 분석하여 주제를 정하고 교과 간 내용을
통합하여 하는 수업이라고 할 수 있습니다. 깊게 읽고 함께 하는 슬로리딩 수
업은 국어 교과를 단원별로 재구성하여 문학작품을 주교재로, 교과서를 부교
재로 삼아 하는 형태입니다. 또한 다른 교과에 연관되는 내용이 있을 경우에
연계시켜 수업을 하곤 합니다.

**44. 책의 내용과 관련된 자료들을 주로 어떻게 알게 되셨는지요. 원래 아는 것
이 많으신지, 저는 아는 게 별로 없어서 자료를 찾는 방법도 궁금합니다.
예를 들어 다양한 시를 말씀해주셨는데 원래 알고 있던 시를 적용하신 것
인지, 아니면 의도적으로 찾아내신 것인지 궁금해요.**

수업에 필요한 자료는 의도적으로 찾는 경우가 많습니다. 물론 시간이 많이
걸리지만 의외로 좋은 자료를 접할 때가 많습니다. 가장 먼저 인디스쿨에서
자료를 찾고 인터넷에서 찾아보기도 합니다. 저희들은 국내 포털보다는 구글
검색을 권하고 싶습니다. 그리고 자료를 아이들에게 소개할 때는 반드시 출처
와 저자를 밝혀줍니다. 자연스럽게 저작권 수업이 함께 이루어지도록 배려합
니다. 또 반별로 분야를 나누어 검색한 뒤 자료를 공유하고 선생님이 더 찾아
추가하는 방식도 좋은 방법이 될 겁니다.

45. 책을 읽고, 감상(생각이나 느낌)에 대해 글로 적는 것 자체를 싫어하는 아동들을 어떻게 지도하는지 궁금합니다.

　책을 읽고 생각이나 느낌을 적으라고 할 경우에 남학생들은 망설이는 경우가 많습니다. 또 적는다고 하더라도 '재미있었다', '흥미로웠다'라고 간단하게 적기도 하기 때문에 최소한 두 줄 이상 써야 한다고 전제를 답니다. 그리고 옆친구와 내용이 같아도 괜찮다고 말해줍니다. 옆의 여자아이들 것을 참고하고 약간 다르게 써도 모른 척 합니다. 그것도 하나의 학습과정이라고 생각하기 때문입니다.

46. 슬로리딩 수업을 하다보면 학생들이 책을 단지 참고자료로만 여기게 되지 않을까 염려됩니다.

　좋은 질문입니다. 책을 읽는 목적 중에 가장 중요한 것은 글쓴이가 작품에서 무엇을 말하고자 하는지 느끼고 생각하는 것이라고 할 수 있습니다. 그런데 깊게 읽고 아이들과 함께 하는 수업에서는 작품이 하나의 참고자료로 여겨질 수도 있습니다. 그래서 이를 극복하기 위해 학기 중간쯤에 작품 전체에서 말하고자 하는 것이 무엇인지 알아보는 활동을 하라고 권하고 싶습니다. 아니면 국어 교과 단원 중 문학 단원을 중심으로 그 작품에서 이야기하고자 하는 것이 무엇인지 파악하는 활동을 해보라고 권합니다.

47. 자료 편집 및 학습지 만드는 것도 매우 시간이 많이 걸렸을 것 같습니다. 손쉽게 하는 방법은 없을까요?

　저희들은 주간학습안내를 짤 때 많은 시간을 들였습니다. 최소한 3시간 정도 걸립니다. 국어 교과서를 중심으로 수업을 구상하고 다른 교과와 연계시킬 수 없는지 보아야 하기 때문입니다. 또 어떤 자료를 투입할지 구상하여 주간학습안내에 넣어야 하기 때문입니다. 그리고 수업시간에 쓸 자료는 전날 만든 적이 많았습니다. 지도서를 먼저 살펴보는데, 유용한 내용이 많기 때문입니다. 여기에 인디스쿨 자료를 살피고 아이스크림과 티셀파도 살펴 최소화시킬 수 있도록 준비했습니다.

하지만 매번 이렇게 하는 건 아닙니다. 내용을 살펴본 뒤 문학작품을 가지고 할 것인지 교과서로 할 것인지 생각해야 하기 때문입니다. 국어 교과서 내용이 더 효율적일 때도 많기 때문에 상황에 따라 약간씩 다릅니다. 어느 단원은 교과서로 1주일 내내 수업을 하기도 합니다. 그래서 학기초에 연간 교육과정을 내실 있게 짜는 일이 필요합니다. 모든 수업은 여기에 기초를 하고 있기 때문입니다. 성서초에서는 교장선생님의 허락으로 진도를 바꾸어도 되는데 이것은 교육과정을 충실히 이행한다는 전제하에 하고 있습니다.

48. 학부모의 사전 동의를 받았지만 반대하는 학부모님은 어떻게 설득하셨는지요?

성서초는 처음부터 방송 촬영을 전제로 했기 때문에 가능했지만 다른 학교는 수업 차원에서 접근하는 것이라 어려울 수도 있다는 생각이 듭니다. 학부모님 설득 방법으로는, 현재 학교에서 배우는 교과서는 하나의 교육자료이며 앞으로의 사회는 수많은 정보가 쏟아질 텐데 교과서로는 한계가 있다는 설명을 해드립니다. 그런 이유로 슬로리딩 수업은 아이들이 폭넓게 판단하고 생각할 수 있는 있도록 하기 위한 수업 방법이라는 가정통신문을 보내보시면 어떨까요? 그래도 동의하지 않으신다면 저희들이 출연했던 EBS 다큐프라임 내용을 보시도록 안내해드리는 것도 하나의 방법일 겁니다. 또한 먼저 슬로리딩 수업을 진행했던 선생님들의 경험을 첨부할 수도 있을 것입니다. 그래도 거부하신다면 수업을 진행할 때 해당 아이에게는 책을 사도록 강요하지 말고 학교 차원에서 학급문고로 5권 정도를 사서 아이가 활용할 수 있도록 배려하면 어떨까요?

49. 교과서로 슬로리딩을 해도 되는가요?

좋은 질문입니다. 저희들은 교과서로도 가능하다고 생각합니다. 교과서 지문을 꼼꼼하게 읽으면서 '옆길로 새기', '상황에 따른 다른 자료 도입하기' 등 여러 가지 활동이 가능하다고 보기 때문입니다. 또 지도서에도 여러 가지 활동 자료가 소개되어 있어 이것을 활용하면 금상첨화일 것입니다.

50. '온작품 읽기'와 슬로리딩은 어떤 차이가 있는지요?

남한산초등학교에서 시작된 '온작품 읽기'는 작가가 작품에서 말하고자 하는 것이 무엇인지 알아보고자 하는데 그 목적이 있다고 할 수 있습니다. 그 작품만을 알기 위한 심층독서라고 할 수 있습니다. 이에 비해 '슬로리딩'은 이 책을 통해서 다른 책도 폭넓게 읽게 하기 위한 파생독서를 목적으로 하고 있습니다. 더 많은 자료를 읽고 대하면서 간접적으로나마 깊게 생각하고 실천하는 삶을 유도하는데 그 목적이 있다고 할 수 있습니다. 실례로 하시모토 다께시 선생님의 제자들은 삶의 순간순간 합리적인 판단을 하는데 슬로리딩 수업이 많은 도움이 되었다고 술회하고 있습니다.

51. 슬로리딩 수업을 우리 반만 했을 경우 국어 교과서 지문을 직접 공부하지 못했기 때문에 평가할 때 다른 반과 문제가 생길 것 같은데 어떻게 해결하시는지요?

저희들이 근무하는 성서초에서는 학년 단위로 실시하고 평가도 협의를 해서 별다른 문제가 없었습니다. 하지만 슬로리딩 수업을 학년 단위가 아닌 학급 단위로 할 경우에는 어려움이 있으리라고 생각합니다. 아마도 학급 단위의 평가라면 슬로리딩 수업 자체가 어려울 수도 있습니다. 학급 단위일 경우 혼자 열의를 가지고 출발한 선생님들이 힘들어하시다가 도중에 포기하시는 경우도 보았습니다. 그런 이유로 저희들은 슬로리딩 수업은 학년 단위로 시행할 것을 권하고 있습니다. 시작은 학년 단위로 하시면서 각 반 담임선생님 나름대로 색깔을 달리하면 되지 않을까합니다.

52. 슬로리딩 수업에서 책을 학생들과 처음부터 같이 읽다가 성취기준을 적용하기에 알맞은(적당한) 부분에서 활동을 하나요? 아니면 책을 전부(끝까지) 읽고 나서 성취기준에 해당하는 부분으로 다시 돌아가서 해당하는 쪽을 읽고 활동을 하나요?

저희들은 2014년 EBS 다큐프라임 방송 촬영 전까지 '슬로리딩'이라는 용어 자체를 몰랐습니다. 방송국 담당자가 와서 설명할 때야 알고 관련 책을 두 권 읽었습니다. 그런데 교육과정을 어떻게 짜야할지 몰라 예전에 하던 대로 교육과정을 짠 뒤 〈그 많던 싱아는 누가 다 먹었을까〉 책으로 수업을 시작하였습니다. 아이들은 책을 전혀 읽지 않은 상태였습니다. 방송 촬영이 3월 3주째부터 시작되었으니까 아이들이 책을 읽을 시간도 없었습니다.

수업을 진행하면서도 아이들에게 다음 수업을 위해 몇 쪽까지 읽어오라고 과제를 낸 적은 별로 없습니다. 아이들이 전체적인 내용을 알고 있는지 확인하는 독서골든벨을 6월초에 했으니까 슬로리딩 수업은 책을 같이 읽어가면서 했다고 할 수 있습니다. 물론 저희들은 〈그 많던 싱아는 누가 다 먹었을까〉 책을 미리 4번 정도 정독해 내용을 숙지했고, 수업 활동은 주간학습안내를 짤 때 미리 계획하고 준비하였습니다.

그래서 아이들이 책을 읽어서 내용을 알면 더욱 좋겠지만 그렇지 않아도 수업은 가능하고 말씀드리고 싶습니다. 다만 선생님은 수업용 책을 여러 번 읽어 내용을 어느 정도 알고 계셔야 원활한 수업이 가능합니다. 저희도 2016년부터는 먼저 한 권의 책을 읽고 나서 본격적으로 슬로리딩 수업을 시작하였습니다. 그리고 필요한 부분에서 활동을 찾아오곤 했습니다.

53. 영어교과에도 슬로리딩을 활용할 수 있습니까?

가능하다고 생각합니다. 올해 겨울 독서교육 연수를 받을 때 소개된 사이트에(Newbery Medal(올해의 최우수도서), Caldecott Medal(미국의 그림책 중 우수한 그림책 선정제도)서 책을 선택하여 쉬운 책으로 하시면 어떨까합니다. 아니면 라디오 프로그램인 'EBS 보이는 라디오 English Go! Go! (서울)FM 104.5, (부산)FM

107.7'을 활용해 보는 것도 좋을 것입니다. 또 다른 방법은 우리나라에 소개된 외국 동화를 원작으로 읽는 것도 어떨까합니다. 물론 완역에 가까운 것이 좋겠죠.

54. 해당 학년의 단원별 성취기준 전체를 슬로리딩 주교재로 다 수업하시나요? 단원 성취기준에서 빠지는 것은 없는지요? 혹은 교과서로만 하는 성취기준은 없나요?

수업할 때 국어의 경우 단원 학습 목표에서 벗어나는지 항상 살핍니다. 2014년 방송 촬영 때 3월과 4월에 차시별로 수업을 준비했는데 너무 어렵고 힘들었습니다. 그런데 단원 학습 목표를 중심으로 수업을 준비하니 훨씬 수월했습니다. 그리고 필요하다면 차시별 학습 목표를 더해 수업을 하기도 했습니다. 이렇게 하면 교육과정에 명시된 단원 성취기준은 어느 정도 달성한다고 보기 때문입니다. 또 단원 학습목표에 성취기준이 모두 포함되어 있어 별다른 문제는 없다고 판단하고 있습니다.

55. 재구성한 교육과정이 끝나면 마무리 활동을 어떻게 해야 하나요? 구체적인 방법이 궁금합니다.

저희들의 경우 재구성한 교육과정이 끝나면 별도의 마무리 활동을 하지 않았습니다. 대신 아이들이 슬로리딩 교육과정을 어떻게 받아들이는지 설문조사하여 평가하는 시간을 가졌습니다. 다음은 저희들이 아이들에게 한 설문 내용입니다.

안녕하세요. 2년 동안 〈그 많던 싱아는 누가 다 먹었을까〉와 〈자전거 도둑〉 책을 가지고 시작한 '슬로리딩 교육'에 적극적으로 참여하고 따라준 6학년 학생들에게 고마움을 표합니다. 선생님들이 내년에 더욱 효과적이고 활동적인 배움 중심 교육활동을 하기 위해 여러분들의 의견을 듣고자 합니다. 성의껏 답변하여 주세요. 감사합니다.

1. 2년 동안 슬로리딩 수업을 받고 난후 여러분의 마음은 어떠했습니까?
　① 많은 것을 느끼고 배웠다.
　② 예전 수업과 별다른 차이가 없다.

2-1 슬로리딩 수업 후 많은 것을 보고 느꼈다면 어떤 부분에서 변화가 있었나요?
　① 책읽기 방법　　　　　　② 독후감 쓰기
　③ 책읽는 양이 늘었다.　　④ 책읽는 양이 줄었다.

2-2 슬로리딩 수업을 받고서 변화가 생긴 이유를 써주세요.

3. 국어교과서 그리고 〈싱아책〉과 〈자전거 도둑〉을 가지고 국어 수업을 했는데 여러분의 느낌은 어떠했나요?
　① 참 혼란스러웠다.
　② 다양한 읽을거리를 가지고 수업을 해서 좋았다.
　③ 별다른 차이는 없었다.

4. 여러분들은 동생들에게 슬로리딩 수업을 권하고 싶은가요?
　① 권하고 싶다.　　　　　　② 권하고 싶지 않다.

4-1 권하고 싶다면 그 이유는 무엇인가요? 자유롭게 써 보세요.

4-2 권하고 싶지 않다면 그 이유는 무엇인가요? 자유롭게 써 보세요.

5. 슬로리딩 수업을 받으면서 글쓰기 능력은 어떤가요? 변화가 있었나요? 변화가 있었다면 어떤 부분에서 있었는지, 변화가 없었다면 그 이유는 무엇인지 써보세요.

6 선생님은 여러분과 슬로리딩 수업을 하면서 참 행복했습니다. 수업에 대해 더 많이 생각을 하게 되었고 더 많이 어떻게 책을 읽을 것인가를 고민할 수 있었기 때문입니다. 그리고 가장 중요한 것은 여러분이 있었기에 가능한 일이었습니다. 수업은 선생님 혼자 할 수 있는 일이 아님을 절실하게 느끼기도 했습니다. 여러분들이 2년 동안 슬로리딩 수업을 받으면서 생각하고 느낀 점을 자유롭게 써주세요. 부탁하고 싶은 것은 여러분의 생각을 쓰면서 그 방법까지 제시해 주면 좋겠습니다. 여러분들이 제시한 방법이 수업에 아주 효과적일 때가 많기 때문입니다. 감사합니다.

56. 슬로리딩과 함께 진행하신다고 하신 '하브루타'에 대해서 알고 싶습니다. 예전 어떤 연수에서 잠시 이름만 들었는데 궁금합니다.

제가 첨부 파일로 수업한 사례를 첨부하였으니 참고하시기 바랍니다. 시중에 있는 책들을 권하고 싶습니다.

질문하는 공부법 하브루타

질문이 있는 교실

저는 이 방법을 6학년 사회 교과 수업에 적용하여 보기도 했습니다.

57. 저희 반에 선택적 '함묵증(말을 아예 안하는 아이)'을 가진 아이와 글을 잘 읽지 못하는 장애아동이 있습니다. 그 아이들과도 즐겁게 슬로리딩을 해보고 싶은데, 성독이 안 되는 아이들이라 이럴 경우는 어떻게 하면 좋을까요?

제가 연수 중에 만난 선생님 중에 그 선생님 반에 말을 하지 않는 아이가 있었는데 그림책으로 수업하면서 말을 하기 시작했다고 알려주신 분이 있었습니다. 이런 사례도 있으니 가끔은 그림책으로 시도해보시면 어떨까요? 앞에 소개한 도서 목록을 보시고 선생님께서 책을 고르신 후 선생님이 읽어주는 것부터 시도하시면 좋을 것 같습니다.

슬로리딩을 할 때 성독은 상황에 따라 적용하시는 것이 좋습니다. 말을 하지 않는 아이는 성독 자체가 스트레스로 작용할 수 있으니까요. 슬로리딩 수업을 시작하기 전에 선생님께서 읽어주기 활동을 먼저 하시고 이것이 어느 정도 정착되었다고 판단되면 가끔 성독을 하시는 것이 좋을 것입니다. 그리고 소리 내어 읽을 때에도 읽지 않는 아이가 있다면 그대로 놓아두고 하는 것이 좋습니다. 슬로리딩 수업의 목적은 책을 즐겁게, 깊게 읽는 습관을 길러주기 위한 것이지만 처음부터 모든 아이들이 쉽게 받아들이지는 않을 것이기 때문입니다.

58. 저는 지난 2015년 1년 동안, 1학기 <그 많던 싱아는 누가 다 먹었을까>, 2학기 <모모>로 수업을 해보고 아이들도 저도 만족도가 높았습니다. 물론 힘들고 굉장한 에너지가 들기는 했지만요. 요즘 걱정은 '성취기준'에 따라 '활동'을 구성할 때, 자꾸 불안이 느껴집니다. 책임일까요? 나 때문에 우리 아이들이 다른 아이들이 배우는 것(교과서)을 못 배우는 것은 아닐까 하는 불안입니다. 혹시 선생님은 불안하지 않으셨나요? 강의를 들으면서 저도 확신이 들기도 하고, 좀 더 자신감이 생기네요. 고생 많으셨어요.

저희들은 아이들이 교과서 내용을 배우지 못할까 하는 걱정은 하지 않았습니다. 저희들이 걱정한 것은 아이들의 반응이 어떨까 하는 것이었습니다. 다행히 아이들 대부분이 긍정적으로 답변해주어 고마웠습니다.

학년초에 교육과정을 짜고 여기에 맞추어 진도를 나가기 때문에 불안하지는 않습니다. 앞으로는 똑같은 내용을 가르치고 배워야하는 획일성에서 탈피하여 각자에게 맞는 교육과정을 적용하는 쪽으로 변화되어야 한다는 의견이 많기 때문에 저희들은 바람직하다고 봅니다. 다만 우리 선생님들은 국가교육과정의 틀에서 이것을 시행해야하기 때문에 수시로 성취기준에 벗어나지는 않는지 점검할 필요성이 있습니다.

많이 어려우셨을 텐데 한해 아이들과 함께 슬로리딩 수업을 해내신 선생님께 존경의 마음을 표합니다.

59. 주교재와 관련된 다양한 활동으로 수업을 하다보면 시간이 부족하지 않을까 걱정이 됩니다. 해결방법은 무엇이 있을까요?

슬로리딩 수업을 하다보면 수업시간이 부족할 때가 많습니다. 이럴 때는 두 가지 방법을 적용하였습니다.

첫째, 예상했던 시간보다 더 많이 걸릴 경우 그 다음 시간까지 연장해서 하는 것이 나을지 생각합니다. 연장하는 것이 낫겠다 싶으면 다음 시간에도 연이어 하겠다고 말한 뒤 자료를 걷어 놓았다가 다음 시간에 내주곤 했습니다. 이렇게 하는 이유는 아이들 생각이 창의적일 때가 많아 그 흐름을 끊고 싶지 않아서입니다. 때로는 연속차시로 운영하여 그 묘미를 살리고자 했습니다. 예를 들어 수학 수업을 한 교구를 이용해 미술과 사회 수업을 하기도 했습니다. 다음은 작품입니다.

학생이 교구를 이용해 만든 작품   **학생이 교구를 이용해 만든 작품**

둘째, 주제나 내용이 비슷한 경우에는 융합하여 수업을 했습니다. 예를 들어 6학년 2학기에 국어 학급신문 만들기와 사회 여러 나라의 문화 풍습 내용을 합쳐 수업을 했습니다. 사회 교과 내용을 신문으로 만들고 퀴즈를 내어 내용을 확인하는 방법이었습니다. 물론 국어 교과에 있는 신문 만드는 방법을 사전에 가르친 후 신문 만들기를 하였습니다.

60. 하고 싶은 활동에 맞는 성취기준을 꼭 찾으시나요?

일단은 국어를 중심으로 하여 단원 학습 목표에 맞는지 봅니다. 그런데 꼭 하고 싶은 활동이 있다면 차시를 보고 그냥 수업을 하기도 합니다. 성취기준이 포괄적일 때가 있잖습니까. 2014학년도의 경우 요리실습을 1학기와 2학기에 넣었습니다. 아이들이 너무 하고 싶어 해서 3월초에 교육과정에 반영하였던 것입니다.

61. 샛길로 새기를 할 때 예상했던 것보다 더 많은 차시의 수업을 하게 되면서 진도의 압박이 느껴졌습니다. 슬로리딩대로라면 더 깊이 수업을 할 텐데 하는 아쉬움이 있습니다. 그러나 영원히 활동을 못 끝내면 어떻게 할까요?

어떤 학교는 10차시를 슬로리딩 수업으로 계획했는데 30차시가 넘어가 매우 힘들었다는 말도 들었습니다. 만약 더 깊은 수업을 하고 싶을 경우 다른 교과에서 시수를 줄일 수 없는지 살펴보시고 늘릴지 아니면 여기서 멈출지를 판단하는 것이 좋다고 생각합니다. 저희들은 주제나 내용이 중복되는 것이면 최대한 같이 해서 시수를 줄이고, 하고 싶은 활동을 넣고자 했습니다. 학기초에 세운 교육과정을 어느 정도 변경이 가능하도록 교장선생님께서 허락하셨기 때문입니다.

62. 슬로리딩 수업을 통해 파생독서가 가능하다고 생각합니다. 3학년을 맡고 있는데 3학년도 파생독서의 효과가 생길 수 있을까요?

선생님께서 말씀하신 '파생독서'는 슬로리딩 수업이 추구하는 가장 큰 목표 중의 하나입니다. 그래서 저희들도 〈자전거 도둑〉과 〈그 많던 싱아는 누가 다 먹었을까〉로 아이들과 수업을 하면서 읽고 싶다는 책을 보고서로 작성하게 하여 친구들과 돌려보게 하였습니다. 또 책 4권을 선정하여 작가에게 편지 쓰는 활동도 하였습니다. 슬로리딩 수업은 한 권의 책만으로 수업하는 게 목적이 아니기 때문입니다.

파생독서의 효과는 선생님의 노력에 따라 얼마든지 가능하다고 생각합니다. 저희들은 반신반의하면서 '책 읽어주기'를 했는데 아이들의 반응은 매우 뜨거웠습니다. 〈잃어버린 일기장〉(전성현 저)을 일주일 동안 제가 읽어주고 한 권을 끝냈는데, 마지막에 일부 아이들은 눈물을 흘리기도 하였습니다.

63. 아이들이 과제를 자발적으로 잘 해오나요?

모든 아이가 자발적으로 해오는 경우는 드물었습니다. 예를 들어 1학기 때 뉴스만들기를 할 때도 제가 개입하여 서로의 시간을 조정하여 주기도 했습니다. 그래서 학교에서 서로 의논할 시간을 주고 있습니다.

64. 모든 아이들이 끝까지 잘 참여하나요?

모든 아이들이 끝까지 잘 참여하지는 않습니다. 그래서 지속적으로 관찰하면서 계속 이야기를 하고 설득하는 편입니다. 예를 들어 아이들이 쓴 학습지를 읽고 모둠별로 댓글을 다는 활동이 있었는데 남자아이들로 구성된 모둠은 모두 일률적으로 '재미있다'고 써서 다시 쓰게 한 적도 있습니다. 그래서 모둠 구성시 남녀를 혼합하는 편이고 인내심을 요하는 경우가 가끔 있습니다.

65. 6년간 1권을 배우는 것과 1년 혹은 1학기에 1권을 배우는 차이는 무엇인가요?

일본은 1950년대초에 미군정의 지배를 받는 상황이었고 나다중고등학교는 국가교육과정이 적용되지 않아 학교에서 교육과정을 마음대로 짤 수 있었습니다. 그래서 한 권의 책으로 6년 동안 수업이 가능했고 하시모토 다께시 선생님은 학습지를 만들기 위해 거의 밤을 새우다시피 했습니다. 그리고 한 권의 책을 중심으로 분기별 모둠 활동, 보고서 작성, 샛길로 새기 등 여러 가지 활동을 했습니다.

성서초에서 실시한 슬로리딩 수업은 정해진 국가교육과정안에서 행해져야 했기 때문에 1년 단위 또는 6개월 단위로 운영될 수밖에 없습니다. 그래서 일본에서 행했던 것만큼 깊이 있는 수업은 할 수 없지만 한 권의 책으로 깊이 읽게 하기 위한 취지는 같다고 봅니다. 학생들에게는 책을 어떻게 읽는 것이 좋은지 알게 하는 좋은 활동이라고 생각합니다.

66. 1년 후 다음 해에 이어지지 않는다면 어떻게 합니까?

올해 했던 슬로리딩 수업이 다음해에 적용되지 않는다고 해도 아이들에게 큰 어려움은 없을 거라고 생각합니다. 아이들에게는 다른 방법으로 수업을 받아본 경험이 오히려 더 깊이 생각하고 표현하는 능력을 길러주었다고 할 수 있기 때문입니다. 다음은 한 학생이 쓴 슬로리딩 수업 후 소감문입니다.

4-2 권하고 싶지 않다면 그 이유는 무엇인가요? 자유롭게 써 보세요.

권하고 싶다고 작성했었는데 한 가지 예외가 있다. 1학년 학생들에게는 슬로리딩보다는 책을 많이 읽는 수업이 좋을 것 같다. 그렇게 되면 1학년 학생들이 2학년이 되고 슬로리딩을 시작하게 되는데, 더 잘 적응할 수 있을 것 같다.

5. 슬로리딩 수업을 받으면서 글쓰기 능력은 어떤가요? 변화가 있었나요? 변화가 있었다면 어떤 부분에서 있었는지, 변화가 없었다면 그 이유는 무엇인지 써보세요.

글쓰기를 귀찮아하는 아이에서 글쓰기를 좋아하는 아이가 된 것 같다. 국어에 더 깊은 관심을 가지게 되었으며 더 적극적으로 참여하게 되었다.

6. 선생님은 여러분과 슬로리딩 수업을 하면서 참 행복했습니다. 더 많이 수업에 대해서 생각을 하게 되었고 더많이 어떻게 책을 읽을 것인가를 고민할 수 있었기 때문입니다. 그리고 가장 중요한 것은 여러분이 있었기에 가능한 일이었습니다. 수업은 선생님 혼자서 할 수 있는 일이 아님을 절실하게 느끼기도 했습니다. 여

러분들이 2년 동안 슬로리딩 수업을 받으면서 생각하고 느낀 점을 자유롭게 써주세요. 부탁하고 싶은 것은 여러분의 생각을 쓰면서 그 방법까지 제시하여 주면 좋겠습니다. 여러분들이 제시한 방법이 수업에 아주 효과적일 때가 많기 때문입니다. 감사합니다.

여러 책을 통해 여러 관점들을 접할 수 있었고 책을 깊게 이해할 수 있었다. 중학교에 가서도 이 수업을 계속 진행하고 싶은데 그러지 못한다는 것이 정말 아쉽다. 책과 관련해 선생님께서 이야기를 들려주시거나 조언을 해 주신 게 많은 도움이 되었다. 2016학년도에는 슬로리딩 수업을 진행하는 학년을 늘린다고 하시던데 개인적으로 1학년들은 진행하기 어렵다고 본다. 1학년들은 책을 많이 읽히고 2학년에 가서는 독서 습관을 들이며 3학년부터는 본격적 슬로리딩 수업을 진행하여 난이도를 높여가는 체계로 수업을 진행하면 좋을 것 같다는 생각을 한다. 후배들이 꼭 슬로리딩 관련 경험을 많이 하고 많은 것들을 느끼게 했으면 좋겠다. 슬로리딩을 경험하게 해 주신 학교와 선생님들, 그리고 EBS에 감사드린다.

67. 학기 시작 전에 모든 계획이 세워져야 하는지 아니면 하면서 그때그때 만들어 가는지?

학기초에는 진도표와 주요활동만 뽑아놓고 구체적인 것은 주간학습안내를 짤 때나 학년별 협의회 때 정하는 것이 좋다고 생각합니다. 학기초에 모든 것을 다하려고 하다가 지쳐버릴 수 있기 때문입니다.

68. 비문학 장르도 괜찮을런지요?

문학작품로 하는 이유는 폭넓게 학습자료나 활동을 뽑을 수 있기 때문입니다. 그런데 필요할 경우 비문학 장르도 가능하다고 봅니다. 저는 슬로리딩 주교재를 벗어나 '독도는 우리 땅이다' 라는 주장으로 글쓰기와 발표를 3개월 동안 진행하기도 했습니다.

69. 선생님의 융합 수업 중 가장 기억에 남는 수업이 있나요?

음악 수업과 연계한 슬로리딩 수업이 가장 기억에 남습니다. '나는 광고 음악 감독'이라는 제재의 수업에서 슬로리딩 책을 광고하는 음악을 만들었는데 아이들이 아름답게 가사를 만들고 즐겁게 부르는 모습이 참 좋았습니다.

70. 작품 전체를 먼저 읽고 수업을 해야 할까요?

이것은 한 권의 책을 읽어가면서 수업하느냐, 아니면 전체를 읽고 나서 수업을 하느냐의 차이일 것입니다. 저희는 아이들과 작품의 구절을 자세하게 살펴보며 읽는 수업을 많이 했습니다. 아이들은 천천히 이해하며 읽으니까 내용 이해가 잘되고 내용이 더 오래 기억에 남는다고 했습니다. 즉 전체 작품을 이해하는 데 많은 도움이 되고, 그 부분은 절대 잊지 않게 됩니다. 또한 작가의 생활을 직접 체험해보며 작가의 마음, 시대 상황 등을 잘 이해하게 되고 책에 흥미를 가지게 됩니다. 다른 선생님은 작품 전체를 모두 읽은 후 단원에 맞는 주요 활동을 뽑아서 수업을 하기도 합니다.

71. EBS 다큐프라임 '생각을 키우는 힘, 슬로리딩'을 보았습니다. 그런데 거기
서 낭독할 때 활용했던 라디오 프로그램은 무엇인가요?

EBS 라디오 '성우 안지환이 읽어주는 국어교과서'라는 프로그램입니다. 이
미 종영된 방송이라 다시듣기를 찾아 활용했습니다. 주소는 다음과 같습니다.

http://m.ebs.co.kr/textbook?hmpMnuSno=6

72. 동화책을 이용하여 아이들과 토론 수업이나 자신의 삶과 연계하여 이야
기 수업을 주로 합니다. 저는 '보건'교과를 가르치고 있는데 짧게 '보건'과
연계해서 슬로리딩 수업을 적용할 수 있는 방법이 있을까요?

선생님이 대단하시다는 생각이 듭니다. 슬로리딩 수업 자체가 아이들의 삶
을 중심으로 이루어지는데 그걸 지금 실천하고 계시다는 생각이 들기 때문입
니다. 짧은 동화인 경우 〈네 손가락의 피아니스트〉나 〈가방을 들어주는 아이〉
〈TV동화 행복한 세상〉 등을 추천하고 싶습니다.

책제목	지은이	출판사	추천사유
명혜	김소연	창비	구세대의 인습과 맞서면서 의사의 꿈을 키워 나가는 이야기를 담은 작품으로, 민족 문제와는 또 다른 층위로 존재하는 여성 문제를 실감나게 묘사한 점이 돋보입니다.
가방 들어주는 아이	고정욱	사계절	〈가방 들어 주는 아이〉는 장애아뿐 아니라 그 주변 친구들이 겪을 수도 있는 고통에 대해서 생각해 보게 하는 저학년 창작동화입니다.
네 손가락의 피아니스트	고정욱	대교출판	〈네 손가락의 피아니스트〉는 손가락이 모두 합쳐 네 개 뿐인 피아니스트 희아에 대한 이야기입니다.
TV동화 행복한 세상	박인식	샘터사	가족 간의 사랑과 친구와의 우정, 더불어 살아가는 세상살이의 도리 등 당연하지만 놓치기 쉽고 소중하지만 돋보이지 않는 우리네 삶의 이야기를 있는 그대로 전하고 있어 더욱 감동을 줍니다.

    보건 시간은 그렇게 많지가 않으니까 〈TV동화 행복한 세상 1-10권〉에서 적절한 동화를 골라서 수업에 적용하면 어떨까요? 이야기에 따른 그림도 나오고 적극 권하고 싶습니다. 〈그 많던 싱아는 누가 다 먹었을까〉에서도 아버지가 돌아가시는 장면, 오빠의 부인이 폐렴으로 죽는 장면이 나오지만 너무 내용이 길어서 어렵지 않을까하는 생각이 듭니다. 〈명혜〉도 내용은 참 좋습니다. 아니면 매월 발간되는 〈좋은생각〉에서 적절할 사례를 뽑아 짧게 이야기를 해본 후 어떻게 하면 좋을지 생각해 보면 어떨까요? 〈좋은생각〉 홈페이지에 보면 지난 이야기가 실려 있을 겁니다. 우리 주변에서 일어나는 일이라 쉽게 공감할 수 있을 거라 생각합니다. 아니면 짧은 동화로 된 책들이 꽤 있으니까 여기에서 적절한 동화를 고르면 어떨까요?

책제목	지은이	출판사	추천사유
생각이 깊어지는 짧은 동화	양해원	바다가보이는교실	짧은 동화들은 소년소녀들의 꿈과 미래에 관련된 이야기입니다.
짧은 동화 긴 생각	이규경	효리원	한두 줄의 짤막한 글과 재미있는 그림으로 전하는 색다른 감동을 만나볼 수 있습니다.

책제목	지은이	출판사	추천사유
비타민 동화	박성철	계림	좋은 생각과 깊은 감동을 주는 짧은 글들 속에 서로에 대한 관심과 사람에 대한 사랑만이 병들어 가는 세상을 치료할 수 있는 유일한 약이라는 따뜻한 이야기를 담고 있습니다.
30초 동화	이규경	처음주니어	아이들의 마음에 삶의 지혜뿐 아니라, 고운 마음, 좋은 습관, 그리고 희망의 씨앗을 심어줍니다. 특히 동화마다 그에 담긴 핵심적 의미를 함축적으로 그려낸 그림을 실었습니다.
세상에서 가장 행복한 동화	편집부	형설아이	한 작품당 '10분'이면 충분히 읽을 수 있을 정도로 간결해, 틈틈이 시간을 쪼개서 읽을 수 있습니다. 파스텔톤의 삽화는 읽는 맛을 더해줍니다.
아주 특별한 동화	송재찬 외	파랑새 어린이	저마다 일은 다르지만 꿈을 갖고 열심히 살아가고 있는 사람들, 세상에서 가장 소중한 사람들의 이야기를 담은 동화책입니다.

73. 저는 음악전담교사입니다. '슬로리딩'수업이 음악과 같은 예체능교과에 어떻게 적용이 될 수 있을지 머릿속에 물음표가 가득하네요. 급하지 않게 시간을 두고 천천히 꾸준히 배우는 악기 수업과 배움의 취지가 같은 것 같은데 어떤 방식으로 활용할 수 있을지 함께 고민해 주세요.

선생님 이렇게 해보시면 어떨까요? 앞으로의 사회는 하나의 악기 정도는 다루는 것이 좋다고 하면서 음악을 하나의 취미로 하면서 권해보면 어떨까요? 우리나라는 PISA에 참가하여 거의 매번 상위권에 들고 있습니다. 그런데 이것이 모든 학생들의 행복으로 연결되지는 않는다는 점입니다. 오히려 우리나라 학생들의 행복도는 PISA참가국 중 최하위를 기록하고 있습니다. 이것은 중국, 일본과는 매우 대조적인 결과입니다. 중국과 일본은 학생들의 행복도가 높은 것으로 니와 있습니다. 행복노가 높은 나라는 협업학습이 높은 경우이고 우리나라는 이와 반대로 나타났습니다. 우리나라 학생들은 가장 긴 시간을 공부하는데 보내고 있습니다. 대신 어른들은 이것 때문인지 학교만 졸업하면 책을 손에서 놓아버리는 경우가 다른 나라에 비해 높다고 합니다. 그래서 〈그 똑똑한 아이들은 어디로 갔을까〉의 저자인 권재원 선생님은 학생들이 다양한 삶의 모습, 그리고 다양한 인생관과 가치를 경험할 수 있도록 문학을 포함한 예술작품을 많이 접하게 해야 한다고 제안하고 있습니다. 학생들이 악기 연주를 통해서, 음악 감상을 통해서 여러 작품을 접하는 것도 이런 제안을 실천하는 하나의 방법이 될 것입니다.

음악 수업에서 슬로리딩 수업을 계획하신다면 〈세계를 바꾸는 착한 음악 이야기〉(신지영 저, 북멘토 출)를 소개해 드립니다. 이 책을 통해 음악이 실제 사람들의 삶을 많이 변화시키고 있다는 점과 앞으로의 교육은 자신이 스스로 경험을 내용을 바탕으로 이루어질 수 있을 가능성이 많다고 하면서 음악을 통해 많은 경험을 쌓으라고 권하시면 어떨까요?

선생님께서 보시고 수업 중간중간에 넣으시면 괜찮을 거라는 생각이 듭니다. 아니면 송승환 씨의 난타 이야기를 도입하면 어떨까요? 〈창의력 소년 송승환, 세계를 난타하다〉와 〈세계를 난타한 남자 문화 CEO 송승환〉도 괜찮습니다. 저는 송승환 씨가 난타를 도입하게 된 배경을 설명하는 강연 동영상을 보고 감동을 받았습니다. 난타를 세계적인 음악으로 키운 배경을 설명하면 어떻게 꿈을 키워가야 하는지 많은 도움이 될 거라고 생각합니다. 여기에서 영국에서 열린 '에딘버러 축제' 이야기는 꼭 언급하여 주세요.

아니면 휴대전화판매원에서 세계적인 성악가의 꿈을 이룬 '폴포츠'동영상 (https://www.youtube.com/watch?v=sC9Qq79izJ4)을 보여주면서 꿈을 어떻게 이루어야 하는지 같이 생각해보면 어떨까요? 슬로리딩 수업은 꼭 책으로만 하는 것이 아니기 때문입니다. 한편의 동영상도, 한편의 짧은 글도 좋은 자료가 될 수 있습니다.

74. 아이들이 슬로리딩 수업시 표현했던 작품은 어떻게 처리하시는지요?

저는 아이들에게 학급문집으로 만들어 배부하고 있습니다. 수업시간에는 일부러 A4 용지로 작품 활동을 하게 합니다. 어떤 연수 때 강사님이 아이들의 작품은 꼭 돌려주라는 말씀이 인상 깊어 시작하게 되었습니다. 아이들의 1년간의 활동사진, 작품(그림, 글짓기), 격려하는 부모님과 담임교사 편지 등을 문집에 실어서 나누어 주고 있습니다. 비용은 교장선생님께 말씀드려 학급운영비와 제가 약간 보태서 처리하고 있습니다. 저렴한 인쇄소를 찾으면 큰 비용이 들지 않습니다.

75. 전체적으로 책을 구입하는 것이 어려우면 어떻게 하면 좋을까요?

저는 이렇게 제안을 하고 싶습니다. 일단은 부모님들에게 취지를 설명하는 개별적으로 책을 구입해 달라는 가정통신문을 보내고 학급별로 예비용으로 5권 정도 학교 예산으로 사면 어떨까하는 생각이 듭니다. 그리고 매년 책을 바꾸지 말고 예전 학년에서 정했던 책을 다음해에도 활용한다면 책으로 인한 어려움은 다소 극복될 수 있을 것입니다. 그래도 많은 아이들이 형편상 구입이 어렵다면 담임선생님이 학급운영비로 중고 책을 몇 권 더 구입하는 방법도 있을 겁니다.

76. 아이들이 1학기에 열심히 참여했는데 여름방학이 끝나고 그 열기가 식은 듯합니다. 어떻게 해야 하나요?

이런 현상을 자연스럽게 받아들이셨으면 좋겠습니다. 저도 2014년 가르쳤던 5학년을 데리고 6학년에 올라갔는데 슬로리딩 수업에 대한 열기가 예전과 같지 않아 당황했었습니다. 그래서 2016년 4학년을 가르칠 때는 1학기 4월쯤 1권, 6월쯤 2권, 2학기 시작할 때 3권으로 슬로리딩 수업을 했습니다. 그래서 한 차시 수업시 세 권의 책을 활용하니까 어느 정도는 아이들의 열기가 식지 않게 할 수 있었습니다.

〈그 많던 싱아는 누가 다 먹었을까〉
한 권으로 1학기 국어수업을 받고서

나는 성서초등학교 5학년으로 재학하면서 새로운 수업을 받았다. EBS 촬영
팀이 와서 우리의 수업을 촬영하는 방식인데 덕분에 〈그 많던 싱아는 누가 다
먹었을까〉라는 훌륭한 책을 접하게 되었다. 항상 감사하게 생각하는 바이다.
내가 2003년에 태어나지 않았다면 어떤 일이 벌어졌을까? 아마 박완서 작가의
훌륭한 작품인 〈그 많던 싱아는 누가 다 먹었을까〉 책을 접하지 못했을 것은 물
론이고 박완서 작가의 큰따님이신 호원숙 선생님의 강의를 듣고 싱아책에 하
나뿐인 글을 받지 못하고, 내가 정말로 최고였다고 생각하는 김제 학성강당에
서의 뜻깊은 체험은 하지 못했을 것이다.

선생님은 항상 촬영 때마다 잊지 못할 5학년이 될 거라고 말씀을 하시는데
그게 거짓말처럼 맞아 떨어진 것이다. 상상도 못했다. 5학년 입학식 때는 그냥
4학년 때 보는 평범한 친구들과 —물론 처음 반을 해본 애들도 있었지만— 평소
에 몇 번 본 것 같던 그냥 선생님이신 줄 알았건만 이런 일이 벌어질 줄은 꿈에
도 몰랐다. 어른들은 과거, 예를 들면 학창시절 같은 걸 잘 기억 못할 때가 있지
만 이것은 무덤에 가서도 잊지 못할 것 같다.

내가 일기장에 몇 번 제시를 해왔지만 EBS 다큐프라임 슬로우리딩에 대해
나는 깊은 감사를 표하는 바이다. 왜냐하면 나에겐 지난 몇 개월 동안 많은 변

화가 생겼기 때문이다. -뭐 많은 변화라고 생각하지 않을 수 있겠지만- 슬로우
리딩 촬영을 시작하고 며칠 후, 우리 반은 과학 수업을 하게 되었다. 그런데 우
리가 슬로우리딩에 관해 과학 전담 선생님이신 강정숙 선생님께 말씀드리자,
선생님은 이런 말씀을 꺼내셨다. "보통 이런 촬영에서는 촬영 후에 변화가 나
타난 애들, 변화가 나타나지 않은 애들로 분류된다."라고 하지만 나는 그게 아
닌 세 번째 부류라고 생각한다. 변화가 뚜렷한 애들과 변화가 나타나긴 했지
만 내면적으로 보이는 애들, 그리고 변화가 나타났는데 그게 잘 표현이 안 되
거나 보이지 않는 애들 말이다. 솔직히 나는 뚜렷하게 말하고 싶다. 애들이 거
의 다 그렇지 않았을까?

　문학적 능력이 확실히 늘은 건 물론이고 아무래도 일제강점기 중반부터
6·25 전쟁 초반까지를 다룬 성장소설이다보니까 내가 평소에 관심 있어 하던
역사에 좀 더 관심이 생겼다. 뿐만 아니라 다른 작가 분들도 아니고 박완서 작
가시니 순우리말이 독창적으로 뚜렷하게 잘 나타나 있다는게 장점이다. 또 있
다. 박완서 작가님이 고인이시다보니 촬영 후반쯤에 오신 호원숙 선생님께 궁
금한 것에 대해 물어보았는데 질문이 사실 많이 남았다. 그렇기 때문에 나는
'선생님은 왜 이렇게 쓰셨을까'라는 충동적 호기심도 생기긴 마찬가지이다.
나는 문학 쪽이 좋다고 말한 적이 있다. 그래서 나는 더 싱아책에 푹 빠지게 되
었다. 순우리말로 연주하듯이 매끈하고 부드럽게 써내려가시는 원고와 그에
빠지는 사람들, 소설 같지 않은가? 어느 누가 싱아 책을 싫다고 말하겠는가? 지
금까지의 소설 중에 단연 으뜸이 바로 이것이다. 박완서 작가님을 나는 단연
으뜸으로, 가장 최고로 느끼기 때문에 나는 요즘 충동이 생긴다. 집에서만 생
기던 게 또 생긴다는 것이다. 자꾸 책을 사고 싶다는 충동, 물론 경제적인 측면
에서는 아깝겠지만 그냥 아깝기만 할까?

　박완서 작가님에게 푹 빠져 이번주 서점 나들이는 〈그 많던 싱아는 누가 다
먹었을까〉 후속작 〈그 산이 정말 거기 있었을까〉를 살 예정이다. 절대 후회하
지 않을 것이다. 종교를 모독한다고 느낀다면 미안하지만 나는 박완서 작가님

과 박완서 작가님의 작품을 이렇게 표현하고 싶다. 천사와 신이 천사에게 내린 재능을 잘 이용한 빛의 작품. 이것은 절대 흐트러지지 않은 , 티끌하나 묻지 않은 어린 소녀 박완서의 순수한 마음과 감성이 그대로 묻어나오는 작품이다. 물론 청소년 관람 불가의 영화를 보는 등의 약간 비윤리적인 행동들을 하긴 했지만 그래도 여전히 순수하긴 마찬가지이다. 그렇게 박완서 작가님의 작품은 단연 최고였고, 왜 그녀는 최고의 작가였는지 나는 알 수 있겠다.

5학년 1반 박채은

슬로리딩을 하면서 느낀 점

처음에는 많이 생소했다. 그때는 책을 단순히 읽기만 했다. 책을 읽는 방법은 전혀 신경 쓰지 않았다. 촬영을 한다고 할 때 그냥 하는구나, 단순히 생각했었다. 하지만 나는 지금 알고 있다, 그때의 생각과 지금의 생각은 많이 다르다는 것을. 일에는 전과 후가 있는데, 그때의 개념과 사고가 각각 다르다는 것을. 지금은 많이 느끼고 있다.

전과 후의 기준은 '서당 체험'에 있다. 서당 체험학습은 내게 슬로리딩의 중요성을 알려준 고마운 사건이라고 볼 수 있다. 서당 체험 가는 버스 안에서는 그냥 '놀다 오는 거'야 라고 생각했었다. 하지만, 집으로 오는 버스 안에서는 '다음에 또 가고 싶다'라는 생각이 가장 먼저 들었다. 물론 친절하신 분들과 친구들과의 재미있었던 사건들, 에피소드들도 있지만. 가장 중요했던 것은 바로 '사자소학 성독'이다. 사자소학을 두 페이지만 읽었는데도 굉장한 재미와 흥미를 느꼈다.

"부생아신 하시고, 모국아신 이로다. 복이회야 하시고, 유이포아로다."

박자에 맞추어 성독을 해보기도 했고, 그냥 묵독을 해보기도 했다. 하지만 더 재미있었던 것은 성독이었다, 누구나 성독을 더 재미있다고 생각할 것이라 믿어 의심치 않았다. 그때 생각했다. 슬로리딩은 이보다 더 재미있을 것이라고, 더 재미있는 항목과 체험이 많을 것이라고 말이다. 왜냐하면, 서당 체험은 슬로리딩의 작은 부분일 뿐이라고 생각했기 때문이다. 슬로리딩은, 다시 생각해보아도 정말 고마운, 평생 남을 기억이다. 서당체험을 다녀온 이후 나는 더욱 국어 수업에 몰입하기 시작했고 국어가 든 날은 기다려졌다. 역시, 더 재미

있는 것들이 많았다.

　첫째, 글쓰기. 우리는 저녁노을에 관련된 글짓기도 하고, 그 〈많던 싱아는 누가 다 먹었을까〉의 내용을 바꾸어 보기도 하고, 최근에는 공공기관에서 영어를 섞어 쓰는 것에 대한 쟁점 글쓰기도 하였다.

　둘째, 토론. 내가 토론에 참여한 경우는 총 4번인데, 2승 2패 했었다. 하지만 결과에 상관없이 항상 토론은 내가 몰랐던 것을 알게 해주고 생각을 많이 할 수 있게 만들어주었다.

　셋째, 영화 시청. 영화 '태극기를 휘날리며'를 시청각실에서 관람했었다. 6.25 전쟁의 폐해와 처참한 광경. 참전병사들 중 다리가 잘린 사람들. 그리고 형제애. 옆의 친구들은 우느라 바빴지만 어째서인지 눈물이 나오지 않았다. 왠지 슬픔, 감동보다는 우리가 지금도 휴전이라는 것에 공포감과 두려움이 더 커서 그랬을 것이라고 생각한다.

　하지만 무엇보다도 가장 인상적이었던 것은, 호원숙 선생님이 우리 학교를 방문해 직접 강의를 해주신 것이다. 호원숙 선생님은 고인이 되신 박완서 선생님과 우리는 작품으로 이어져 있다고, 박완서 작가님의 자존감을 잊지 말고 자존감을 키워내라고, 말씀하였었다. 그 말씀을 듣고는 박완서 작가님의 작품을 다 보고 싶어졌었다. 우리와 박완서 작가님은 오직 작품이라는, 감정이라는 끈으로 연결되어 있기 때문에 박완서 작가님의 작품을 보는 것은 곧 박완서 작가님을 뵙는 것이라는 생각을 했었다.

　2학기 때에도 더 다양한 것을 많이 한다고, 선생님께서 말씀하셨다. 슬로리딩은 내게 있어서는 소중했던 경험이었고 재미있었던 경험이었다.

5학년 1반 김채현

단순히 방송 때문이 아닌, 진심으로.

최영민 선생님께

선생님! 안녕하세요~~~~~~. 저, 윤후에요.♡ 벌써 종업식이라니 믿기지가 않아요. 4학년이 되고서 처음 일기를 썼던 게 기억나요. 그 때 일기 주제가 아마도 〈선생님의 첫인상〉(?) 이런 것이었던 것 같아요.

그때는 선생님의 성격이나 나이 이런 것이 다 궁금했었어요. ㅎㅎ 하지만 이제는 선생님의 모든 면을 아는 것처럼 느껴져요.(제 생각) 하지만 이제 막 알아가는 단계일수도 있을 것 같아요. 선생님은 제 담임선생님이셨던 분들 중에서 조금 특별하셨던 것 같아요. 나쁜 쪽 말고 좋은 쪽으로요. 그렇게 느낀 이유가 아마도 수업 쪽이었던 것 같아요. 저는 그동안 책을 많이 읽는 것이 중요하다고 생각했는데, 그것도 중요하지만 꼼꼼히 여러 번 읽는 것이 중요하다고 느끼게 되었어요. 감사합니다. 처음에는 수업방법이 조금 이상했지만, 이제는 그렇게 수업하는 것이 더 좋게 느껴져요.

선생님 올 한 해 동안 저희를 잘 가르쳐 주셔서 감사합니다. 선생님이 그리울 것 같아요. 선생님의 수업방법도요. 특히 친구와 의논해서 시험보는거요.ㅎㅎ 절대 그러면 시험 잘 봐서 그런 것 아니에요….ㅎㅎ

선생님 감사합니다. 선생님을 존경해요.♡ 비록 선생님과 함께 하는 수업은 끝났지만 선생님은 제 기억 속에 영원히 남아 있을 거예요. 나중에 길거리에서 만나면 인사 꼭 할게요~♡

감사합니다.

윤후 올림

재미있고 신기했던 수업

최영민 선생님께

선생님 안녕하세요? 저 정유진이에요. 선생님께서 하신 슬로리딩 수업은 좋았던 것 같아요.(개인적으로) 그리고 수업을 하면서 알게 된 초정리 편지, 잃어버린 일기장, 랑랑별 때때롱이라는 책들은 제가 제일 좋아하는 책이 됐어요. 선생님과의 수업에서 가장 좋았던 건 작가님께 편지 쓰기, 여러 가지 이야기들이었어요. 특히 편지 쓰는 건 정말 x 3 상상도 못했어요. 그리고 작가님께서 답장을 해주는 게 새로웠어요. 선생님께서 저희들 생일을 꼼꼼히 챙겨주셔서도 감사했어요. 여러 가지 이야기 해주시면 정말 재미있고 신기했어요. 또 교과서대로만 가르쳐 주시지 않고 여러 가지 면에서 가르쳐 주신 것도 좋았어요. 선생님께서 모두 존중해야 하고 잘난 사람도 없다는 말 잘 새겨 둘게요. 선생님 수술하신거 얼른~ 회복해요. 알았죠? 글구 연구원 되시는거 축하드리고 아프지 마세요. 감사하고 항상 남을 존중하고 문제, 수업에 집중할게요. 아! 참 토론 수업 좋았어요. 꼭! 수술한거 회복해야 해요. 학급문집도 돈 들여서 만들어주신거 감사해요.

정유진 올림

처음에는 귀찮았는데 점점 슬로리딩에 빠져들었어요

최영민 선생님께

선생님 안녕하세요? 성빈이에요. 벌써 1년이 지났네요.∧∧처음에는 그냥 평범한 선생님으로 생각했는데 점차 정말 새로운 선생님이라는 생각이 들었어요. 4학년부터 정말 새로운 슬로리딩을 배웠네요. 처음에는 귀찮다고 생각했는데 점차 슬로리딩에 빠져 들었네요. 가끔씩 개그도 날려서 저희를 웃게 해주시고 쉬는 시간도 많이 주셨는데 벌써 이별이라니 정말 아쉽네요.

정말 힘들게 작업을 하셔서 훌륭한 문집도 만들어 주시고 정말 감사드려요. 거의 매일 아침에 좋은 이야기도 해주시고 뉴스 내용을 알려주셔서 저희 가족도 모두 선생님을 좋아해서 더 아쉬운 것 같네요. 아마도 다음 학년에서도 이와 같은 선생님이 그리울 것 같네요.∧∧

최영민 선생님의 학생 성빈 올림